IPO

公司风险信息披露

与资本市场资源配置效率研究

何熙琼　主著

西南财经大学出版社

中国·成都

图书在版编目(CIP)数据

IPO 公司风险信息披露与资本市场资源配置效率研究/
何熙琼主著.--成都:西南财经大学出版社,2024.
11. --ISBN 978-7-5504-6429-2

Ⅰ. F279. 246;F832. 5

中国国家版本馆 CIP 数据核字第 2024GN2060 号

IPO 公司风险信息披露与资本市场资源配置效率研究
IPO GONGSI FENGXIAN XINXI PILU YU ZIBEN SHICHANG ZIYUAN PEIZHI XIAOLÜ YANJIU

何熙琼　主著

责任编辑:刘佳庆
责任校对:植　苗
封面设计:墨创文化
责任印制:朱曼丽

出版发行	西南财经大学出版社(四川省成都市光华村街 55 号)
网　　址	http://cbs. swufe. edu. cn
电子邮件	bookcj@ swufe. edu. cn
邮政编码	610074
电　　话	028-87353785
照　　排	四川胜翔数码印务设计有限公司
印　　刷	成都市新都华兴印务有限公司
成品尺寸	170 mm×240 mm
印　　张	17. 25
字　　数	378 千字
版　　次	2024 年 11 月第 1 版
印　　次	2024 年 11 月第 1 次印刷
书　　号	ISBN 978-7-5504-6429-2
定　　价	88. 00 元

前　言

2023 年中央金融工作会议首次提出"加快建设金融强国"的目标，强调金融是国民经济的血脉和国家核心竞争力的重要组成部分。提出建设金融强国，源于对金融在现代经济体系中核心作用的认识。中央金融工作会议明确指出，金融不仅是经济的血脉，还是提升一个国家竞争力的关键因素。这一概念的提出是基于全球经济形势和国内金融市场现状，意在通过加强金融体系的建设，推动经济的持续健康发展。资本市场资源配置在金融强国建设中扮演着至关重要的角色，资本市场通过股权和债务工具为企业提供资金来源，使得资源可以更有效地配置到最有生产性和创新能力的领域，这种市场化的资金调配机制有助于提高经济的总体生产效率。资本市场对于信息披露的严格要求和规范治理，有助于提高企业的透明度和管理水平，从而增强企业及整体经济的稳健性，有利于防范和化解金融风险，确保金融市场的稳定，维护国家的金融安全。在金融强国的建设过程中，一个成熟、稳定且高效的资本市场是实现经济转型和升级的关键，是推动经济发展质量变革、效率变革和动力变革的重要力量。因此，不断改革和完善资本市场，强化其服务于实体经济的功能，是建设金融强国的核心内容之一。本书是在此背景下展开对 IPO 公司风险信息披露与资本市场资源配置效率的研究。

众所周知，2023 年被称为我国资本市场全面注册制改革元年，在我国资本市场改革发展进程中具有里程碑意义。注册制下的审核实质是"以信息披露为核心"，通过引入更加市场化的制度安排，由发行人充分披露重要信息，并对所披露信息的真实性负责，而实质性的审核则大幅减少，转为更加注重事后监管，完善退市机制和加大加强惩戒力度。因此，信息披露的重要性不言而喻，信息披露质量高低将决定能否降低首次公开发行

（IPO）公司的信息不对称程度，进而影响资本市场的有效性及资源配置效率。在公司 IPO 过程中，招股说明书是公司与投资者沟通的重要载体，风险信息在招股说明书正文中位居前列，是招股说明书的重要部分，是投资者了解一家拟上市企业潜在收益和风险的重要内容。风险信息披露也一直是监管部门和投资者关注的重要内容。早在 1997 年证监会发布《关于公开发行股票公司信息披露的内容与格式准则第一号〈招股说明书的内容与格式〉的通知》中就要求披露与风险因素相关的信息，2015 年证监会发布的《公开发行证券的公司信息披露内容与格式准则第 1 号——招股说明书（2015 年修订）》要求，发行人应当遵循重要性原则，在 IPO 招股说明书中的风险因素章节按顺序披露可能直接或间接对发行人生产经营状况、财务状况和持续盈利能力产生重大不利影响的所有因素，为投资者提供有用信息。注册制改革后，监管层更加注重信息披露，并于 2019 年、2021 年先后对科创板、北交所风险因素披露相应部分提出详细要求，这些制度和规则的制定凸显了监管部门对风险信息披露的重视。有效的风险信息披露有助于引导市场资源合理配置，提高发行定价效率。

基于此，本书以招股说明书风险信息披露为切入点，使用机器学习和文本分析的方法，对 IPO 公司风险信息披露进行科学度量，并构建 IPO 公司风险信息披露的质量评价体系，对 IPO 公司风险信息披露进行特征事实描述。在此基础上，从 IPO 公司风险信息披露与盈余管理、IPO 公司风险信息披露与新股发行效率、IPO 公司风险信息披露与新股破发、IPO 公司风险信息披露与股票市场反应四个方面全面系统地分析 IPO 公司风险信息披露状况及对管理层盈余管理行为和资本市场配置效率的影响，充分探究其作用机制和进行异质性分析，为资本市场财务与会计、信息披露等相关领域研究提供理论支持，为相关监管政策制定提供经验证据。

具体而言，本书的核心内容如下：

在理论、文献和制度梳理方面，本书综述了风险信息披露和公司 IPO 相关问题的中外文献，从有效市场理论、信息不对称理论、委托代理理论、信号理论、价格发现理论和资源依赖理论出发，深入探讨了 IPO 公司风险信息披露的理论基础。系统梳理了股票发行制度的演变、风险信息披露法律法规基础、IPO 公司信息披露义务和监管部门的监督与检查等方面的制度，为后续研究提供了理论、文献和制度支撑。

在变量构建方面，本书详细探讨了风险信息披露质量的度量方式，总结了影响上市公司信息披露质量的六大因素，并使用机器学习和文本分析的方法自建 IPO 公司风险信息披露度量方式进行科学度量，为项目研究中的关键变量提供可量化的方式。本书根据自建的度量变量构建 IPO 公司风险信息披露的质量评价体制，综合考虑风险信息披露的特质异质性、项目数量、篇幅占比以及实体数量，深入分析 IPO 公司风险信息披露情况。

在实证研究方面，本书第 5 章基于盈余管理的视角研究了 IPO 公司风险信息披露与信号传递功能，着重从非机会主义盈余管理的角度考察了风险信息披露的信号传递功能。利用 ERNIE 预训练模型分析了 2007—2022 年 IPO 公司招股说明书的风险信息披露，以衡量其质量，同时检验了风险信息披露对非机会主义盈余管理的影响。研究发现，风险信息披露的异质性提高了公司应计盈余管理对未来盈余的预测能力，并增强了非机会主义动机传递未来盈余信息的力度。结果显示，风险信息披露的异质性与公司未来业绩呈正相关，表明管理层通过盈余管理来弥补过度风险信息披露的影响。此外，当企业受到更多分析师关注、机构投资者占比较低或是非国有企业时，风险信息披露对非机会主义盈余管理的正向影响更显著。研究还通过将注册制作为政策冲击的准自然实验设计，证明了市场化能够增强风险信息披露异质性与非机会主义盈余管理之间的相关性。此部分的主要内容由何熙琼、王思博、刘昊完成，相关研究成果已经整理成文。

本书第 6 章研究了 IPO 公司的风险信息披露与发行市盈率、首日抑价之间的关系，探讨了一级市场估值与新股发行效率之间的联系。选取 2007—2022 年我国 A 股上市公司的数据和招股说明书作为研究样本，分析了 IPO 公司风险信息披露对新股发行效率的影响。研究发现，招股说明书的风险信息披露质量越高（即文本相似度越低），对应的 IPO 市盈率越高，抑价率越低，表明新股市场运行效率越高。此外，风险信息披露质量通过降低投资者的异质信念，提高了 IPO 市盈率，降低了 IPO 抑价率。进一步的分析显示，对于机构投资者持股比例较高的组别，风险信息披露质量对 IPO 市盈率的正向影响更加显著。在拓展性研究中，发现了高质量的风险信息披露与上市公司长期市场表现的正相关关系。最后，以注册制试点为准自然实验事件，发现注册制市场化增强了创业板 IPO 公司风险信息披露质量与新股定价效率之间的关系，提高了 IPO 市盈率，显著降低了 IPO 抑价率，说明注册制改革对资本市场的有序运行产生了积极效应。该部分主要内容由何熙琼、顾湘、刘昊完成，相关研究成果已经整理成文。

本书第 7 章深入探讨了上市公司在 IPO 过程中异质性风险信息披露对新股破发的影响。以 2020—2022 年的科创板和创业板上市公司为样本，从披露的"数量"和"质量"两个维度探讨了招股说明书风险信息披露与 IPO 破发之间的关系。研究结果显示，招股说明书中风险信息披露的数量与 IPO 破发呈负相关，即披露内容越丰富，首日破发概率越低；同时风险信息披露的质量与 IPO 破发也呈负相关，即异质性风险因素越多，破发概率越低。异质性分析发现，机构投资者持股比例和分析师跟踪对风险披露水平与 IPO 破发的影响有调节作用：风险披露越充分，机构持股越多，破发概率显著降低；风险披露相似度越高，分析师的跟踪也显著减少了破发概率。此外，研究还发现，财务风险和内控风险的披露更有助于降低 IPO 破发概率；风险披露质量越高，公司长期市场表现越好，市场评价也越高。最后，以注册制试点作为准自然实验发现，注册制市场化能够降低 IPO 破发概率，使得风险披露充分的企业破发时间更长，而风险披露相似度高的企业破发时间更短。此部分的主要内容由何熙琼、顾湘、刘昊完成，相关研究成果已经在中文核心期刊《南开管理评论》2023 年第 3 期发表。

本书第 8 章研究了 IPO 特质性风险信息披露与长期业绩表现，通过分析招股说明书中的风险信息披露，探讨了其对企业长期会计业绩和股价表现的影响。本书提出了两个核心假设：一是特质性风险信息披露越充分，企业的长期会计业绩越好；二是特质性风险信息披露越充分，企业的长期股价表现越好。这些假设是基于对风险信息披露的特质性与企业长期业绩之间关系的理论分析。通过对 2007—2022 年 A 股 IPO 公司的数据分析发现，风险信息披露特质性越高，企业的长期股价表现越好。这表明风险信息披露特质性在提高企业股票定价效率、降低非系统性风险方面发挥了重要作用。实证分析显示，特质性风险信息披露通过两个主要途径影响企业长期表现：一是通过减少信息不对称，提高了股票定价效率，增强了投资者对企业的信心；二是降低了企业自身的非系统性风险。此外，研究还表明，在机构投资者持股比例较高的公司中，风险信息披露特质性对 IPO 市盈率的正向影响更为显著。此部分的主要内容由何熙琼、刘昊、王思博完成，相关研究成果已经整理成文。

此外，本书的写作还得到西南财经大学金融学院博士生任芳、李和峰、杨通林，硕士生宋灵雨、李佳悦、刘佳奕、吴孝伟等人的大力支持，在此感谢他们在文献整理、理论分析、资料搜集等方面的贡献。

本书具有较强的理论意义，在梳理监管机构对上市公司信息披露的相关政策和要求的基础上，对我国上市公司风险信息披露进行定量化分析，并以上市公司招股说明书（申报稿）全文作为文本分析对象，采用基于语义构建的大语言机器学习模型将非结构化的 IPO 公司风险信息披露转化为结构化数据，从风险信息披露的异质性、项目数量、篇幅占比以及实体数量四个角度出发，构建 IPO 风险信息披露质量的度量方式并进行特征事实描述，进一步丰富了机器学习在风险信息披露相关领域的研究。本书为分析风险信息披露及其经济后果提供了一个较为完整的框架，以 IPO 的不同阶段为切入点，研究了风险信息披露的信号传递功能、定价功能以及价值发现功能，并厘清了风险信息披露在其中的作用机制。管理层在 IPO 前通过盈余管理行为来调整公司财务状况，风险信息披露充分的公司更倾向于采取非机会主义盈余管理，既约束了管理层的行为，又传递了公司经营的真实信息给市场，从而影响了市场对公司的认知和定价。此外，充分披露的风险信息提升了新股发行的效率，减少了投资者的异议，使公司价值得以准确评估，促进了市场估价的一致性。最后，在股票市场上，充分披露的风险信息有助于提升公司的声誉和透明度，引起投资者的关注，进而影响了股票的长期表现。综上，本书的研究深化了对风险信息披露在 IPO 市场的作用的理解，为投资者和管理层提供决策参考。

本书同时也具有较强的现实意义。本书的研究有助于企业进行风险信息披露以及风险管理实践。本书的研究构造了一个全新的指标来对 IPO 公司的风险信息进行全面的识别，对其潜在风险做出透明而全面的披露，帮助公司利益相关者更好地理解和评估企业的长期潜力和稳定性。本书的研究为监管层健全相关法律法规提供了重要依据。本书通过深入分析 IPO 中的风险信息披露问题，提供了关于市场行为和企业风险信息披露的重要见解。对于监管机构而言，这些信息可以帮助他们更好地理解市场动态，制定出更为合理且有效的监管政策。研究结果强调了市场和企业风险的多样性及其复杂性，这将有助于监管机构更准确地识别和响应潜在的市场风险。

本书对于研究 IPO 公司风险信息披露及其经济后果的研究是探索性的、阶段性的。《国务院关于加强监管防范风险推动资本市场高质量发展的若干意见》（国发〔2024〕10 号）的发布，是资本市场继 2004 年、

2014 年两个"国九条"之后发布的第三个"国九条",充分体现了党中央、国务院对资本市场的高度重视和殷切希望,其中对信息披露提出了更高要求,以增强资本市场的透明度和公信力,旨在建立一个更加规范、透明、有活力和弹性的资本市场,以服务于经济的高质量发展和社会的长期稳定。对风险信息披露与资本市场资源配置效率的研究任重而道远,因此,笔者希冀通过本书的出版,向各位专家同仁和实务高手请教,以引发学界对 IPO 公司风险信息披露与资本市场资源配置效率的深入研究和探讨。

何熙琼

2024 年 4 月

目　录

1 绪论

1.1 研究背景与研究意义

2023 年被称为我国资本市场全面注册制改革元年。2023 年 2 月 17 日，证监会发布全面实行股票发行注册制相关制度规则，自公布之日起施行。证券交易所、全国股转公司、中国结算、中证金融、证券业协会的配套制度规则同步发布实施。这标志着注册制的制度安排基本定型，标志着注册制推广到全市场，在我国资本市场改革发展进程中具有里程碑意义。实行股票发行注册制改革是全面深化资本市场改革的重大举措，也是资本市场服务实体经济高质量发展的有力举措。注册制下的审核是"以信息披露为核心"，通过引入更加市场化的制度安排，由发行人充分披露重要信息，并对所披露信息的真实性负责，而实质性的审核则大幅减少，转为更加注重事后监管，完善退市机制和加大加强惩戒力度。因此，信息披露的重要性不言而喻，信息披露质量高低将决定能否降低首次公开发行（IPO）公司的信息不对称程度，进而影响资本市场的有效性及资源配置效率。

在公司 IPO 过程中，招股说明书是公司与投资者沟通的重要载体，投资者将招股说明书视为缓解信息不对称性、判断股票价值、降低投资风险和做出投资决策的重要参考（Bhabra and Pettway, 2003; Abdou and Dicle, 2007）。其中，风险信息在招股说明书正文中位居前列，是招股说明书的重要部分，是投资者了解一家拟上市企业潜在收益和风险的重要途径。风险信息披露也一直是监管部门和投资者关注的重要内容，早在 1997 年证监会发布的《关于公开发行股票公司信息披露的内容与格式准则第一号〈招股说明书的内容与格式〉的通知》就要求披露与风险因素相关的信息，2015 年证监会《公开发行证券的公司信息披露内容与格式准则第 1 号——

招股说明书（2015 年修订）》要求，发行人应当遵循重要性原则，在 IPO 招股说明书中的风险因素章节按顺序披露可能直接或间接对发行人生产经营状况、财务状况和持续盈利能力产生重大不利影响的所有因素，为投资者提供有用信息。注册制改革后，监管层更加注重信息披露，并于 2019 年、2021 年先后对科创板、北交所风险因素披露部分提出详细要求。以科创板为例，发行人需要披露的风险因素就包括技术风险、经营风险、内控风险、财务风险、法律风险、发行失败风险、尚未盈利或存在累计未弥补亏损的风险、特别表决权股份或类似公司治理特殊安排的风险等几个维度，这些制度和规则的制定凸显了对风险信息披露的重视。有效的风险信息披露有助于引导市场资源合理配置，提高发行定价效率。

需要说明的是，由于风险信息在传递具有前瞻性信息的同时也在传递着负面信息，风险信息披露会引发投资者对不确定事项的恐慌情绪，甚至引发上市公司股价暴跌风险，IPO 公司在披露风险信息时会持谨慎态度。尽管监管部门对 IPO 公司风险信息披露进行了规定，但大部分 IPO 公司风险信息披露的主要目的是满足上市规则对风险信息披露的要求，应对监管机构对拟上市公司重大风险因素的审核或问询，较少的公司是为了真正充分披露可能对公司核心竞争力、经营活动和未来发展产生重大不利影响的风险因素。此外，由于风险信息披露不同于标准化的定量财务信息，更多的是定性的描述，公司在进行披露时有动机使用模糊的语言对风险进行策略性披露，甚至蓄意歪曲或不愿披露详细真实的风险信息，导致风险披露信息含量较少，这给投资者尤其是非专业投资者的信息解读带来困难。因此，有必要对注册制背景下 IPO 公司风险信息披露进行定量化分析，对其披露质量进行全面、准确的评价，并研究 IPO 公司风险信息披露与资本市场资源配置效率之间的关系，厘清 IPO 公司风险信息披露的经济后果，以满足监管者和投资者对高质量信息披露的需求。基于此，本书以注册制改革的核心——信息披露为切入点，研究 IPO 公司风险信息披露及其经济后果，具有较强的理论与现实意义。

本书的理论意义在于：

（1）因风险信息披露是非结构化信息难以标准化度量，之前的研究关注较少，并且主要集中在采用基于统计的文本分析方法对风险信息披露进行分类，例如 Huang and Li（2011）通过文本分类算法基于相似度评分，从 10-K 报告的项目 1A 中识别出 25 种风险因素。Bao and Datta（2014）

开发了另一种算法来识别 30 种风险因素，Campbell et al.（2014）通过识别风险词汇，对风险内容进行了分类，包括财务、诉讼、税务、其他系统性和其他特异性风险五个类别。本书在梳理监管机构对上市公司信息披露的相关政策和要求的基础上，对我国上市公司风险信息披露进行定量化分析，并以上市公司招股说明书（申报稿）全文作为文本分析对象。采用基于语义构建的大语言机器学习模型将非结构化的 IPO 公司风险信息披露转化为结构化数据，从风险信息披露的特质异质性、项目数量、篇幅占比以及实体数量四个角度出发，构建 IPO 风险信息披露质量的度量方式并进行特征事实描述，进一步丰富了机器学习在风险信息披露相关领域的研究。

（2）本书为信息披露的经济后果提供了一个新的分析视角。以注册制改革为自然实验场景，从信号传递的角度研究 IPO 公司风险信息披露对管理层盈余管理的影响，充分揭示其影响路径与传导效应，探究管理层为应对风险信息披露不利后果的可能方案，丰富了风险信息披露研究领域的文献。缺乏专业知识的规避风险的投资者面对风险因素披露时，可能会产生非理性行为，如过度反应、误解和确认偏差。管理者可以通过盈余管理来纠正这些偏差，传递有关未来业绩的积极信息，从而提高投资者的信心，抵消负面影响。因此，这种盈余管理行为更多是出于信号传递的动机，而非机会主义的投机动机。这表明风险信息披露较为突出的 IPO 企业可以通过盈余管理弥补潜在的不利后果，从而提高信息披露水平，降低风险因素过度披露带来的不利影响。

（3）本书为分析风险信息披露提供了一个较为完整的框架，以 IPO 的不同阶段为切入点，研究了风险信息披露的信号传递功能、定价功能以及价值发现功能，并厘清了风险信息披露在其中的作用机制。管理层在 IPO 前通过盈余管理行为来调整公司财务状况，风险信息披露充分的公司更倾向于采取非机会主义盈余管理，既约束了管理层的行为，又给市场传递了公司经营的真实信息，从而影响了市场对公司的认知和定价。此外，充分披露的风险信息提升了新股发行的效率，减少了投资者的异议，增加了对公司价值的准确评估，促进了市场估价的一致性。最后，在股票市场上，充分披露的风险信息有助于提升公司的声誉和透明度，引起投资者的关注，进而影响了股票的长期表现。综合而言，本书的研究深化了对风险信息披露在 IPO 市场的作用的理解，为投资者和管理层提供了更多的决策参考。

本书现实意义在于：

（1）有助于企业进行风险信息披露以及风险管理实践。在资本市场中，尤其是在 IPO 的背景下，企业的风险信息披露和风险管理实践对于保持市场的健康和透明度至关重要。对企业来说，这不仅是一项监管要求，更是塑造其公信力和吸引投资者的重要途径。IPO 过程中的风险信息披露对于投资者来说是获取关键信息的主要渠道。这种披露不仅关乎财务风险，也涉及市场风险、运营风险、合规风险等多个层面。当企业对其潜在风险做出透明而全面的披露时，投资者能更好地评估投资决策，减少信息不对称所带来的市场摩擦。例如，透明度高的企业通常能吸引更广泛的投资者群体，降低资本成本，并提高其股票的市场表现。

（2）为监管层健全相关法律法规提供了重要依据。监管机构在促进企业进行有效的风险信息披露中扮演着至关重要的角色。监管不仅确保了信息的透明性和一致性，还有助于维护公平和有效的市场秩序。本书通过深入分析 IPO 中的风险信息披露问题，提供了关于市场行为和企业风险信息披露的重要见解。对于监管机构而言，这些信息可以帮助机构管理者更好地理解市场动态，制定出更为合理且有效的监管政策。研究结果强调了市场和企业风险的多样性及其复杂性，这将有助于监管机构更准确地识别和响应潜在的市场风险。在一个不断变化的市场环境中，这种适应性和前瞻性的监管方法至关重要。并且本书的研究发现有助于监管机构优化资源分配，专注于那些最需要监管和指导的领域，从而提升整体的监管效率。

（3）为投资者评估企业的风险提供帮助。在当今瞬息万变的资本市场中，投资者面临着各种各样的风险。为了做出明智的投资决策，投资者必须对企业的风险进行全面评估。IPO 风险信息披露为投资者提供了评估企业风险的重要工具和视角，帮助他们更好地理解和评估企业的长期潜力和稳定性，从而做出更加明智的投资决策。IPO 风险信息披露是企业向公众披露的关于其业务、财务状况、市场环境以及其他潜在风险的信息。具体而言，投资者在评估企业风险时，可以关注以下几个方面：风险信息披露的质量和特质性，投资者应该关注企业披露的风险信息的详细程度、准确性和与企业自身的相关程度，高质量、高特质性的风险信息披露可以帮助投资者更准确地评估企业的风险状况；风险管理策略，投资者应该关注企业是否制定了有效的风险管理策略，有效的风险管理策略可以帮助企业识别、评估和管理风险，从而降低企业的风险敞口；合规性，投资者应该关注企业是否遵守了相关的风险披露要求，合规性较高的企业可以避免因违反监管规定而产生的潜在负面影响。通过关注以上几个方面，投资者可以更好地评估企业的风险状况，从而做出更加明智的投资决策。

1.2 研究内容与研究框架

基于上述分析，本书以信息披露为切入点，使用机器学习和文本分析的方法，对 IPO 公司风险信息披露进行科学度量，并构建 IPO 公司风险信息披露的质量评价体系，对 IPO 公司风险信息披露进行特征事实描述。在此基础上，全面系统地分析 IPO 公司风险信息披露状况及对管理层盈余管理行为和资本市场配置效率的影响，充分探究其作用机制和进行异质性分析，为资本市场财务与会计、信息披露等相关领域研究提供理论支持，为相关监管政策制定提供经验证据。

本书分为九个章节，具体内容如下：

（1）第 1 章为绪论，对研究的背景与研究意义、研究内容与研究框架、研究方法以及创新点进行了概述。优质的风险信息披露对于缓解信息不对称、提高市场资源配置效率至关重要。本章介绍了研究目标旨在通过使用大语言模型的机器学习方法对 IPO 公司的风险信息进行定量化分析，以提升信息披露的标准化和有效性。理论上，这项研究为风险信息披露提供了新的分析方法；实践上，它增强了监管者、企业和投资者对高质量信息披露的认识和应用。

（2）第 2 章为国内外研究现状及发展动态。首先，从风险信息披露的度量方式、动机与经济后果三方面整理分析了风险信息披露相关的研究。然后针对公司 IPO 领域的关键问题，研究探讨了公司在首次公开募股（IPO）中风险信息披露的重要性，如何影响 IPO 定价、长期市场表现和盈余管理。对于风险信息披露的度量，研究讨论了手动分析、构建词典、传统机器学习技术、深度学习以及基于预训练模型的自然语言处理技术等多种方法，反映了信息技术在该领域的重要性。其次，探讨了企业进行风险信息披露的动机，包括遵守监管要求、降低诉讼风险、传达关键业务信息以及管理公众期望等。这些动机在不同情境下呈现出复杂的交互作用。最后，总结了风险信息披露对企业的财务表现和股票市场的影响，包括影响投资者的决策、公司股价的波动性以及整体市场表现。在公司 IPO 相关问题的讨论中，首先探讨了 IPO 短期抑价的原因和影响因素，其次着重讨论了长期绩效的测量方法和影响因素。最后，对公司上市时的盈余管理进行了探讨，包括应计盈余管理与真实盈余管理之间的关系以及管理层的动机问题，特别强调了在注册制和风险信息披露要求提高的背景下这一问题的研究价值。

（3）第 3 章，理论基础。本章主要从有效市场理论、信息不对称理论、委托代理理论、信号理论、价格发现理论和资源依赖理论出发，深入探讨了 IPO 公司风险信息披露的理论基础。第一，讨论了信息不对称在 IPO 定价中的作用及通过风险信息披露降低信息不对称的机制。第二，分析了信号理论在风险信息披露中的应用，特别关注了上市公司如何通过信息披露传达公司价值和风险的信号。第三，详细探讨了市场约束和政府监管理论在 IPO 风险信息披露中的作用，指出政策、法规和市场规则对披露的影响。第四，通过有效市场理论解释了风险信息披露提高证券市场有效性的原因。第五，强调了委托代理理论在解释 IPO 风险信息披露的重要性中的关键角色，着重处理外部投资者与公司管理层的代理关系。第六，资源依赖理论突出了组织与外部环境相互依赖关系，尤其在 IPO 过程中，公司通过信息披露获取资本和其他必要资源。总体而言，本章深入分析了 IPO 过程中风险信息披露的理论基础，强调其在缓解信息不对称、提高市场透明度和运行效率方面的重要作用，并指出在不同市场条件下这些理论如何影响披露方式和效果。

（4）第 4 章，IPO 公司风险信息披露的制度梳理、度量方式、质量评价与特征事实描述。首先系统梳理关于股票发行制度的演变、风险信息披露法律法规基础、IPO 公司信息披露义务和监管部门的监督与检查等方面的制度，为后续研究提供制度支撑；其次探讨了风险信息披露质量的考量因素和度量方式，总结了影响上市公司信息披露质量的六大因素，并使用机器学习和文本分析的方法自建 IPO 公司风险信息披露度量方式进行科学度量，为项目研究中的关键变量提供可量化的方式；最后根据自建的度量变量构建 IPO 公司风险信息披露的质量评价体系，综合考虑风险信息披露的特质异质性、项目数量、篇幅占比以及实体数量，深入分析 IPO 公司风险信息披露情况。

（5）第 5 章，IPO 公司风险信息披露与"信号传递"：基于盈余管理的视角。着重从非机会主义盈余管理的角度考察了风险信息披露的信号传递功能。利用 ERNIE 预训练模型分析了 2007—2022 年 IPO 公司招股说明书的风险信息披露，以衡量其质量，同时检验了风险信息披露对非机会主义盈余管理的影响研究发现，风险信息披露的特质性提高了公司应计盈余管理对未来盈余的预测能力，并增强了非机会主义动机传递未来盈余信息的力度。结果显示，风险信息披露的特质性与公司未来业绩呈正相关，表明管理层通过盈余管理来弥补过度风险信息披露的影响。此外，当企业受到更多分析师关注、机构投资者占比较低或是非国有企业时，风险信息披露对非机会主义盈余管理的正向影响更显著。研究还通过将注册制作为政策冲击的准自然实验设计，证明了市场化能够增强风险信息披露特质性与非机会主义盈余管理之间的相关性。这些发现揭示了 IPO 中风险信息披露与管理层盈余管理之间的复杂相互作用，为理解企业在资本市场行为提供了新视角。同时，还提出了企业在进行风险信息披露时是否会通过其他行为进行修正的问题，以弥补过度披露风险带来的不利影响。

（6）第 6 章研究了 IPO 公司风险信息披露与新股发行效率、首日抑价之间的关系，探讨了风险信息披露与一级市场估值、新股发行效率之间的联系。前一章已验证了 IPO 风险信息披露在传递信号方面的有效性，对投资者的决策具有指导作用，特别是在一级市场决策过程中，投资者最关注的是公司如何定价和定价效率问题。机构投资者等市场参与者通过详尽的 IPO 信息披露来了解公司的风险和机会，以更准确地进行估值和定价。本章选取了 2007—2022 年我国 A 股上市公司的数据和招股说明书作为研究样本，分析了 IPO 公司风险信息披露对新股发行效率的影响。研究发现，招股说明书的风险信息披露质量越高（即文本相似度越低），对应的 IPO市盈率越高，抑价率越低，表明新股市场运行效率越高。此外，风险信息披露质量通过降低投资者的异质信念，提高了 IPO 市盈率，降低了 IPO 抑价率。进一步的分析显示，对于机构投资者持股比例较高的组别，风险信息披露质量对 IPO 市盈率的正向影响更加显著。在拓展性研究中，发现了高质量的风险信息披露与上市公司长期市场表现的正相关关系。最后，以注册制试点为准自然实验事件，发现注册制市场化加强了创业板 IPO 公司风险信息披露质量与新股定价效率之间的关系，提高了 IPO 市盈率，显著降低了 IPO 抑价率，说明注册制改革对资本市场的有序运行具有积极效应。这一实证研究揭示了风险信息披露在一级市场新股发行定价中的正向治理效应，对上市公司、监管机构和市场参与者具有重要意义，有助于改善我国证券市场的信息环境并提高资源配置效率。

（7）第7章深入探讨了上市公司在IPO过程中风险信息披露对新股破发的影响。以2020—2022年的科创板和创业板上市公司为样本，从披露的"数量"和"质量"两个维度探讨了招股说明书风险信息披露与IPO破发之间的关系。研究结果显示，首先，招股说明书中风险信息披露的数量与IPO破发呈负相关，即披露内容越丰富，首日破发概率越低；同时风险信息披露的质量与IPO破发也呈负相关，即特质性风险因素越多，破发概率越低。其次异质性分析发现，机构投资者持股比例和分析师跟踪对风险披露水平与IPO破发的影响有调节作用：风险披露越充分时，机构持股越多，破发概率显著降低；风险披露相似度越高时，分析师的跟踪也显著减少了破发概率。此外，研究还发现，财务风险和内控风险的披露更有助于降低IPO破发概率；风险披露质量越高，公司长期市场表现越好，市场评价也越高。最后，以注册制试点作为准自然实验发现，注册制市场化能够降低IPO破发概率，使得风险披露充分的企业破发时间更长，而风险披露相似度高的企业破发时间更短。本章提供了招股说明书风险信息披露对IPO破发的理论和实证证据，丰富了有关IPO定价效率的研究，有助于提升证券市场资源配置的效率，突破投资者对新股"稳赚不赔"的传统观念，更理性地评估新股投资的风险与回报。

（8）第8章，IPO公司风险信息披露与股票市场反应。通过分析招股说明书中的风险信息披露，探讨了其对企业长期会计业绩和股价表现的影响。招股说明书是企业向投资者传递重要信息的主要途径，其中的风险信息披露对于减少信息不对称、评估股票价值、降低投资风险至关重要。然而，目前的实践中存在着一些问题，例如企业倾向于披露缺乏决策价值的风险信息，部分原因是可能会产生专有成本或涉及包含大量前瞻性信息的风险。本书提出了两个核心假设：一是特质性风险信息披露越充分，企业的长期会计业绩越好；二是特质性风险信息披露越充分，企业的长期股价表现越好。这些假设基于对风险信息披露的特质性与企业长期业绩之间关系的理论分析。通过对2007—2022年A股IPO公司的数据分析，研究发现，风险信息披露特质性越高，企业的长期股价表现越好。这表明风险信息披露特质性在提高企业股票定价效率、降低非系统性风险方面发挥了重要作用。实证分析显示，特质性风险信息披露通过两个主要途径影响企业长期表现：一是通过减少信息不对称，提高了股票定价效率，增强了投资者对企业的信心；二是降低了企业自身的非系统性风险。此外，研究还表明，在机构投资者持股比例较高的公司中，风险信息披露特质性对 IPO 市盈率的正向影响更为显著。

（9）第 9 章，本书的结论部分，主要从研究结论、政策启示与未来展望三个方面对全书进行总结。首先，本书通过文本分析方法提取了招股说明书中的特质性风险信息，并发现这些信息披露能够减少信息不对称，提高投资者对公司价值的准确评估，同时也引发投资者对风险的恐慌情绪。特质性风险信息披露有助于降低 IPO 破发的可能性，提升公司声誉和市场形象，改善股价表现。在政策启示方面，监管部门需要平衡信息透明度与企业披露负担，建议完善法律保护并加强监管指导，推动上市公司进行特质性风险信息披露。同时，应发挥承销商的监管职能，但不能过度依赖其监管作用，需与政府监管形成合力。研究的局限性在于主要采用了定量分析方法，且未深入探讨风险信息披露的其他特征和企业披露动机。未来研究可以采用更丰富的文本分析方法，扩大样本范围进行国际比较，深入分析企业披露动机，区分不同类型的风险信息，并设计机制以降低企业披露后的法律风险。本书的研究逻辑框架如图 1.1 所示。

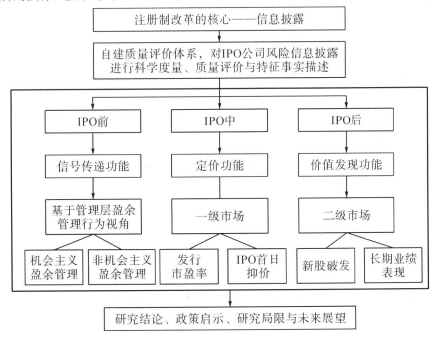

图 1.1　本书逻辑框架

1.3 研究方法

本书在方法论上秉承系统论、权变理论、实证主义等思想，将质性研究和量化研究、定性分析和定量分析紧密结合，坚持提供实证证据，将实证研究方法和现代化技术手段广泛合理地运用，实现了两个结合：一是理论逻辑演绎与实证研究相结合，二是现象、观点归纳与一般的理论抽象相结合。在研究工具上，应用金融学、会计学、管理学等多学科交叉进行理论分析，并用多种实证研究方法进行检验与论证。在实证研究方法上，主要采用机器学习、文本分析与建立计量经济模型等方法。其中最核心的是：

第一，使用理论分析法、文献研究法构建本书的研究框架和分析模型。基于金融学、会计学、管理学等相关理论的定性分析，通过规范理论研究 IPO 公司风险信息披露对资本市场资源配置效率的总体框架以及变量之间具体的影响路径和作用机理问题。为了厘清变量之间的相互影响关系，拟采取的措施是大量阅读 IPO 公司风险信息披露、上市公司盈余管理、IPO 抑价、市盈率、新股破发、新股长期表现等方面的中外文献，系统梳理相关研究的理论基础、研究主题和研究方法等，构造本书研究的理论框架和实证模型。

第二，运用机器学习、文本分析等方法将 IPO 公司风险信息披露中的非结构化信息提取、分析并转化为结构化信息。如前文所述，考虑对风险信息披露文本语义的捕捉，本书采用了目前先进的 NLP 大语言模型 ERNIE 对风险信息披露的文本进行处理，从而对 IPO 公司风险信息披露进行度量，力求确保本书最主要的变量度量方法科学。

第三，使用大样本档案式实证研究方法实证检验 IPO 风险信息披露对资本市场资源配置效率的影响。实证研究具有鲜明的直接经验特征，通过对我国资本市场上公开的上市公司数据进行大样本档案式实证检验，并借助 NLP 预训练模型——ERNIE 构建 4 个层面共 11 个指标对风险信息披露质量进行度量：特质性风险信息披露、风险信息披露的项目数量、风险信息披露的篇幅占比、风险信息披露实体数量（NER）。从定性和定量的角度能够清晰地研究 IPO 风险信息披露对资本市场效率的影响，从而归纳出事物的本质属性和发展规律。在研究过程中，我们综合应用描述性统计、相关性各类检验、简单相关性分析、多元回归分析、固定效应模型、双重差分模型、倾向得分匹配法、稳健性检验等方法对相关内容进行深入的实证分析，确保研究方法的科学性和研究结论的可靠性。需要说明的是，关于注册制改革这一自然实验场景，本书在实证研究主回归中以注册制改革后科创板、创业板上市公司为研究样本，在稳健性分析或进一步分析中，会扩展至全样本，并将时间延长至 2007 年，设置注册制改革虚拟变量进行分析，力求使研究结果更加稳健和可靠。

第四，聚焦学科交叉融合关键领域，开展学科间思想和方法的交融整合及发展对策探讨。本书聚焦学科交叉融合关键领域，需要将金融学、会计学、大数据、计算机与人工智能等不同学科之间的知识、思想、方法、技术等进行整合、交流和融合，形成新的学科交叉领域，并在其中寻求新的理论、新的发现和新的应用。这种融合不仅是在理论层面进行的，也在实践中的应用和创新层面，通过创新技术手段解决资本市场发展过程中遇到的新问题，提出更有针对性的建议，构建和完善中国特色的 IPO 风险信息披露研究体系。

1.4 可能的创新之处

本书可能的创新之处在于：

第一，运用大语言模型将风险信息披露中的非结构化信息转化为结构化信息，丰富了"财务、金融"与"机器学习"等领域的研究。在技术上通过运用基于 ERNIE 模型的深度学习技术，不仅提高了风险信息披露分析的精确度和效率，还为未来使用人工智能技术分析财务信息提供了新的方法论参考和新的路径（Loughranand McDonald，2013；Campbell et al.，2014）。此外，大语言模型的应用有助于投资者和公司更好地管理 IPO 过程中的风险，制定更为有效的投资和风险管理策略（Gaulin，2017）。通过这种方法，可以更深入地分析 IPO 过程中的风险信息，包括但不限于财务风险，还涵盖市场风险、管理风险等，辅助投资者和分析师更全面地评估公司的风险状况（Bhabra and Pettway，2003；Falconieriand Tastan，2018）。并且，利用大语言模型可以有效提高非结构化信息到结构化信息的转化效率，提高了信息的准确性和可读性（Arnold et al.，2010；McGuinness，2019）。最后，此研究还可能推动金融科技在资本市场中的应用，尤其是在信息处理和数据分析方面，展示了金融科技的广泛应用潜力（Engelen and Essen，2010）。

第二，本书自建 IPO 公司风险信息披露的质量评价体系，对 IPO 公司风险信息披露质量进行科学度量，并进行特征事实描述以刻画公司风险信息披露现状。通过系统梳理与 IPO 公司信息披露相关的股票发行注册制、信息披露规则体系、信息披露、风险信息披露、招股说明书信息披露等方面的制度，把握 IPO 公司信息披露的框架脉络，从更宏观的角度理解 IPO 公司信息披露的动机，为后续研究提供制度依据。首先，对注册制 IPO 公司风险信息披露质量进行评价，选取的指标应该尽量全面，依照上市规则对信息披露的要求以及企业特征，从多个维度对风险信息进行评价。其次，依据重要性原则设定指标。当信息过多或繁杂、指标过于全面时，要重点选择可能对投资者产生较大决策影响的风险信息。最后，指标的选取要有可操作性。评价体系要具有可行性，便于考察、获取方便。本书拟将采用如下 4 个层面共 11 个指标对风险信息披露质量进行度量：特质性风险信息披露、风险信息披露的项目数量、风险信息披露的篇幅占比、风险信息披露实体数量（NER）。其中特质性风险信息披露我们用文本相似度指标进行衡量；风险信息披露的项目数量包含了总风险信息披露的项目数量以及各个分项的项目数量，一共 7 个指标；风险信息披露的篇幅占比由"软信息"组成的指标——风险信息披露占招股说明书篇幅的百分比（percent 1），以及"硬信息"组成的指标——数字占风险信息披露篇幅的百分比（percent 2）2 个指标；风险信息披露实体数量（NER）是风险信息披露中包含的两类实体数量，这两类实体包括 IPO 企业的子公司与母公司以及客户与供应商。对每种评价指标进行总体分析、分行业分析和分板块分析，在不同层面上全面理解市场和行业的风险信息披露情况，有助于更准确地把握市场动态，降低投资风险，提高决策的准确性和效率。

第三，本书深入探讨风险信息披露与公司 IPO 资本配置效率之间的关系，从信息传递、价值发现的角度揭示其影响路径与传导效应，有助于深化对 IPO 公司风险信息披露经济后果的认知（Abdou and Dicle，2007；Aggarwal et al.，2002；Arnold et al.，2010）。本书的一个重要创新点在于，建立了一个系统的分析框架，将风险信息披露与 IPO 全过程联系起来，以全面评估 IPO 风险信息披露的经济后果。在企业首次公开发行（IPO）阶段，潜在的 IPO 投资者缺乏对公司特定的财务和非财务信息的认知，目前的研究主要集中在年报风险信息披露和财务指标层面（Bakar and Uzaki, 2014；Bartov, 2011；Brau et al., 2016）。拟上市公司提交的招股说明书作为 IPO 重点审查对象和投资者信息主要来源，围绕招股说明书的风险信息披露研究有更为重要的意义（Campbell et al., 2014；Chahine and Filatotchev, 2008）。本书采用最前沿的机器学习和文本分析的方法度量 IPO 公司风险信息披露，并具体分析 IPO 风险信息披露对盈余管理动机、市盈率、IPO 抑价、新股破发、股价长期表现的作用机制及特质性分析，研究显示，风险信息披露的特质性与管理层在上市前的非机会主义盈余管理动机有显著关联；同时，这种特质性风险信息披露也影响了市盈率和 IPO 抑价（Ding, 2016；Falconieri and Tastan, 2018；Filzen et al., 2016）。此外，高质量的风险信息披露有助于提高 IPO 的定价效率，降低新股破发概率，并提高股价的长期稳定性（Gaulin, 2017；Goldstein, 2012；Gumanti et al., 2017）。这些发现强调了风险信息披露在提高市场效率和减少信息不对称中的重要作用（Hanley and Hoberg, 2008），能够为相关研究提供新的视角（Cheng et al., 2004；Deumes, 2008）。

2 国内外研究现状及发展动态

2.1 风险信息披露相关研究

近年来，国内外针对风险信息披露这一主题的研究日趋丰富，不少学者进行了相关的理论分析、实证研究和文献综述（Isiaka, 2018; Erastus et al., 2020; Isiaka, 2021），我们以 Web of Science 为检索平台，选择 Web of Science 核心合集数据库搜集国外相关文献，以 Corporate Risk Factor Disclosure 为主题词检索，共得到 334 条结果；进一步以中国知网收录的中文社会科学引文索引（CSSCI）期刊为检索对象，以"风险披露"为主题或篇名包含"风险披露"，共检索到 131 篇，主要发表于近五年。

图 2.1　国外和国内风险披露主题词云图

2.1.1 风险信息披露的度量方式

对于风险信息披露进行实证研究的一个难点在于如何合理地度量风险因素。有不少学者用传统的手工方式对文本进行分析与整理，姚颐和赵梅（2016）采用人工阅读的方式对风险披露信息含量进行打分，侧重于对风险披露有效性的逻辑判断。詹雷和韩金石（2021）手动收集首批 25 家科创板上市企业招股说明书申报稿、上会稿、注册稿 1 和注册稿 2 的风险因素项数、篇幅、类别和信息披露质量数据，作为风险信息披露的度量指标。随着计算机技术以及自然语言处理技术的发展，信息检索、文本挖掘和机器学习等技术被广泛地运用到文本分析的研究中。最开始在社会科学领域对于非结构化文本的分析，一般是对披露某类信息，以及信息披露的数量（Beatty and Welch，1996）进行分析与整理。为了研究风险披露的影响，则可能会对公司年度报告中披露的风险类型进行归纳，并汇总各类别的计数，以量化每个文献所涵盖的风险种类（吕祥友 等，2015）。目前比较主流的文本分析大体上有三种方法，包括词典法、监督学习和非监督学习。

词典法是最简单直观的自动文本分析方法。其核心是构建词典，使用关键字或短语对文档分类，或度量文档属于特定类别的程度。Kothari et al. （2009）为了研究风险信息披露，定义了商业环境、战略、运营、人力资源等六类词汇，并以 Riloff（1993）为指南构建了一个分类方案。最终划分出的六种风险分别是：①市场风险：行业结构、竞争力、企业的外部环境；②企业风险：企业战略和战略意图的制定和执行；③组织风险：组织资本建设与人力资源管理；④声誉风险：公司的形象、品牌和声誉；⑤绩效风险：投资和公司的财务绩效；⑥监管风险：公告，政府监管对公司的影响。Loughran and McDonal（2011）发现哈佛词典并不适合对年报文本进行分析，因此建立了一个专门用于分析金融与财务领域的词典。Kravet and Muslu（2011）在对风险信息披露与投资者风险感知的研究时，从年报中提取风险披露的章节，搜索包含风险相关的句子。如果风险披露语句包含一个或多个预定义关键字或其变体，他们将进一步风险披露语句分类为负面语气。Campbell et al.（2014）在对风险信息披露有效性的研究中借鉴了 Nelson and Pritchard（2007）构建的与风险相关的词典，将风险词划分为金融、诉讼、税收、其他系统性风险和其他特殊风险五类，并且为了增强关键词的覆盖范围 Campbell et al.（2014）还使用了 LDA 主题模型对风险信息披露进行分析。使用词典法对文本进行分析，有诸多优点，首先是对词典的构建使得风险的定义更为明确，并且很多可以借鉴的文献；其次，借助计算机程序，运用词典对文本进行分析是一个较为简单的过程，相比手工分析的方式，词典法大大降低了文本分析的时间成本以及复杂度。但是，词典法也有非常明显的缺点，其最大的缺陷便是，一旦分析的语料中包含词典以外的关键词，或者包含否定词以及否定前缀，就会降低词典法的精确度。

由于词典法的诸多局限性，越来越多的研究者开始使用更加科学的无监督机器学习算法对文本语料进行处理与分析。最典型的一类无监督机器学习算法则是无监督聚类方法，其中"聚类"意味着无监督的"分类"，而分类的依据则是语料的属性。在财务、会计以及金融领域 LDA（Latent Dirichlet Allocation）主题模型是最常见的无监督聚类方法之一。LDA 主题模型首先会通过遍历所有的文本语料，确定主题的个数，以及各个主题的主题词。通过对各个文档的字词的概率分布进行分析，然后将上述确定的主题，分配给各个文档，最终确定文档的主题。需要注意的是，一篇文档可以包含多个主题，所以模型结果中会有主题分布的概率。Campbell et al.（2014）使用 LDA 主题模型将预料划分为金融、诉讼、税收、其他系统性风险和其他特殊风险五个风险子类别。Bao and Datta（2014）开发了 sent-LDA 主题模型，用于分析与量化风险信息披露。与传统 LDA 主题模型不同的是，Bao and Datta（2014）的研究将每一个句子都视为一个文档，并根据每个句子的字词概率分布赋予该句一个主题。因为在大多数情况下，文档中的每个句子（风险因素）只涉及一种风险类型（主题）。因此每一个句子传达了关于哪些单词应该被分组到同一个主题的信息，这些信息使得模型能够更好地识别风险类型。在对能源企业风险因素披露的研究当中，Wei et al.（2019）也运用了 sent-LDA 主题模型，并确定出 66 个影响能源公司风险的风险因素。

但是诸如 LDA 主题模型一类的无监督聚类方法也有自身的缺陷。比如在 LDA 主题模型中，时常会把相同的主题词划分到不同的主题当中，这使得对文本的分类以及识别的精度有所下降。因此，也有很多学者将基于监督学习的各种分类器机器学习算法运用到文本分析中来。Yang et al.（2018）用自然语言处理技术提取企业自我识别的风险，包括财务风险、战略风险、运营风险和危害风险，他们提出了一种新的文本挖掘方法，该方法具有以下几个功能模块：预处理、风险相关特征生成、句子级主题分类。为了提高准确率和查全率，在风险特征生成模块中设计了一种结合自动信息检索和专家知识的算法，生成更合理的风险特征集。Hope et al. （2016）在对特质性风险披露的研究当中，运用到了命名实体识别（NER）相关的机器学习算法。命名实体识别是一种能够将文本当中的实体进行识别的方法，比如对风险信息披露的文本使用命名实体识别的算法，能够将文本中公司名称、地名、地区等信息有效识别出来。Hope et al. （2016）认为风险信息披露中包含的实体越多，则披露越具有特质性，能提供更多的与企业相关的私有信息。风险信息披露的度量方式发展过程如图 2.2所示。

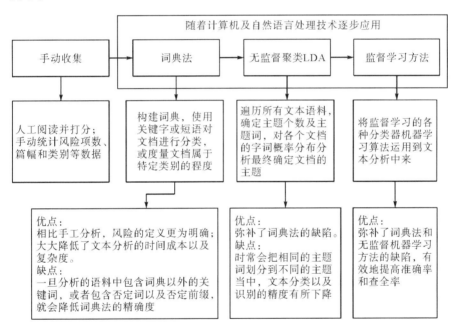

图 2.2 风险信息披露的度量方式发展过程

2.1.2 风险信息披露的动机

关于风险信息披露动机的研究，通常存在以下几种观点。一种观点认为，风险信息披露本身可能只是出于强制性要求的披露，由于审核成本较高和难以规范披露的量化程度，企业的风险披露程度也会受到外部因素的影响，甚至有人批评公司所做的披露是套用模板的非特质性文件，因此并不能够提供具有决策有用性的信息。长期以来对财务报告的批评都是缺乏对公司风险和不确定性的有用披露（Schrand and Elliott，1998）。Linsley and Shrives（2005）的研究也发现样本公司并没有提供与公司所面临的风险相关的有助于投资者做出决策的信息。具有信息含量的风险信息的披露很少，相当大比例的风险披露只是对风险政策的一般性陈述。其原因之一可能是风险信息披露会产生专有成本，向竞争对手提供了具有潜在价值的信息。其次，由于风险信息披露中包含大量前瞻性信息，如果董事会成员不能恰当地进行风险信息披露，则有可能面临被起诉的风险。因此，企业更倾向于披露不具有决策有用性的风险信息。Dobler（2008）也运用廉价交谈理论对这一现象进行了解释。由于在进行风险信息披露时，管理层具有很高的自由裁量权。因此，他们天然地具有隐藏部分信息的动机（Verrecchia，2001）。廉价交谈理论认为，在约束力以及成本很低的情况下信息披露是很难具有信息含量的（Crawford and Sobel，1982）。

而目前学术界比较主流的观点是，风险信息披露为投资者提供了对决策有用性的信息。在招股说明书中披露的高质量信息会带来更高的 IPO 定价，并且最大限度地减少定价误差（Hanley and Hoberg，2010）。IPO 招股说明书中的风险披露在投资者投资决策中也发挥着关键作用（Arnold et al，2010）。一方面是由于 IPO 企业在法律上有义务遵守 IPO 招股说明书中的事实和数据，提供所有必要的信息，这些信息有关公司的过去，运作模式，所有权结构的细节和投资及现金流风险（Bhabra and Pettway，2003）。在资本市场监管机构制定的规则的指导下，向潜在投资者提供适当和准确的信息。而且更全面的招股说明书信息也有助于提高价格的一致性。此外，它还有助于缓解内部利益相关者和潜在投资者之间的信息不对称（McGuinness，2019）。Heinle and Smith（2017）在对风险信息披露的价格效应的研究中，构建了一个理论模型，经模型推导发现公司现金流风险的不确定性导致了股价方差水平的提升，方差水平的提升意味着股价中包含的不确定性溢价随之升高，而风险信息披露能够通过降低不确定性溢价，从而降低公司的资金成本。Hope et al.（2016）的研究为 Heinle and Smith（2017）的理论模型提供了实证研究证据，Hope et al.（2016）构建了风险信息披露的特异性指标，研究发现风险信息披露特异性越高，分析师预测的价格偏差越小，这说明更具有特异性的风险信息披露能够增强分析师对风险的理解。并且投资者对风险因素披露中包含的信息也做出了回应，表明风险披露的特异性水平确实会影响投资者和分析师对风险的评估。Filzen（2015）提供的证据表明，季度风险信息披露的更新与股票回报和未来意外收益呈负相关，表明风险信息披露提供了潜在负面消息的信息。当然，风险信息披露的信息含量也与宏观环境密不可分。Beatty et al.（2019）发现，在金融危机之前和金融危机期间（2006—2008年），风险信息披露是有意义的，但在金融危机之后（2009—2014年），风险信息披露就没有意义了。

关于风险信息披露的动机（如图2.3所示），可以用资源依赖理论和信号理论进行解释，资源依赖理论（Pfeffer and Salancik，1978）认为，由于风险信息披露会使公司面临一定的法律成本、财务成本和专有成本，所以一个自愿提高信息披露水平的公司可以通过获得更低的资金成本、管理专业知识、声誉和形象来获得关键资源，如金融和商业合同，从而降低政治成本；信号理论（Akerlof，1970）则认为，由于公司和投资者或市场存在信息不对称，高质量的公司希望通过自愿提供更多的信息披露来区别于低质量的公司（Merkl-Davies and Brennan，2007），并且具有风险管理能力的企业可以主动披露更多的风险信息（Elamer et al.，2019）。研究发现，风险越大的企业披露的风险因素越多，企业所面临的风险类型决定了企业披露风险的程度（Campbell et al.，2019）。Nelson and Pritchard（2016）发现与诉讼风险较低的公司相比，诉讼风险较高的公司将提供更具体、更易读的披露信息；当公司存在不确定性风险时，如果披露会导致正向偏差（如现金流增加），公司将会选择不进行风险披露。Yen et al.（2016）揭示，公司可能会通过使其与竞争对手相似来降低其披露的信息量，而不是减少风险披露的数量。于团叶等（2013）以我国创业板为例，发现流通股比例、独立董事比例、董事会持股比例、股权集中度、"四大"审计师和两职合一均与自愿性信息披露程度正相关；企业规模、营运能力和财务杠杆都与自愿性信息披露程度负相关；而作为具有创业板特征的、代表公司风险的单一账户风险与自愿性信息披露程度没有显著的相关性。在股权较为集中时，机构投资者更倾向于对自愿性信息披露程度产生正面影响，股权集中且机构投资者为稳定型时，机构投资者持股比例对自愿性信息披露的正面影响更大（牛建波 等，2013）。

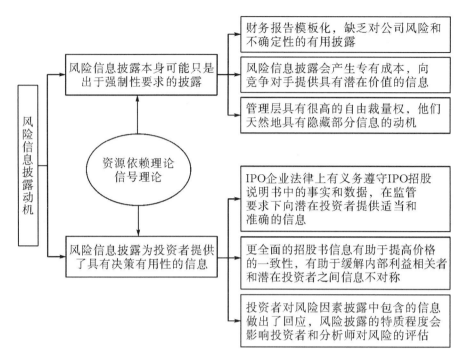

图 2.3　风险信息披露的动机梳理

2.1.3　风险信息披露的经济后果

风险因素披露的目的是为投资者提供一个清晰和简明的公司重大风险的总结，这对于利益相关者（股东、债权人、监管者等）来说是解决信息不对称问题的重要途径，而解决信息不对称问题能够有效提高资本市场效率。风险信息披露的经济后果可以从投资者、企业和资本市场三个角度理解：

大量研究已经证实，一方面，强制性风险信息披露的要求对投资者决策具有重要的参考意义。例如，股票市场会对风险信息披露、未来现金流以及未来现金税做出负面反应（Filzen，2015；Filzen et al. 2021）；Campbell et al.（2014）研究表明风险因素披露与披露后基于市场的企业风险指标呈正相关，在控制投资者对基本面风险的评估后，发现风险因素披露与披露后信息不对称呈负相关，减少了公司股东之间的信息差异，基于此，管理者确实提供有用的风险因素披露，并且投资者将这一信息纳入市场价值；Hope et al.（2016）发现市场反应与特质性风险信息披露水平呈显著正相关，当公司的风险因素披露更加具体时，分析师能够更好地评估基本面风险，有利于财务报表的使用者。Nelson and Pritchard（2016）发现，诉讼风险高的律所披露的风险因素与企业风险的披露措施呈正相关，这与投资者将这些信息纳入其风险评估是一致的，风险因素披露的激励措施可能会继续影响披露决策以及风险因素披露对投资者的有用性。Campbell et al.（2019）在之前研究的基础上，进一步检验风险因素披露与未来现金流水平和股票回报之间的关系，税务风险因素披露与未来的现金流呈正相关，其预示着通过减少未来支付的现金税款可以使现金流量增加，投资者能够将这些信息纳入当前股价。另一方面，投资者也可能对风险披露不够敏感，导致披露的信息价值低于预期。Bao and Datta（2014）的研究发现：文献中确定的30种风险类型中，有22种对投资者披露后风险感知没有显著影响；只有3个与披露后的风险评估呈正相关，表明风险披露揭示了之前未知的风险；有5个与披露后风险评估呈负相关，说明风险披露解决了之前未知的风险因素，从而降低了用户的风险感知。

Filzen（2015）提供的证据表明，季度风险因素更新与股票收益和未来的意外收益呈负相关，从而表明风险信息披露提供了关于潜在负面消息的信息。同时，有证据表明风险信息披露可以通过降低资本成本的影响减少风险溢价（Heinle and Smith，2017）。Chiu et al.（2019）考察了年度报告中包含的下游公司（即客户）风险因素披露对上游公司（即供应商）投资效率的影响后发现，对客户风险因素的更翔实的披露与供应商投资不足或过度投资的减少有关，风险因素披露中包含的有用信息可能有助于其供应商实现更高的投资效率。当供应商处于定价劣势、主营业务在耐用品行业以及当他们更关心未来需求的波动性时，这种逆关联会更强。Li et al.（2020）发现在2011年美国证券交易委员会发布网络安全披露指南后，对于先前披露网络安全风险的公司来说，审计费用的增长幅度较小。在当前时期内遇到网络事件的公司审计费用大幅增加，与随后发生网络事件的可能性降低有关。Zeghal and El Aoun（2016）研究表明企业风险管理披露与危机、银行规模、董事会独立性等公司治理因素呈正相关，并且与盈利能力，杠杆率和董事会规模显著负相关。王雄元（2017，2018）研究了年报风险披露与权益资本成本、分析师预测准确度、审计费用和银行贷款利率等因素的关系，发现年报风险披露长度及其变化值越大，公司权益资本成本及其变化值越小；风险信息披露频率越高，分析师预测准确度越高，而且这种积极影响主要体现在非国有企业、盈余质量较高及公司治理较好组；年报风险信息披露的余弦相似度降低了审计费用，且年报风险信息披露的余弦相似度较高是因为公司没有新增风险而并非公司隐藏了风险。张淑惠等（2021）运用文本分析方法对公司年报中的风险信息进行识别和量化，研究年报风险信息披露和股价同步性之间的关系，发现风险信息含量越多、风险描述的语调越积极、风险信息的相似度越低，股价同步性越高。

关于风险信息披露对资本市场效果的研究主要集中在 IPO 抑价及新股发行定价效率（郝项超和苏之翔，2014；姚颐和赵梅，2016；李璇和白云霞，2021）、上市后公司治理效率（Imen et al.，2020）、股票流动性（姚颐和赵梅，2016；杨墨 等，2021）和同步性（张淑惠 等，2021）以及溢出效应（Stephen et al.，2018）等方面。研究表明，公司所披露的总风险越多、财务风险和经营风险越多，IPO 抑价越低、流动性越强，且为了规避未来业绩下降所带来的行政处罚，未来业绩差的公司有更强的披露意愿（姚颐和赵梅，2016）。李璇和白云霞（2021）将中美上市 IPO 对比发现，国内上市公司风险信息披露的整体水平更低，且不同公司的风险信息披露更具有趋同性，在披露内容上更加注重风险信息的完整性以及对财务风险的披露；赴美上市公司的风险信息披露显著降低了 IPO 抑价和买卖价差，而国内上市公司披露的风险信息总体上对 IPO 抑价和买卖价差没有显著影响，但在我国信息不对称程度更高的创业板市场具有降低 IPO 抑价的作用。在股票流动性方面的研究却得出了相反的结论，一方面拟上市公司《招股说明书》中风险因素披露越多，信息不对称程度越低，因此流动性提高（姚颐和赵梅，2016）；另一方面是风险信息加剧了投资者的风险感知以及风险意识，使市场产生更多悲观情绪，进而导致股票流动性下降，投资者情绪在风险信息披露影响股票流动性中发挥中介效应（杨墨 等，2021）。与对股票市场的研究相比，对债务市场的研究较少。债务市场是重要的外部融资的主要来源，信贷投资者在债券市场将风险信息披露纳入信用违约互换（CDS）的定价中（Chiu et al.，2018；Tsai et al.，2016）。Chiu et al.（2018）强调风险信息披露提高了公司潜在风险的信息透明度，从而降低了 CDS 点差中的信息风险溢价，金融和特殊风险相关的披露与信贷投资者特别相关，并有助于信贷投资者评估公司的信用质量。Tsai et al.（2016）强调 CDS 市场作为一种不受监管的工具的重要性，发现风险信息披露中的负面新闻与较高的 CDS 价差相关，表明负面新闻基调是信用风险降级的信号。具体如图 2.4 所示。

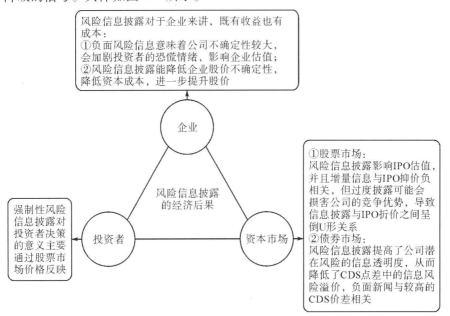

图 2.4　风险信息披露的经济后果梳理

2.1.4　文献评述

由于风险信息披露是一种非结构化的信息，要对风险信息披露进行研究必然要将其处理为结构化的指标。在过往的研究中，对风险信息披露的衡量一开始是对披露的项目数量进行统计，然后发展到用聚类模型对风险信息披露进行分类，在最新的研究中通过引入神经网络等机器学习算法对风险信息披露文本进行分析。围绕风险信息披露的动机、影响因素和经济后果的研究成果丰富，目前主流的观点认为风险信息披露为投资者提供了具有决策有用性的信息，解决了信息不对称问题，能够有效提高资本市场效率，而诉讼风险和专有成本之间的权衡影响着管理层风险信息披露的程度。但现有文献从融资需求的角度去解读招股说明书风险信息披露的动因的文献较少，研究风险信息披露是否能够通过提供给投资者更多的私有信息减少投资者与发行人以及承销商之间的信息不对称，从而使得 IPO 企业在上市过程中获得更高的定价，一定程度上为 IPO 风险信息披露的动因研究提供了融资角度的证据。

2.2　公司 IPO 相关问题研究

我们以 Web of Science 为检索平台，选择 Web of Science 核心合集数据库搜集国外相关文献，以 IPO 为主题词检索，共得到 5 598 条结果；进一步以中国知网收录的中文社会科学引文索引（CSSCI）期刊为检索对象，以"IPO"为主题或篇名包含"IPO"，共检索到 2 351 篇金融学相关文献，如图 2.5 所示。

图 2.5　国外和国内公司 IPO 主题词云图

长期以来 IPO 市场上的"三大异象"是学者们广泛探讨的问题，即所谓的 IPO 高抑价、热销市场以及新股长期弱势，其本质上讨论的是新股发行价格、新股发行上市首日在二级市场的价格、新股发行上市后的长期价格这三个价格之间的关系。IPO 异象均是以价格对比关系为核心的，主要包括三个问题：一是 IPO 定价效率研究，分析 IPO 企业的发行价格问题；二是 IPO 抑价研究，分析 IPO 企业的发行价格与发行上市首日在二级市场的价格关系问题；三是新股长期弱势研究，分析新股发行上市后的长期价格大幅下跌问题。在三种价格异象的背后，隐藏着两个分析视角，即理性金融的盈余管理视角和行为金融的投资者情绪视角。以上均为 IPO 研究的热门话题。

2.2.1 IPO 短期抑价

IPO 短期抑价包含了新股发行价格、发行上市首日在二级市场的价格以及两者之间的价格关系这三个问题，也侧面隐含了 IPO 定价效率的研究，因此将三大异象中的前两大异象进行共同探讨。综合整理 Ritter and Welch（2002）以及 Tian（2011）的文献综述思路，将 IPO 抑价产生的原因总结为三类，分别按照信息不对称理论、行为金融学理论以及制度方面的理论进行归纳。

2.2.1.1 信息不对称理论

信息不对称理论是指在市场经济活动中，不同参与者对有关信息的了解是有差异的，信息掌握比较充分的人员，往往处于比较有利的地位，而信息贫乏的人员，则处于比较不利的地位，这就导致交易的双方在市场地位上的不平等，因此引发了逆向选择和道德风险等问题。IPO 过程中的参与者包括发行人、投资者、承销商、证监会等参与方，由于各类参与者对信息的掌握程度差异很大，因此同样存在着信息不对称的问题。

总结归纳为以下五点：①发行人比投资者拥有更多的信息。由发行人和投资者之间的信息不对称导致 IPO 抑价的解释被称为信号传递理论，最早提出信号传递理论的是 Welch（1989）、Allen and Faulhaber（1989）、Grinblatt and Hwang（1989）。这种解释认为，由于股票的风险和收益受制于公司的经营情况，因此真正了解 IPO 股票价值的是发行人而不是投资者，因此发行人会面临"柠檬市场"的问题。为了向投资者传递关于股票质量的信息，高质量的公司会将 IPO 的价格定低，这种定价虽然会使发行公司在 IPO 时蒙受一定的损失，但将来公司按照较高的二级市场价格增发新股时，可以筹得更多的资金，借此弥补 IPO 过程中的损失。而低质量的公司由于很可能无法通过未来的二级市场增发收回 IPO 低定价所付出的成本，因此很难模仿高质量公司的这种做法。②承销商比发行人拥有更多的信息。由承销商和发行人之间的信息不对称导致 IPO 抑价的解释被称为委托代理理论，最早由 Baron（1982）提出。这种解释认为作为发行市场的承销商的投资银行比普通企业的发行人拥有更多关于股票价格的信息，更加了解发行市场的运行情况以及投资者的偏好。由于发行人进行 IPO 的目标是募集更多的资金，而承销商的目标则是获取更高额的承销费用，因而承销商有动机故意压低发行价格。此外，由于监督投资银行是需要成本的，为了调动投资银行的发行积极性，发行人有必要容忍一定的抑价。③投资者之间存在的信息不对称。由投资者之间的信息不对称导致 IPO 抑价的解释被称为"赢者诅咒"理论，最早是由 Rock（1986）提出，其在有关 IPO 抑价理论中占主流地位。这种解释认为市场是不完全的，信息是不对称的，存在掌握信息的投资者和未掌握信息的投资者。掌握信息的投资者往往能利用其信息优势购买到具有投资价值的股票。而未掌握信息的投资者只能根据其他主体的行为做出判断，最终购买到掌握信息的投资者所规避的、不具有投资价值的股票。当未掌握信息的投资者意识到这是赢者诅咒时，就会退出市场。由于股票发行人需要吸引未掌握信息投资者的投资。因此不得不降低新股发行价来弥补未掌握信息者所承担的风险，确保发行的顺利进行。④机构投资者比投资银行拥有更多信息。按照询价方法，投资银行首先给出一个初始价格区间（initial range），再通过路演（road show）收集潜在投资者的需求信息，最后确定发行价格。这一过程表明，投资银行虽然是专业的发行市场参与者，但并不拥有充分的需求者信息。作为拥有信息的投资者，如果他们将真实信息告知投资银行，投资银行据此确定的发行价格将对他们不利。比如投资者如果愿意以 10 元的价格购买新股，他们告知投资银行的需求价格很可能是 8 元。为了引诱投资者提供信息，投资银行就会以较低的价格发行新股，然后在分配新股时给这些提供信息的投资者以更多的配给。⑤发行公司决策者与其他股东之间信息不对称。这种观点是从委托代理关系中的利益冲突的角度进行分析的。Loughran and Ritter（2004）认为，对于承销商的选择主要是由发行公司的管理层和创业投资公司（如果有的话）的一般合伙人做出的，而发行前就存在的其他股东（包括创业投资公司的有限合伙人和其他股东）则影响有限，这就存在了利益冲突问题。虽然 IPO 抑价发行会使这些作为发行公司股东的决策者的利益也受到损失。但是，自 20 世纪 90 年代开始，投资银行开始为这些决策者开立私人账户，并为他们分配高抑价的其他公司的 IPO 股票。这样，这些决策者就会为了换取私人账户的利益而选择那些经常严重抑价发行的投资银行。他们还认为，这种腐败行为是 20 世纪末 IPO 高抑价的重要原因。

2.2.1.2　行为金融学理论

信息不对称理论认为 IPO 抑价的根源在于股票发行的一级市场的定价过程，这一理论的基础是有效市场假说。但随着行为金融学理论的发展，基于非理性人假设，其认为二级市场并不是完全有效，投资者会出现过度自信，损失规避等各种影响，从而更加关注投资者的个体差异。Thaler et al.（1997）进一步对行为金融学的理论进行了实证检验，认为投资者的个体差异性以及过往的个人经验形成的非理性观念，不仅会显著地改变金融资产短期的价格，也会对其长期的均衡产生影响。

总结归纳为以下两点：①信息瀑布理论。Welch（1992）认为，在信息不对称理论的假设下，有大量投资者把跟随市场主流投资者的意见进行判断当作是理性的最优选择，在这种情况下，容易形成投资者的信息叠加，造成羊群效应。当上市公司在上市前就受到媒体关注并被市场追捧时，那么更多的投资者就会受到这种效应的影响，大量申购股票，发行人和承销商基于这种假设，往往会认为采取降低发行价格吸引公众关注，从而来引起叠加效应，可以实现 IPO 的成功。②前景理论。Loughran and Ritter（2002）认为，新股发行抑价的主要根源是发行人的主观认知偏差。根据前景理论，股东对于损失要比收益更加敏感，承销商为了实现价格锚定效应，通常会调低发行价格。Kimbro（2005）则认为中国上市企业可能会低估未来公司的收入，从而导致新股定价偏低。

2.2.1.3　基于制度视角的政府监管理论

与信息不对称理论和行为金融学理论不同，基于制度视角的理论并不否认有效市场、信息对称以及理性投资者等基本假设，该理论主要从制度的设定、变迁以及政府监管的方面着手分析发行人、承销商及投资者在 IPO 过程中的行为。

总结归纳为以下五点：①诉讼风险规避的角度。这一理论最早由 Tinic（1988）提出，由于 IPO 的发行价格越高，则投资者未来亏损的可能性就越大，因此自身被起诉的概率也越大。因此低于预期水平的抑价发行可以降低未来诉讼的可能性以及发生诉讼时的损失金额。诉讼风险较高的公司将其 IPO 抑价的数量作为一种保险形式，更高的抑价降低了预期的诉讼成本，产生威慑效应。②公司治理的角度。这一理论也被称为"诱饵理论"，是 Booth and Chua（1996）提出的，他们认为企业的大股东为了保持对公司稳定的控制权，会尽量达到股权在二级市场上的分散，避免被其他恶意的收购者通过在二级市场购买股票的方式收购公司。通过 IPO 抑价发行，股票的流动性提高，公司的股权能够实现在二级市场上足够的分散，以达到这一目的。③价格支持理论。该理论由 Ruud（1993）提出，即新股发行后承销商会主动在二级市场购入股票来稳定股价。如果新股发行后在二级市场中出现了破发的情况会严重损害承销商的名誉，因此承销商有动机在二级市场中参与交易进行托市，使得股票的价格维持在发行价格以上。④税收规避的角度。Rydqvist（1997）发现在 1990 年瑞典的税收改革之后，由于资产利得税税率和个人所得税税率差距在缩小，这一改变抑制了企业将股票发给员工完成避税的目的，IPO 抑价率从 41% 下降至 8%，侧面证明了以上结论。⑤管理层风险规避的角度。由于 IPO 后管理层所持股票存在锁定期，上市立即套现的做法受到极大的限制，因此，管理层为保证锁定期结束后能够出售获利，会在上市时适当降低发行价，避免上市后业绩弱势。

除了对 IPO 抑价的原因进行分析外，为了探究更具体的风险因素披露如何影响投资者和分析师的行为，进而影响资本市场资源配置效率，还需要研究影响 IPO 定价效率的因素。①在风险投资支持方面，Jain and Kini（2000）认为，与其他公司相比，风险投资支持的 IPO 更有可能存活下来，因为它们吸引了著名的投资银行家和分析师，在战略资源配置决策中影响了管理者和机构投资者，IPO 抑价作为 IPO 中深受讨论的价格异象，会受到投资者和分析师对风险投资的反应行为的影响。②在信息披露的严格程度方面，Shi et al.（2007）认为 IPO 招股说明书披露要求的严格程度与 IPO 抑价程度呈负相关，并且这种影响受一个国家资本市场一体化程度的影响。③在董事会独立性方面，Chahine and Filatotchev（2008）认为信息披露和董事会独立性减轻了 IPO 公司与投资者之间的代理问题，从而减少了 IPO 折价。④在外部风险因素方面，Mousa et al.（2014）认为外部风险因素（市场风险、法律风险和政府监管风险）对投资者乐观情绪和 IPO 估值有更大的负面影响，而内部风险因素（管理风险、操作风险、技术风险）对 IPO 后企业长期生存的负面影响更大。⑤在承销商的影响方面，Bakar and Uzaki（2014）研究发现承销商在确定发行价格方面也发挥着重要作用，并在 IPO 过程中在发行人和潜在投资者之间建立了良好的关系。⑥在 IPO 文件的影响方面，Brau et al.（2016）得出 IPO 文件的战略基调与股票的首日回报呈正相关，而与股票的长期回报呈负相关，这些发现意味着投资者最初对注册报表中的软信息定价错误，最终错误定价被纠正。

2.2.2 IPO 长期表现

关于 IPO 长期绩效的内容已经得到了广泛的研究，但受测量指标、样本周期选择、发行制度等因素的影响，得出的结论并不统一。但一直备受学术界关注的问题为新股长期弱势现象，即首次公开发行的股票在上市后较长一段时间里给其持有者带来的收益率与其他同类型的非首次公开发行股票的收益率相比较低，这是 IPO 价格异象所探讨的第三个问题。Ritter（1991）是首次对新股长期表现进行规范研究的，研究发现上市初期市场的过度关注会引发大多数投资者超买行为，这会在一定程度上推高股价，短期内的高收益过后会出现长期收益反转，且 IPO 后市场表现不佳通常会在上市后持续 3~5 年，被称为 IPO 长期弱势现象。IPO 后市场表现不佳的程度与 IPO 在首个交易日定价过高有关。如果 IPO 在第一个交易日定价过低，那么初始回报率将与 IPO 后市场表现不相关或正相关。如果 IPO 在首个交易日被高估，那么初始回报率将与上市后表现呈负相关，因为初始定价过高将被 IPO 后市场逐渐修正，随后，预计发行价格过低程度更大的 IPO 长期表现会更差（Shiller，1990）。除了长期弱势现象外，还存在长期强势现象，主要存在于新兴市场国家。

对于 IPO 长期弱势的解释理论，学术界提出的主要有以下几个假说：①差异化预期假说。Miller（1977）最早提出了 IPO 长期弱势理论，他提出的异质信念理论，认为在异质信念和卖空限制的双重条件下，不同于同质预期，市场上的不同投资者会对企业发展产生不同的预期，导致意见分歧，进而将投资者分化为了乐观投资者和悲观投资者，使得股票的初始价格主要反映乐观投资者的意见，导致初始股价估值偏高，而随着时间的推移以及上市公司信息的不断披露，股价会逐渐回归真实的价格，从而出现 IPO 长期弱势现象，且当公司规模越小，所需投资者数量不多时，这种现象会更加明显。Gao et al.（2006）进一步发现监管机构诱导的定价偏差和卖空限制可能导致上市后 IPO 首日价格虚高，并在长期内自动修正，导致上市后市场表现不佳。②价格支持假说。Schultz and Zaman（1994）通过观察主承销商在交易前三天的综合交易情况和报价的数据变化，发现承销商可以通过超额配售权在之后回购大量股票而获利，因此其会推高 IPO 报价，有积极的价格支持行为。这种短期抬高股票价格的行为会使得新股的初始超额收益率较高，但随着时间的推移，价格支持逐渐消失，股票的价格回落到真实的水平。③盈利预测过度乐观假说。从历史经验来看，一般 IPO 业绩会比较好，公司的管理层和外部投资者都会对公司的经营业绩过度乐观，使得 IPO 的定价比同类公司高，从长期来看，这种乐观预期会使得公司的长期弱势现象越明显。④发行时机假说。Loughran and Ritter（1995）研究发现，在 IPO 热销的时期，长期弱势现象更加明显，在 IPO 高峰期，投资者愿意支付更高的价格，而 IPO 公司为了筹集更多的资金，会利用该时期来进行 IPO。公司在市场对公司股票的估值较高时上市，而在估值较低时采用其他融资方式，进而形成了更热的 IPO 发行市场，长期弱势现象更加明显。⑤过度包装假说。从上市公司的角度来解释新股长期弱势现象，Teoh et al.（1995）研究发现由于上市公司与投资者之间存在信息不对称，上市公司会存在过度包装行为，使得投资者在上市初期支付的购买价格较高。但在 IPO 后，上市公司经营业绩普遍下降，他们会降低对股票的预期水平，公司的真实财务状况反映在未来股票价格的变动上，表现为新股长期弱势现象。

除了 IPO 初始价格的因素，IPO 的长期表现还可能受到多种因素的影响，如市场环境、公司基本面、IPO 发行价格、机构投资者、公司治理结构等。Rao（1995）认为，具有高非强制性会计应计项目的 IPO 公司从长期来看会产生负的异常股票收益；Brav and Gompers（1997）指出，与无风险投资支持的 IPO 相比，有风险投资支持的 IPO 表现会更好；Carter et al.（1998）强调，从长期来看，与拥有知名承销商的 IPO 相比，拥有较低声望的承销商的 IPO 将产生较高的负回报；Bildik and Yilmaz（2006）实证研究了影响伊斯坦布尔证券交易所 IPO 长期表现的不同因素，发现了负回报。他们认为 IPO 数量、投资者行为、投资者分散、市场状况、承销商声誉、股票配置、公司特质性风险和初始回报的性质都会影响 IPO 的长期表现；Belghitar and Dixon（2012）发现成熟公司比年轻公司表现更好，因为年轻公司通常比成熟公司有更多的事前风险，而成熟公司与投资者的信息不对称较小，因此，企业年龄和售后市场表现之间存在正相关关系；Burman and Ramak（2022）研究发现抑价是长期业绩的决定因素。

对长期绩效的研究，还需要关注其衡量时所使用的方法，如 Abukari and Vijay（2011）和 Ahmad Zaluki et al.（2007）提出的绩效测量方法、Ritter and Welch（2002）提出的样本期、Bird and Yeung（2010）提出的样本和公司规模、Abukari and Vijay（2011）提出的基准、Kooli and Suret（2004）以及 Gompers and Lerner（2003）提出的加权方法。衡量 IPO 长期表现最常用的方法有两类：一种是从股票价格或收益的角度出发，事件时间、日历时间和混合方法通常用于衡量 IPO 的长期表现。相对于其他方法，事件时间方法通常用于研究 IPO 的长期价格表现，以累计异常收益 CAR、买入并持有异常收益 BHR 等作为主要绩效指标，而 CAPM 和 FF 模型用于衡量日历时间回报，混合方法使用事件和日历时间方法中使用的所有性能度量；另一种是从公司运营表现出发，基于股票价格反映内在价值的理论假设，选择某一个或多个能够反映公司运营绩效的指标，考察该指标或指标体系在公司进行 IPO 前后的变化，以此作为 IPO 对公司影响的衡量。经常采用的衡量运营绩效的会计财务指标有总资产收益率、销售增长率、资产周转率、资本支出增长率、市盈率指标、市净率指标等。

2.2.3 IPO 盈余管理

盈余管理手段包括应计操纵和真实交易（倪敏和黄世忠，2014），现有研究表明 IPO 公司进行盈余管理时两种手段都会采用。企业在上市前通常会选择应计操控提高公司业绩（Friedlan，1994；Teoh et al.，1998；DuCharme et al.，2004；Roosenboom et al.，2003），但随着监管机构和审计人员对 IPO 的审查趋严，两类盈余管理行为之间存在部分替代效应（Graham et al.，2005；龚启辉 等，2015）。应计盈余管理与真实盈余管理各有利弊，前者借用未来期间业绩对公司现金流没有影响，影响的只是公司短期经营业绩，是管理层的首选，但未来如果还需要持续盈余管理则会受到限制（Barton and Simko，2002）；而后者通过对公司销售、生产以及费用的操控扭曲公司的经营行为，影响其现金流量，甚至可能牺牲公司的长期利益，但一旦企业应计盈余管理的空间受到限制，管理层则会选择使用真实盈余管理（Gunny，2010）。现有研究发现，应计盈余管理在 IPO 当年往往出现最大值（徐浩萍和陈超，2009；潘越 等，2010；蔡宁，2015）；但 IPO 之后，随着会计准则加强、监管水平不断提高，管理层会更偏爱真实盈余管理，并且不同的避税动因也会对应真实盈余管理行为产生不同的影响（李增福和郑友环，2010）。

大多数情况下，盈余管理被视作误导利益相关者对公司业绩的理解的管理层机会主义行为，尤其在公司首次公开发行上市时进行会计利润操控的机会主义盈余管理动机更强烈，可以使公司股票更具吸引力，取得更高的发行价（Dechow and Skinner，2000；Teoh et al.，1998；徐浩萍和陈超，2009；胡志颖 等，2012）。但随着发行、审核和监管制度的不断完善，机会主义盈余管理的不利经济后果逐渐显现，Teoh et al.（1998）发现，上市过程存在显著盈余管理的公司，IPO 之后三年股票收益率更低，且不易实施再融资；IPO 前公司的报告收益处于最高点，上市后则发生了反转（Aharony et al.，2000；林舒和魏明海，2000）；DuCharme et al.（2004）分析指出，上市后投资者可能发现管理层在 IPO 前的盈余管理，如果投资者因此遭受损失，公司将面临诉讼。而非机会主义盈余管理的动机大致可分为有效契约动机与信息传递动机（Holthausen，1990）。在有效契约动机下，管理层能够通过盈余管理优化契约的成本与收益。如 Malmquist et al.（1990）认为，若管理层在债务契约动因下选择了有助于增加公司利润的会计方法，债务契约动机便体现了一种有效契约动机；在信息传递动机下，管理层通过盈余管理的方式将私有信息传递给投资者（Watts and Zimmerman，1986；Holthausen，1990；Healy and Palepu，1993），以缓解市场的错误定价。Rees（1996）发现管理层运用资产减值进行盈余管理，以此向投资者传递企业业绩下行的信息，并且这些减值并没有在未来年度出现反转，即管理层并不是出于机会主义运用资产减值对未来业绩进行调增，而是出于信息传递动机向投资者传递私有信息。Hand and Skantz（1997）发现公司会运用拆分上市的收益向投资者传递未来业绩增长的信息。Jiraporn（2008）从委托代理成本的角度发现，盈余管理程度越高第一类委托代理成本反而越低，并且盈余管理程度与企业价值正相关，说明管理层进行盈余管理是出于信息传递动机。

2.2.4 文献评述

公司 IPO 相关问题主要包括 IPO 抑价、IPO 长期表现以及 IPO 盈余管理问题。IPO 抑价是金融学中最具迷惑性的现象之一，因此有关 IPO 抑价的原因和抑价程度的影响因素的理论研究激发了学者的热情，并且现有文献从实证角度利用更大范围、更翔实的数据来解释 IPO 抑价。IPO 长期表现既包括长期弱势现象，也包括长期强势现象，前者存在于几乎所有的成熟市场国家，后者多存在于新兴市场国家，但无论是弱势还是强势，都意味着超额收益异于零的事实。随着注册制的推行和风险信息披露要求的提高，管理层 IPO 盈余管理的动机也逐渐从机会主义的粉饰业绩转向非机会主义的信号传递，此举可有效解决投资者与发行人、承销商之间的信息不对称问题，提高 IPO 定价效率。对公司 IPO 相关问题的研究可以指导投资者制定更有效的投资策略，也可以指导市场制度的完善和发展，特别是与发行相关的机制。

2.3　本章小结

从已有研究来看，虽然国内外学术界对招股说明书风险信息披露、IPO 抑价、公司上市后长期表现、IPO 盈余管理等话题进行了深入的讨论，研究范围也比较广。但是，从政策实施的视角综合考察 IPO 风险信息披露质量对一级、二级资本市场资源配置效率的研究还比较少，尤其是基于上市公司大样本的实证研究，具体如下：

第一，整体而言，近年来国内外针对风险信息披露这一主题的研究日趋丰富，研究成果涉及多个角度，如公司表现、企业管理、自愿性信息披露、社会责任、风险披露决定因素，且在深度和广度上不断深化和拓展。我国学界对风险信息披露的研究主要集中在年报风险信息披露和财务指标层面。在全面实行注册制改革的背景下，拟上市公司提交的招股说明书成为重点审查对象和投资者信息主要来源，围绕招股说明书的风险信息披露研究有更为重要的意义。

第二，现有针对管理层风险信息披露动机的文献大多聚焦于"机会观"，而忽视了招股说明书风险信息披露过程的"信号观"，从而忽视了管理层进行盈余管理、传递未来盈余信息的积极意义。而本书关注 IPO 特质性风险信息披露与盈余管理动机的关系，为盈余管理的"信息传递动机"提供直接证据。

第三，在全面推行注册制的背景下，提高 IPO 风险信息披露水平、保护投资者利益和维护金融市场稳定发展有着重要的现实意义，本书以一级市场 IPO 抑价和长期表现、二级市场新股破发、定价效率为切入点，采用多种方式度量风险信息披露质量，考察 IPO 风险信息披露与资本市场资源配置效率的关系，并深入分析了 IPO 公司风险信息披露治理效应的作用机制，有助于打破投资者打新稳赚的惯性思维，为新股投资策略提供新的思路，也为监管层健全相关法律法规提供了重要依据。

3 理论基础

　　招股说明书是企业首次公开发行（IPO）时与投资者沟通的重要载体，投资者将招股说明书视为缓解信息不对称性、判断股票价值、降低投资风险和做出投资决策的重要参考（Bhabra and Pettway，2003）。其中风险信息是招股说明书的重要部分，有效的风险信息披露有助于引导市场资源合理配置，提高资本市场运行效率。

　　根据中国证监会的规定，发行上市的公司必须在招股说明书中披露可能影响其业务、运营、行业或财务状况的重要因素，或者影响未来的重要因素，包括市场状况以及与公司业务相关的风险。为确保招股说明书的有效性，投资者应当全面了解披露的未来现金流风险相关信息。随着市场经济的发展，证监会对发行企业披露风险信息的要求也变得越来越严格。证监会于1997年1月6日颁布了公开发行股票公司信息披露的内容与格式准则第一号《招股说明书的内容与格式》，即要求发行公司在招股说明书的首页设置特别风险提示，披露可能对其未来发展趋势、产品销售、市场份额、财务状况、经营效益等方面产生重大不利影响的风险因素。2009年，证监会在《首先公开发行股票并在创业板上市管理暂行办法》中提出了重大事项提示，要求发行人对其财务、经营、管理和政策风险做出披露。2015年，《公开发行证券的公司信息披露内容与格式准则第1号——招股说明书（2015年修订）》进一步规定，发行人应当遵循重要性原则，全面、准确、具体地披露潜在影响其生产经营状况、财务状况和可持续盈利能力的重大风险因素，并就披露的风险因素进行定量分析，或者做出定性描述以确保信息的有效性。

　　IPO风险信息披露涉及有效市场理论、信息不对称理论、委托代理理论、信号理论、价格发现理论、资源依赖理论等理论。有效市场理论解释了风险信息披露提高证券市场有效性的原因，证券市场会对所有可得信息做出反应，使得资产价格能够及时反映出所有可用信息。信息不对称理论认为，上市公司掌握了关于 IPO 的所有重要信息，而投资者处于信息不对称的状态，这使得 IPO 风险信息披露具有纠正信息不对称的作用，帮助投资者获得重要信息，从而避免投资风险。委托代理理论指出，公司管理层可能存在与股东利益不一致的情况，在 IPO 过程中，公司管理层可能会选择性地披露信息，以最大程度地保护其自身利益，而不是投资者的利益。信号理论认为，上市公司借由发出有关自身业绩的信号来与投资者交流，而 IPO 风险信息披露可作为其中一种信号，有助于投资者获取重要信息。价格发现理论指出，证券市场的价格反映了市场参与者对相关信息的共识。在 IPO 风险信息披露中，公司对风险的披露可以帮助市场参与者更准确地评估公司价值，进而影响股价的形成和调整过程。资源依赖理论突出了组织与外部环境相互依赖关系，尤其在 IPO 过程中，公司通过信息披露获取资本和其他必要资源。

3.1　有效市场理论

提高证券市场的有效性，根本问题就是要解决证券价格形成过程中在信息披露、信息传输、信息解读以及信息反馈各个环节所出现的问题。Eugene Fama（1970）依据股票价格所反映的不同信息范围将市场分为弱式有效市场、半强式有效市场和强式有效市场。弱式有效市场认为，IPO 定价会反映发行企业公开披露的所有相关信息和风险。半强式有效市场则认为，投资者会从已披露信息中推导出更多隐性风险，迫使 IPO 公司披露更多风险信息。强式有效市场认为，任何信息都会反映在 IPO 发行定价中，IPO 公司无法逃避风险折价。

如果市场未达到弱式有效市场，则当前的价格未完全反映历史价格信息，那么未来的价格变化将进一步对过去的价格信息做出反应。在这种情况下，人们可以利用技术分析和图表从过去的价格信息中分析出未来价格的某种变化倾向，从而在交易中获利。若市场达到弱式有效市场，其股票价格反映了所有公开可获得的信息。弱式有效市场要求 IPO 公司公开披露各类风险信息，如经营、财务、法律风险，以便利益相关方进行风险评估。IPO 公司披露的风险信息会迅速地反映到股票价格中，形成风险的市场定价。如果 IPO 公司出现隐瞒或虚报风险信息等情况，在风险事件发生后会遭到更大的负面反应和惩罚。为避免市场惩罚，IPO公司会选择主动披露各种风险信息，向投资者传递风险信号。

如果市场未达到半强式有效市场，公开信息未被当前价格完全反映，分析公开资料寻找误定价格将能增加收益。若市场达到半强式有效市场，其股票价格反映所有公开信息及投资者从中推导的信息。这迫使IPO公司更全面主动地披露风险信息，降低信息不确定性。如果风险信息披露不充分，投资者会根据已有信息做出最坏的风险判断。这将导致IPO公司股价被高估进而下跌。为避免因信息缺失而被高估风险的市场惩罚，上市公司会选择主动披露更多正面和负面的风险信息。投资者也会更加关注企业的风险信息披露质量，提出更高的透明度要求。然而半强式有效市场并非完全有效，过度追求信息披露也可能影响企业的经营利益。监管需要兼顾公司保密权。

如果市场达到强式有效市场，其股票价格会迅速反映所有信息，包括IPO公司的内部风险信息。这要求上市公司及时主动披露各类风险信息，而不仅仅是规定的信息。上市公司几乎难以通过隐瞒逃避被市场惩罚。强式有效市场将促使上市公司改进内控和风险管理，实时掌握各种风险信息，并及时向投资者传递信号。企业面临来自市场、监管和公众三方面的更高要求，需要立体化披露正面和负面的重大风险信息。但强式有效市场的假设是否现实也备受质疑。信息会因认知偏差而被扭曲，企业也难以始终透明。

有效市场理论强调风险信息会被迅速反映到IPO定价中，促使发行企业主动扩大信息披露范围。投资者会从已披露信息中推导出更多隐性风险，有助于投资者对发行企业的风险定价，并进行跨企业比较，迫使公司及中介机构更充分地披露各类风险。此外，有助于监管部门增强对IPO公司风险披露质量的审视力度，促进行业自律。但是有效市场理论也存在一定局限，监管部门仍需强化对重大隐瞒信息的审核。市场机制和监管职能需要协同共振。目前我国IPO公司风险信息披露仍可能不完全，投资者也可能错误解读信息，进而产生偏差。因此监管部门仍需督促企业公平披露重要风险信息，提高投资者分析和识别风险信息的能力。

在当前中国股票市场被广泛认为处于半强式有效市场的背景下（林觥等，2023），IPO公司的风险信息披露在资本市场中发挥着重要作用。首先，充分的风险信息披露有助于提高新股发行定价的合理性和准确性。半强式有效市场要求股票价格能够反映所有已公开信息及投资者从中推导出的隐性风险因素。如果 IPO 公司对潜在风险缺乏透明度，投资者将根据现有有限信息做出最不利的风险预期假设，从而要求较高的风险折价，导致发行定价偏低。相反，如果 IPO 公司能主动全面披露正面和负面的各种风险信息，减少了不确定性，投资者就无须过度压低对公司未来现金流的预期，发行定价自然会更加合理。其次，提高风险信息披露质量也有助于新股发行后的定价合理性和价格发现效率。在半强式有效市场下，任何新的公开信息都会被迅速吸收并反映到证券价格中。如果上市公司在 IPO 时存在重要风险隐患，一旦这些风险事件发生并被披露，市场将对公司的股价大幅打压。而如果公司在发行时就主动透明地披露了这些风险，投资者无须事后惩罚性调整股价预期，证券价格将维持在合理的定价水平上。再次，高质量的风险信息披露还能够减少 IPO 公司与投资者之间的信息不对称状况，从而降低监管和审核成本，提高资本市场配置效率。由于存在信息不对称，监管部门很难全面评估公司的真实风险状况，需要付出较高的监管成本。而主动披露风险信息意味着投资者可以获取更多有用信息作为投资决策依据，从而减轻了监管部门的职责。此外，优质的风险披露还有利于提升我国资本市场整体的透明度和有效性。在半强式有效市场下，公司与投资者之间的信息不对称会阻碍证券价格对公开信息的快速反应。而由于 IPO 公司的风险状况对整个公司的未来至关重要，关于风险的信息透明度就被视为证券发行透明度的重要体现。IPO 公司主动改善这一环节的透明度有利于整体推动资本市场定价发现功能的提升。最后，重视风险披露还能够倒逼上市公司进一步加强风险意识和风险管控能力。若 IPO 公司仅是为了满足监管要求而披露风险，其披露质量往往会被投资者和市场质疑，难以真正发挥作用。只有上市公司诚实面对现实风险，建立良好的风险管理体系，并将掌握到的风险状况如实披露，才能使披露内容切实具有价值。这有利于推动上市公司完善内控和风险管理水平，从根本上控制经营风险，维护公司稳健发展。

综上所述，在中国半强式有效市场环境下，IPO 风险信息披露不仅影响发行定价的合理性，而且对证券的后续定价、资本市场配置效率、市场有效性，乃至上市公司自身的风控水平都产生重要影响。因此，有必要进一步加强监管，督促 IPO 公司提高风险披露质量，最大限度发挥风险披露在半强式有效市场下的积极作用，为资本市场注入新的活力。

3.2 信息不对称理论

信息不对称会对 IPO 的抑价产生重要影响（Ljungqvist，2007），对于正在准备上市的公司来说，如何降低信息不对称是一个非常值得重视的问题。由于拟上市公司历史信息较少，有限的历史财务数据和分析师跟踪数据，导致投资者对公司情况缺乏认知，因此在 IPO 定价时相对于公司内部人士处于信息劣势（Aharony et al.，1993）。IPO 发行公司的内部人士比外部投资者拥有更好的认知，尤其是对未来现金流现值和风险的了解。当知情投资者（如内部人士）与不知情投资者之间存在信息不对称时，知情投资者可以从中获利，而不知情的投资者则可能面临投资不具吸引力的产品。为缓解信息不对称带来的逆向选择问题，发行人可以压低发行价，以确保不知情的投资者能够获得正向的投资回报（Beatty and Ritter，1986）。

但如果发行方不希望在 IPO 过程中在"桌子上"留下大量的资金补偿投资者，那么就可能采取完善风险信息披露的方式促进 IPO 的定价效率。通过风险信息披露可以降低信息不对称。一方面，投资者就可以拥有更多的信息来做出投资决定；另一方面，由于招股说明书是 IPO 期间潜在投资者的主要信息来源（Hanley and Hoberg，2010），因此，风险信息披露还可以通过缩小发行方与潜在投资者之间的信息不对称来缓解对 IPO 定价的低估，为了缓解信息不对称和减少定价过低，发行公司可能会增加招股说明书中的信息披露的信息含量。并且，面临较高法律诉讼风险的企业会有更加及时的披露，因为这可以为减少信息不对称提供更大的动机。

在 IPO 阶段，潜在的 IPO 投资者缺乏对公司特定的财务和非财务信息的认知，因此，在多数情况下，他们并不能较为准确地判断 IPO 公司未来的现金流状况。过往的研究考察了 IPO 招股说明书中风险信息披露的作用，并主要研究了风险信息披露是如何降低 IPO 公司与潜在投资者之间的信息不对称程度的。比如 Robbins and Rothenberg（2006）的研究发现风险因素披露减少了 IPO 公司未来现金流变化的不确定性，特别是当披露涉及损失的概率时，更能够体现出风险信息披露的作用。同样，Campbell et al.（2014），Beatty et al.（2019）的研究也表明，年报风险信息披露传达了关于公司特定不确定性的信息，投资者对这些披露做出了相应的反应。换言之，风险信息披露可能通过降低 IPO 公司与投资者之间的信息不对称程度，从而提高 IPO 的定价效率。Guo et al.（2004）表明，在招股书中披露产品开发信息将降低 IPO 公司股价的买卖价差。同样，Schr and Verrecchia（2005）发现，在 IPO 过程中，更高的披露频率可以缓解 IPO 定价过低的现象。Gupta and Israelsen（2014）研究了 JOBS 法案对 IPO 结果的影响，发现 IPO 公司利用该法案的条款来降低其 IPO 招股说明书中的披露质量，导致 IPO 定价更低，股票流动性更低，知情交易的概率更高。风险信息披露能够对已知的风险因素进行解释与分析，并且能够有效缓解投资者与 IPO 公司之间在突发事件中的信息不对称程度。总体而言，IPO 公司的风险信息披露能够捕捉 IPO 企业未来的风险信息。Arnold et al.（2006）关注 IPO 招股书中的风险披露，发现美国公司 IPO 招股书中的风险披露与随后的股票收益波动之间存在正相关关系，表明风险信息披露能够提供未来风险的信息。Hill and Short（2009）的研究表明，IPO 公司的风险披露包含了更大比例的前瞻性信息，但内部控制和风险管理信息的比例低于上市公司的披露。

相较而言，中国资本市场中 IPO 企业与外部投资者的信息不对称程度较高。中国的监管机构，如证监会等也一直致力于监督并引导 IPO 企业的风险信息披露。在中国 IPO 背景下，姚颐和赵梅（2016）发现，风险信息披露越多，IPO 抑价越低，首个交易日股票流动性越大，IPO 后股票表现下跌越少。

3.3　委托代理理论

在公司 IPO 过程中，委托代理问题可能导致公司的风险信息披露不完整、不准确。委托代理问题的出现可能会加剧信息不对称，降低市场效率。投资者无法充分识别真实风险，加大投资者的风险，特别是中小散户投资者的选择风险，从而减弱投资者和社会公众对资本市场公平性的信心，不利于市场的可持续健康发展。导致上市公司治理结构不规范，影响公司科学决策和风险管理体系的建立。解决委托代理问题是提高 IPO 公司风险信息披露透明度与降低投资者获取风险成本的关键所在。

IPO 过程中，各利益相关方之间存在委托代理问题。首先，发行人和承销商之间存在利益冲突（Baron，1982）。作为风险规避者，承销商有动机降低工作努力，并利用信息优势进行低价发行。在信息不对称下，IPO公司最优选择仍是授权承销商定价，并承受一定程度的低估发行。承销商的代理问题还可能表现为，优先向关联机构投资者或上市公司高管分配定价偏低的新股，以换取佣金收入或潜在的投行业务。其次，发行人与投资者之间存在委托代理问题。发行人掌握的内部风险信息远多于外部投资者，存在选择性披露的可能。在我国证券市场，披露风险对经理人来讲本身就是一种风险，没有人知道披露风险是否会带来积极的后果（姚颐和赵梅，2016）。发行人可能利用信息优势，隐匿或低估部分重要风险，导致高风险企业获得融资并上市。此外，发行人管理层为实现IPO目标，可能低估或掩盖风险信息，在上市后实施高风险决策。最后，承销商与投资者之间的风险偏好存在差异。承销商追求完成发行任务，注重置出股票数量，往往会低估企业的风险表现和增长预期，忽视IPO公司风险信息披露情况，向投资者大作推介。而投资者注重风险匹配和IPO公司的真实和长期质量，会在乎确定其稳健发展的能力。这种风险偏好和投资视角的差异，会造成对IPO项目的风险定价存在分歧，最终投资者需要承担被高估的风险。

发行人管理层与股东之间同样存在委托代理问题。管理层为获取私利可能操纵风险信息披露。管理层可能低报或隐瞒部分重要风险信息，以达到成功上市的目的，牺牲股东的知情权。管理层可能虚报业绩数据，以获取IPO后期权激励，上市后可能无法实现承诺业绩。管理层可能不重视长期稳健发展，而追求短期股价表现。上市后可能实施过高风险的投资或融资行为。这些行为均会损害股东利益，降低风险信息披露水平，进而影响IPO定价效率。需要通过建立约束机制与激励机制、加强信息披露审核与监管等方式进行治理。

委托代理关系在我国公司IPO过程中普遍存在，该问题的存在将导致投资者无法准确识别企业真实风险，产生错误决策和无无效率配置。并且市场准入门槛降低，一些内控和风险管理水平较低的公司也能成功上市，增加市场整体风险。投资者在无法充分获知风险的情况下购买发行股票，在公司业绩下滑或危机来临时可能承担重大损失，损害投资者利益。故，应强化法规约束，建立利益共享和风险共担机制，充分发挥监管对IPO中的委托代理问题的治理作用。

3.4　信号理论

公司必须披露可能对其业务、操作、行业或财务位置产生不利影响的重要因素，以满足证监会对风险披露的要求。实施风险披露的成本可能很高，一般认为风险披露可以降低对公司风险的不确定性。发布风险相关信息，可以使投资者更加意识到风险，减少对额外信息的搜寻需求。

我们假设有两家准备 IPO 的公司：分别为高质量公司和低质量公司。这两家公司知道自己的真实质量，但 IPO 的潜在投资者并不知道，因此存在信息不对称。每家公司都能够选择是否向外界表明自己的真实质量。当高质量的公司发出信号时，它们会收到收益 A，当它们不发出信号时，它们会收到收益 B。相反，低质量的公司发出信号时，它们会收到收益 C，而不发出信号时，它们会收到收益 D。A>B 和 D>C 时，对于高质量的公司来说，应当进行信号传递的策略。这种情形下，高质量公司有动机发出信号，而低质量公司没有，这就导致了分离均衡，使得外部潜在投资者能够准确地区分高质量和低质量的公司。相反，当两种类型的公司都受益于信号时（即 A>B 和 C>D），外部潜在投资者无法区分这两种类型的公司。因此，质量较低的公司有动力在招股说明书中夸大其前景，以便以最低的成本筹集尽可能多的资金（Levy and Lazarovich-Porat，1995）。而高质量公司可以采取某些行动来发出其具有投资价值的信号，且要想信号有用，它必须难以被他人模仿，而且必须易于被发现。例如，Lel and Pyle（1977）提出了一个模型，由企业家持有的股份比例来发出自己企业的价值的信号。在 IPO 之后，持有更高股份的企业家要承担更大风险，因此可以向投资者发出风险投资企业拥有更高价值或更低风险的项目的信号。同理，一个优质的风险信息披露也能使得高质量的公司与低质量的公司区分开来，与此同时，向潜在投资者提供公司可能面临的风险的相关信息，能够降低对公司未来现金流预期的不确定性，从而使得 IPO 公司获得更高的定价。而且，由于 IPO 公司的管理层面临潜在的诉讼风险和声誉成本，披露可能是可信的（Skinner，1994，1997；Lowry and Shu，2002）。

信号理论解释了为什么公司自愿在年报中披露信息（Haniffa and Cooke，2002；Akhtaruddin and Hossain，2008）。根据这一理论，公司的信息披露可以被认为是向资本市场发出的信号，旨在减少管理层和利益相关者之间存在的信息不对称，并增加公司的价值（Connelly et al.，2011；Rezaee，2016）。但是，Kravet and Muslu（2013）提出，风险披露可能只是"标准文本"，因为管理层对公司拥有更多的私有信息，但他们倾向于披露有利信息并避免披露不利信息。然而，由于风险披露是强制性的，其目的是传达与公司面临的不利风险相关的信息，因此经理们可能倾向于提供含糊而毫无意义的风险披露。过于含糊和泛泛的风险披露无法为投资者提供任何重要信息，也不能减少发行人与投资者之间的信息不对称，因此对IPO期初回报没有显著影响。

因此，根据信号理论，投资者对风险披露的反应可能是积极或消极的，从而影响IPO的初始收益。若投资者看法积极，那么要求的补偿会低，要求的回报也会相应较低；若投资者看法消极，要求的补偿会较高，要求的回报也会相应较高。但是，如果风险披露中没有提供有意义的信息，就没有可供获取的有用信息，因此，风险披露和IPO的初始收益之间的关系可能不显著。

3.5　价格发现理论

作为金融市场理论研究的重要分支，价格发现理论（Price Discovery Theory）旨在阐明金融资产价格形成的过程及其背后的决定机理。价格发现理论的基本逻辑是，金融资产的市场价格并非由任何单一交易者或中央定价机制所决定，而是通过买卖双方在市场上不断交换信息和交易行为，经过一个动态的发现过程最终确定下来。早在1983年，Garbade和Silber的经典论文就对期货和现货市场之间的价格发现关系进行了探讨。他们发现这两个市场存在价格变动的领先滞后关系，且它们都参与了最终价格的形成过程，为价格发现理论奠定了实证基础。

那么如何量化和测算不同市场或交易主体对最终价格形成的相对贡献呢？这是价格发现理论研究的核心问题之一。1995年，Gonzalo and Granger提出了一种基于协整系统的测度方法，为后续大量文献的实证研究提供了工具。而Hasbrouck则在同年开创性地提出了著名的信息份额（Information Share）模型，试图通过价格变动与订单流之间的关系来测算各市场对价格发现的贡献度。这两种方法成为该领域最具影响力的计量工具。随着理论的不断深化，学者们也对现有测度方法进行了批判和改进。比如 Yan and Zivot（2010）的论文就对几种主要的价格发现度量方法进行了系统的理论分析和实证比较。而 Putniņš（2013）的研究则进一步指出，像 Hasbrouck 信息份额模型这样的方法存在一定的局限性，它们隐含地假设了价格调整过程是对称的，从而可能会产生有偏的结果。这凸显出进一步改进和发展测度模型的必要性。

除了测度问题，影响价格发现效率的决定因素也是学者们日益关注的重点。一般认为，交易者数量、交易活跃程度、信息透明度、交易成本、市场微观结构等因素，都会对价格发现过程的效率和质量产生重要影响。信息越透明、交易者越多、交易越活跃，对价格信号的聚合就越有效，价格发现效率也就越高。不同类型市场的制度安排和微观结构也决定了其价格发现效率的高低差异。总的来说，价格发现理论为我们理解金融资产价格形成的机制提供了关键视角。通过引入供需、信息和交易行为等要素，该理论揭示了价格如何通过动态的发现过程在市场中实现有效汇聚和传递。相关研究不仅对金融市场运行机制的理解具有重要意义，也为完善价格发现测度模型、优化市场微观结构等提供了重要借鉴。随着理论持续发展，价格发现理论必将为金融学研究贡献更多前沿思想。

IPO 风险信息披露在价格发现过程中发挥着重要作用。根据价格发现理论，资产的市场价格是通过买卖双方不断交换信息和交易行为，最终汇聚形成的。在这一动态过程中，各种相关信息对交易行为和定价都会产生影响。

具体而言，IPO 风险信息披露主要通过以下两个渠道影响价格发现：

（1）降低信息不对称，提高价格发现效率。IPO 风险信息披露能够缓解公司内部人员与外部投资者之间的信息不对称状况。信息不对称会导致交易的"柠檬市场"问题，减弱市场对信息的有效汇聚，从而影响价格发现功能的发挥。高质量的风险信息披露为投资者提供了更多关于公司经营及未来前景的有用信息，有助于他们做出更准确的估值和决策，更理性地参与报价交易。

（2）传递风险信号，影响投资者预期和定价。IPO 风险信息披露向市场传递了公司面临的各类风险状况，如现金流风险、经营风险、诉讼风险等。投资者会据此调整对公司未来收益和现金流的预期，同时也会要求更高的风险补偿，从而影响对资产的定价。风险因素的变化会引起需求供给的变动，最终通过市场发现过程得到反映。多项实证研究也印证了风险信息披露对价格发现具有重要影响。Hope et al.（2016）发现风险披露特异性越高，分析师预测偏差越小；Beatty et al.（2019）发现在金融危机期间风险披露是有意义的，影响着投资者和分析师的风险评估；Heinle and Smith（2017）则从理论上证明，风险披露可降低不确定性溢价，从而降低公司资金成本。

因此，IPO阶段高质量的风险信息披露不仅缓解了信息不对称，而且传递了有用的风险信号，影响了投资者预期和报价行为，进而提高了价格发现过程的效率，使资产的市场价格能够更准确反映其内在价值。

3.6 资源依赖理论

资源依赖理论是指一个组织最重要的存活目标，就是要想办法减低对外部关键资源供应组织的依赖程度，并且寻求一个可以影响这些供应组织，以使关键资源能够稳定掌握的方法。资源依赖理论强调组织体的生存需要从周围环境中吸取资源，需要与周围环境相互依存、相互作用才能达到目的。资源依赖理论认为IPO公司依赖资本市场获取融资资源，需要适应投资者和监管机构对风险信息透明度的要求。为争取更低的融资成本，IPO公司会主动扩大信息披露范围和提高披露质量。当风险信息披露被资本市场及监管环境视为"准入门槛"时，IPO公司会被迫改善披露。如果不改善风险披露情况，IPO公司可能失去重要的融资机会，对其生存和发展产生威胁。监管部门可以利用IPO公司对融资的依赖性，制定相关政策促进其风险信息披露行为。当IPO监管环境发生变化时，公司也会相应调整披露策略。

基于资源依赖理论分析，IPO公司风险信息披露与资本市场资源之间存在密切联系。对于上市公司而言，上市公司依赖资本市场获取融资资源，会被迫改善风险信息披露，这有助于优化配置。公司依赖于外部环境的关键资源，需要满足资源控制方的要求。而充分的风险信息披露正是资本市场的一项关键要求。如果公司不充分披露风险信息，将面临获得融资的困难，这会影响公司的生存和发展。所以资本市场对信息的依赖性推动公司主动改善风险信息披露。对于投资者而言，完善的风险信息披露是投资者做出理性判断的前提。如果风险信息披露存在缺陷，投资者很难准确判断公司的真实价值和面临的风险。此时，一些问题公司可能因为信息披露不到位而获得超额融资，而实力雄厚的公司反而获得的资源不足。这会导致资本配置的严重扭曲。同时，投资者对公司风险的误判也可能导致错误的投资选择。一旦公司面临危机，投资者将需要承担没有预期到的损失。对于监管部门而言，上市公司依赖资本市场获取融资资源，这种依赖性给了监管部门影响公司风险信息披露的切入点。Pfeffer and Salancik（1978）指出："组织通过政治机制，试图为自己创造一个更好的利益环境"，并且"组织可以利用政治手段来改变外部经济环境的状况。"监管部门可以制定相关政策，要求公司公开披露特定类型的风险，否则将面临被调查或融资受限的威胁。在这种制度推动下，公司会被迫改善风险信息的透明度。这为投资者判断提供了更丰富的信息基础，有助于提高资本配置的效率。当经济环境和监管政策变化时，风险信息披露也会随之改变，增加资本配置的不确定性。公司的风险信息披露受到经济环境和监管政策的影响，当这些外生条件变化时，公司为适应环境并获得所需资源，其信息披露策略也会做出调整。由此可见，经济与监管环境的变化会破坏资本配置的稳定性与效率。所以制定政策时，需关注政策变化对信息披露及资源优化配置的动态影响。

资源依赖理论为分析和完善 IPO 公司风险信息披露提供了新的视角。强调外部环境的约束作用，解释了环境要求推动企业改善风险信息披露，这对优化资本配置是有利的。但资源依赖理论过分强调外部环境的约束作用，而有可能忽视组织内部和制度变迁等其他因素。比如，公司治理结构、企业文化对风险信息披露的影响。与此同时，当外部监管环境和政策出现变化时，公司信息披露策略也会随之调整。这种制度变迁也会影响资本市场的配置效率。

3.7　本章小结

IPO 风险信息披露与资本市场资源配置效率是一个综合性的研究课题，研究的理论基础涉及经济学、金融学、财政学等学科领域和方向，值得我们进行深入的研究和讨论。有代表性的理论包括信息经济学中的信息不对称理论和信号理论，制度经济学中的委托代理理论，金融学中的有效市场理论，以及价格发现、资源依赖等理论，这些学说和理论为本书后续研究做了相应的理论铺垫。本章对研究设计的这些主要理论基础进行了梳理总结，为后文的进一步深入研究奠定了理论基础。

4 IPO 公司风险信息披露的制度梳理、度量方式、质量评价与特征事实描述

4.1 IPO 公司风险信息披露制度梳理

此部分的主要目的是系统梳理与 IPO 公司信息披露相关的信息披露规则体系、股票发行注册制、信息披露、风险信息披露、招股说明书信息披露等方面的制度，把握 IPO 公司信息披露的框架脉络，从更宏观的角度理解 IPO 公司信息披露的动机，为后续研究提供制度依据。拟梳理的制度包括但不限于：股票发行制度、信息披露规则体系、IPO 公司信息披露。具体如图 4.1 所示。

图 4.1　IPO 公司风险信息披露制度体系

其一，股票发行制度。我国 A 股市场自 1990 年年底成立以来，历经 30 余年，发行制度经历了由审批制到核准制，再到向注册制过渡的阶段。2023 年，沪深交易所分别公布各自主板的股票上市规则（征求意见稿），

主要内容有：因明确主板服务于成熟期大型企业而大幅提高无市值要求的企业财务指标，引入市值指标，取消未弥补亏损条件，取消无形资产占净资产的比例限制，增加红筹企业、有表决权差异安排企业的上市标准。全面实行注册制并不意味着放松质量要求，而是要求在"放"的同时加大"管"的力度。特别是要用好现场检查、现场督导等手段，并进一步压实上市公司、股东及相关方信息披露责任。畅通强制退市、主动退市、并购重组、破产重整等多元退出渠道，促进上市公司优胜劣汰。严格实施退市制度，强化退市监管，健全重大退市风险处置机制。注册制改革要求加快推进发行监管转型，进一步压实中介机构"看门人"责任，减少行政手段的干预，积极发挥市场自身的调节作用。这就要求交易所、券商、会计师事务所等机构把握不同公司的风险信息披露内容，充分体现行业差异化风险，严查形式化、空洞化的信息披露，承担起对投资者负责的重大责任，避免对政府机构监管的过度依赖，提高我国资本市场的监管效率。

其二，信息披露规则体系。信息披露制度是一个巨大而精细的系统，由一系列基本原则及各式具体规则交织而成，涉及披露义务人、信息使用者、监管者等多方主体，并贯穿企业设立、上市、运营、退市乃至破产清算的整个阶段，是政府监管证券市场的手段，也是维护投资者的经济利益，促进资本市场坚持公开、公平、公正等基本原则的制度安排。改革开放40余年来，涉及上市公司信息披露的规则体系可以分为五个主要层次：一是法律，包括公司法、证券法等；二是行政法规，包括国务院颁布的《股票发行与交易管理暂行条例》《上市公司监督管理条例》等；三是部门规章，包括中国证监会制定的《上市公司信息披露管理办法》《公开发行证券的公司信息披露内容与格式准则第 1 号》《关于加强上市公司监管工作的意见（试行）》《关于改革完善并严格实施上市公司退市制度的若干意见》等；四是自律规则，包括上海证券交易所和深圳证券交易所分别制定的股票上市规则、上市公司规范运作指引、上市公司信息披露工作考核办法、上市公司纪律处分实施标准等一般业务规则以及信息披露业务指南、公告格式指引等；五是上市公司规章制度，包括上市公司自行制定的投资者关系管理制度、信息披露事务管理制度等。以上法律、法规、制度，基于监管要求和社会发展实际情况不断补充、修订、完善，监管制度规范化、标准化体系建设不断推进。

其三，IPO 公司信息披露。在上市公司存续期间主要通过首次披露和持续性披露两大环节来保证相关信息披露的公开、公平、公正。在持续性信息披露中，又分为定期报告和不定期报告两种形式，以此来确保上市公司在信息披露的过程中披露的信息具有客观性、及时性，为监管部门的监管和广大投资人的投资提供依据。上市公司是否披露有效风险信息以及披露哪些风险信息，受到政策条例约束的同时，也具有一定的自主选择空间。除上述强制性规定之外，证监会和司法部门还分别发布了一些部门规章和司法解释，在首次发行信息披露方面起到了举足轻重的作用，明确规定了上市公司履行信息披露义务的形式、内容、标准和规则以及相关的监管要求，进一步强化了对上市公司信息披露建设和监管的要求，从加强信息披露质量、提高上市公司透明度、保护投资者合法权益、促进股票市场健康发展等方面使我国 IPO 信息披露体系得到了补充和完善。

4.1.1　我国股票发行制度的演变

我国股票发行制度的演变过程如图 4.2 所示。

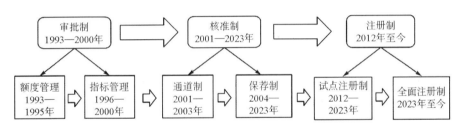

图 4.2　我国股票发行制度的演变

4.1.1.1　审批制（1993—2000 年）

（1）额度管理（1993—1995 年）

在我国资本市场成立初期，受计划经济大环境的影响，最初的股票发行制度具有行政色彩，股票发行的额度掌握在行政机关的手中。1993 年 4 月，国务院发布《股票发行与交易管理暂行条例》，正式建立了全国统一管理的股票发行审核机制。

首先，由国务院证券委员会根据国民经济发展计划和资金需求确立一个总的额度，经国务院批准后，再由国家计委根据各省份经济在国民经济中的地位来确定分发给各省份的额度，最后由各省份和部委在各自分到的额度内推荐和预选企业，并将预选的结果推荐给中国证监会进行最终复核。在这种额度管理的股票发行制度下，企业发行股票的首要条件是取得指标和额度。

（2）指标管理（1996—2000年）

为解决"额度管理"导致的大量小规模企业涌入资本市场等问题，国务院证券委员会发布《关于1996年全国证券期货工作安排意见》，决定将原来的"额度管理"改为"指标管理"，力图通过优中选优，让各省推荐高质量企业上市。在"指标管理"阶段，上级确定股票发行总规模后，证监会给各省（区、市）和有关部委下达家数指标，然后它们再选择和推荐拟上市企业，证监会在总规模内给企业核定发行规模，进行复审并做出批准上市的决定。

4.1.1.2 核准制（2001—2023年）

（1）通道制（2001—2003年）

随着我国逐步由计划经济体制向市场经济体制转型，审批制这种计划经济下的股票发行制度已经不再适合我国资本市场的发展。1999年7月1日生效的《中华人民共和国证券法》明确了股票发行核准制，资本市场的制度安排开始从"政府主导型"向"市场主导型"转变。

2001年3月中国证监会正式取消了审批制，建立并实施通道制，即：证监会首先确定各个证券公司所拥有的发股通道数量（2~8个），接着证券公司根据通道数量推荐企业，由证券公司将推荐的企业逐一排队，按序推荐，且证券公司所推荐的企业每发行上市一个才能再报一个。该制度本质上仍是通过行政手段来限制证券公司同时推荐的发行人数量，实现对上市公司数量乃至扩容节奏的控制，因此通道制仍具有"行政控制"的成分。但是通道制的实施让证券公司开始在投行业务上正式有了自己的话语权，并且承担了一部分发行筛查的职责，这是我国股票发行制度向市场化迈进的重要一步。

（2）保荐制（2004—2023年）

核准制下的"通道制"只是"保荐制"推出前的试水。2003年12月证监会颁布《证券发行上市保荐制度暂行办法》，标志着"通道制"正式过渡到"保荐制"。保荐制是指由证券公司保荐代表人负责对发行人的上市进行推荐和辅导，核实公司发行上市文件中所记载资料是否真实、准确、完整，协助发行人建立严格的信息披露制度，并承担风险防范责任。

核准制下的保荐制强化了发行监督，引入了证券公司和证券监管机构的"事前+事中"的双重监管，初步建立了证券发行监管的法规体系，提高了发行审核工作的程序化和标准化程度，进一步弱化了行政审批的权力。只要符合发行条件，企业就可以进入上市候选名单，而能不能真正上市，则要看企业本身的实力。虽然核准制可以阻止质量差的股票发行，从而保护投资者利益，但是保荐制下企业的上市审核权一直被掌握在证监会手中，上市门槛高且要求较严，较长的审核周期和较低的审核效率增加了企业上市的难度，形成了企业排队上市的"堰塞湖"，一些具有巨大成长潜力的创新型企业仍难以上市融资。

4.1.1.3 注册制（2012 年至今）

（1）试点注册制（2012—2023 年）

核准制本质上是审批制向注册制的过渡形式，注册制才是一个制度完善的成熟证券市场所应采取的股票发行制度。在注册制下，证券监管部门公布股票发行的必要条件，企业只要能够达到条件要求，就可以上市。

注册制的基本特点是以信息披露为中心，发行人申请发行股票时必须依法真实、准确、完整地披露公司信息，并将拟公开的各种材料向证券交易所申报。交易所对所申报文件仅做合规性的形式审查，只要企业符合上市条件，就可以安排企业上市，但是对证券的价值好坏、价格高低不做实质性判断，而是将发行企业的质量留给证券中介机构来判断和决定。企业只需要依规将股票信息真实、全面披露，至于股票发行成功与否、发行价格高低完全取决于市场。投资者根据公开披露的信息对股票价格进行判断，进而做出投资决策。

由此可见，注册制具有很高的市场化程度。与核准制不同的是，目前中国证监会不再负责对申请企业进行审核，而是将这一权限下放至交易所（科创板、创业板和北交所）。证监会仅负责发行注册工作，并对交易所的发行审核工作进行监督，拟在相关板块上市的企业，需将与企业经营相关的信息提交给交易所，由交易所进行以问询形式为主的审核。这个过程是交易所提出问询的问题，上市公司和保荐机构进行回答，通过一问一答多轮问询，逐渐揭示和公开相关信息。

（2）全面注册制（2023 年至今）

2023 年 2 月 1 日，中国证监会就全面实行股票发行注册制主要制度规则向社会公开征求意见。2023 年 2 月 17 日，中国证监会发布全面实行股票发行注册制相关制度规则，证券交易所、全国股转公司、中国结算、中证金融及证券业协会配套制度规则同步发布实施，标志着我国资本市场全面注册制正式实施。2023 年 4 月 10 日上午，沪深交易所举办了主板注册制首批企业上市仪式，十只新股同一时间上市，这意味着 A 股正式迈入了全面注册制时代。自股权分置改革以来，全面注册制的落地实施成为我国资本市场改革中又一里程碑事件。

我国实行注册制的意义集中体现在以下几个方面：

首先，实行注册制是科学认识政府与市场关系在资本市场的集中体现。证券发行审核制度是证券市场运行机制中关于市场准入选择的基础性制度。根据发行人是否受实质条件的限制以及证券监管机构对发行审查的原则方式等，证券发行审核制度可以分为审批制、核准制与注册制三种模式。但从本质而言，审批制可以说是更为严格的核准制。

我国证券市场建立初期，由于市场化程度较低，市场主体行为很不规范，投资者识别能力和风险意识较差，监管机构因自身固有的体制机制功能在证券市场中处于核心地位，因此，核准制作为以行政手段调控证券市场的重要方式得以在我国资本市场长期存在。应当承认，审批制和核准制对于实现我国证券市场在行政控制下有秩序地发展发挥了一定的功效，但这种沿袭计划经济的制度安排，不仅使我国监管机构在事实上承担了对证券品质或投资价值的鉴别责任，而且监管机构还对证券发行价格进行监管，甚至直接或者间接调控证券发行的节奏和速度，影响了我国资本市场作为价格发现机制的功能，也不利于市场主体的培育成长，同时还存在发行审核效率低下、权力寻租、发行欺诈等现象。

随着我国市场经济体制改革的发展以及资本市场各项基础性工作的全方位推进，我国资本市场的内生机制和运行基础都发生了显著变化，发行人、中介机构合规诚信意识逐步增强，市场优胜劣汰机制更趋完善，注册制的基本理念、制度架构逐步获得市场的普遍认同和接受。注册制和核准制的本质区别就在于由谁负责对证券的投资价值做出判断。与核准制是由监管机构对证券的投资价值做实质判断不同，注册制是以信息披露为核心理念，将核准制下证券发行的实质性条件转化为信息披露要求，在充分信息披露的前提下，最终由投资者自行决定是否投资并承担相应的投资风险。可见，注册制的本质就是在强化市场约束的前提下，把选择权交给市场，证券的品质由市场去判断。

从表面上看，我国证券发行审核从核准制到注册制的变迁似乎只是涉及审核主体的变化，但从内在机理分析，在核准制下，市场居于行政调控之下，只具有服从性的基础地位；而在注册制的制度模式下，市场要素起决定性作用，监管机构的职能主要是为了更好地促进和保障市场决定作用的发挥。这可以说从根本上改变了政府作用机制和市场运行机制的功能定位和制度结构。我国证券发行制度从审批制、核准制再到注册制的渐进市场化的演变轨迹，不仅展现了监管机构对放松管制、减少干预市场的不懈努力，更体现了监管机构乃至全部市场主体对"使市场在资源配置中起决定性作用和更好地发挥政府作用"理念的认识深化。伴随理念更新与认识深化而推行的全面注册制改革也就清晰展示了我国资本市场对政府与市场关系定位调整的不断优化。而这种对市场化、法治化改革方向的坚持，无疑也是我国社会主义市场经济应有的价值取向与运行机制深刻变革的结果。

其次，全面注册制是中国国情与全球经验有机结合的产物。由于我国资本市场发展的历程较短，大量借鉴成熟市场的法律制度及其实施经验，就成为辅助我国资本市场法治体系建设的重要措施。注册制作为高度市场化的证券市场准入制度，其概念源自美国，但在不同国家和地区经历了长期的实践探索和改进。可以说，全球成熟市场注册制的经验和做法，为我国注册制的落地实施打下了坚实的实践基础。但从证监会和交易所发布的注册制规则来看，我国在借鉴域外经验的基础上，立足我国资本市场的实际情况和改革需求，从审查主体、审查内容、审查方式、配套机制等方面做了大量适应本国国情的创新探索。

我国注册制主要借鉴了域外发行审核市场化的理念，同时也借鉴审核主体、审查方式等技术规则，其中最核心的是借鉴美国发行注册制以信息披露为核心的基本理念。信息披露理念体现在制度设计上，就是将现行发行条件中可以由投资者判断的事项尽量转化为更加全面、深入、精准的信息披露要求规则。我国注册制下的信息披露制度与核准制下的信息披露制度相比较，就是实现了从以监管需求为导向的信息披露向以投资者需求为导向的信息披露制度的转变。由于证券市场价格是通过投资者不间断的买卖行为而形成的，而证券买卖行为是投资者基于市场信息的判断而决定的，一定意义上，证券的市场价格就是投资者对市场信息的接受与整合的结果。因此，满足投资者的信息需求就是确保证券价格形成过程合理公平的核心环节，因而也是决定注册制信息披露制度价值取向的实质因素。而在核准制下，监管者替代投资者成为信息披露制度设计的主要受众。在以监管者需求为导向的制度架构下，信息披露制度的出发点就是规范市场主体行为。监管者从自身监管市场角色出发，替代投资者决定什么信息要披露，以及怎样判断信息和利用信息。全面实行注册制则是以投资者需求为导向的信息披露制度理念为主导，根据信息披露制度应有的建构理念确定其应有功能，并根据其应有功能确定其制度结构，从而为证券市场准入制度的规范选择做出适当的技术设计。

鉴于中国与域外市场在市场结构、历史传统、发展阶段等方面存在较多差异，而各个市场的证券发行制度都是证券市场一般规律和本国国情相结合的产物，因此，我国立足本国发行监管的历史成因和阶段性特征，将市场实践与域外借鉴相结合，创设了适合国情的注册制模式，并在注册制的具体规范上展现了自洽的中国特色。例如，在审核主体模式方面，美国基于其联邦、州的二元政治体制，总体上确立了联邦披露监管与州实质审核并存的"双重注册制"以及交易所上市审查的基本模式。而我国基于证监会主导的单一监管体制，在发行注册阶段，证券监管机构的行政监管占主导地位；而在上市阶段，交易所的自律监管承担起实质审核职责，并最终通过各个交易所的不同上市要求使我国资本市场多层次的概念得以体现。

此外，在审核的具体分工上，美国证券发行、上市互相分离的机制使交易所的上市审查只能在证券交易委员会注册审核的后期，但我国则不同。由于我国采用发行上市合一的方式，交易所的上市委员会不仅对是否符合发行上市条件进行审核，而且对是否符合发行注册条件进行预审核。预审核通过后，证监会在此基础上做出通过同意或者不予注册的决定。简言之，交易所对发行人是否符合发行条件、上市条件和信息披露要求进行全面审核，而证监会则是基于交易所的审核意见再做出是否注册的决定。实践中，证监会的审核主要关注交易所审核内容有无遗漏、程序是否符合规定，以及发行人在发行条件和信息披露要求的重大方面是否符合相关规定等。这样就形成了我国独具特色的交易所审核和证监会注册各有侧重、相互衔接的基本架构。我国采用的这种交易所既有上市审核权，又承担了一定的发行审核责任的衔接审核模式，实际上综合考量了交易所贴近市场、了解市场，尤其交易所审核可以使 IPO 审核与后续的上市公司持续监管保持必要的衔接和协调等便利因素，这和美国发行注册与上市审核彼此独立的割裂模式显然存在很大的不同。

可以说，从 2019 年 3 月科创板注册制相关规则发布，到 2020 年深圳证券交易所创业板改革并试点注册制，再到 2021 年 11 月北京证券交易所开市并同步试点注册制，我国持续推行的注册制改革实践表明，全面实行注册制是我国资本市场以更开放、更积极的心态迎接注册制的认知转变过程，也是遵循证券市场基本规律、结合中国特色和发展阶段特征的借鉴全球经验的最佳实践。这些实践正在实质性地改变长期以来我国以政府为主导监管证券市场的历史背景下证券发行市场中政府和市场主体角色错位的局面，并逐步通过一系列的法律法规以及规范性文件实现制度成果的固化。

4.1.2　风险信息披露法律法规基础

中国 IPO 企业风险信息披露法律体系建设始于 20 世纪 90 年代证券市场的发展。1993 年颁布的《公司法》首次明确了股份公司应当建立信息披露制度，1999 年 7 月 1 日施行的《证券法》进一步明确了公开发行证券的公司有信息披露的义务，这为后来 IPO 企业风险信息披露制度的确立奠定了基础。随着资本市场的快速发展，仅从法律层面保障信息披露已经远远不够，如何规范企业风险信息的披露成为保护投资者权益的重要课题。2005 年《证券法》修订后，进一步明确了信息披露的真实性原则和发行人的信息披露义务。这成为风险信息披露合规性的法律基础。2019 年证券法修订是自 2005 年修订后的第二次大修，正式开启"注册制时代"，从"事前监管"彻底走向"事中和事后监管"，全面提高投资者保护水平，显著加大违规处罚力度。与此同时，配套法规和部门规则的大量出现也推进了风险信息披露制度的进一步完善。2006 年施行的《上市公司证券发行管理办法》对信息披露的真实性、准确性、完整性进行了规定，并明确要求披露可能影响投资者判断的重要信息，为制定风险信息披露的范围和标准提供了指引。2009 年，中国证监会发布实施了《公开发行证券的公司信息披露内容与格式准则第 28 号——创业板公司招股说明书》，这是第一部专门规范 IPO 企业风险披露的指引性文件，对风险披露的方式方法、需要关注的风险类别等做出了明确规定。随后，证监会还颁布了多份关于不同行业风险披露的指引，要求企业充分考虑行业特点，披露特有风险。与完善的规范体系同步，对违规企业和人员也确立了严格的追责机制。根据证券法的规定，证券发行信息披露违法将承担民事赔偿责任。此外，证监会和交易所还可以对违规企业进行通报批评、公开谴责等行政处罚。同时，不断完善的公司法也为上市公司建立内部法人治理结构提供了支撑，明确了企业信息披露的内部决策程序。当前，中国 IPO 企业风险信息披露制度框架已经初步构建完备，但仍需进一步完善。比如加强针对新出现风险的动态监管，推动风险信息披露向更翔实和前瞻性的方向发展。此外，也需要提高企业内部风险管理水平，并加强对企业内幕信息管理的监督，从源头减少信息披露违法问题。完善的法律框架需要在实践中不断确立其权威性，才能够真正发挥规范企业行为、保护投资者权益的作用。这需要证监机构、交易所和企业自身形成合力，在遵守法律法规框架的同时，也注重提升企业自律性和社会责任感，共同促进行业规范发展。

信息披露相关的法律依据大致可分为以下几个类型：

（1）国家法律，如公司法、证券法等。

我国最早的公司法是由第八届全国人民代表大会常务委员会第五次会议于 1993 年 12 月 29 日通过，并于 1994 年 7 月 1 日正式生效。此后，公司法经历了多次修订，由第十四届全国人民代表大会常务委员会第七次会议于 2023 年 12 月 29 日修订通过，于 2024 年 7 月 1 日起，新修订的《中华人民共和国公司法》（下称"新《公司法》"）开始施行。

公司必须将其经营状况、财务状况、公司治理等信息及时、全面、真实地向社会公众公开，以保护投资者的合法权益，维护资本市场的秩序。根据公司法的规定，上市公司、发行债券的公司及其董事、监事、高级管理人员和实际控制人都属于信息披露义务人。信息披露内容包括公司的基本情况、经营状况、财务状况、公司治理、股权结构、重大事项等。具体包括但不限于年度报告、半年度报告、季度报告、临时报告等。信息披露义务人应当及时披露信息，确保投资者能够及时了解公司的真实情况。年度报告应当在每个会计年度结束之日起四个月内披露，半年度报告应当在每个会计年度上半年结束之日起两个月内披露，季度报告应当在每个会计季度结束之日起一个月内披露。对于重大事项，信息披露义务人应当立即披露。信息披露内容必须真实、准确、完整，不得有虚假记载、误导性陈述或者重大遗漏。信息披露义务人应当对信息披露的真实性、准确性、完整性承担法律责任。总之，公司法对信息披露进行了详细的规定，旨在保障投资者的知情权，维护资本市场的公平、公正和透明。

新《公司法》在信息披露方面进行了全面优化，旨在增强企业的透明度，保护投资者的合法权益。具体包括：上市公司应当依法披露股东、实际控制人的信息，相关信息应当真实、准确、完整。禁止违反法律、行政法规的规定代持上市公司股票；上市公司收购本公司股份的，应当依照《中华人民共和国证券法》的规定履行信息披露义务。上市公司因本条第一款第三项、第五项、第六项规定的情形收购本公司股份的，应当通过公开的集中交易方式进行；公司减少注册资本，应当编制资产负债表及财产清单。公司应当自股东会作出减少注册资本决议之日起十日内通知债权人，并于三十日内在报纸上或者国家企业信用信息公示系统公告。债权人自接到通知之日起三十日内，未接到通知的自公告之日起四十五日内，有权要求公司清偿债务或者提供相应的担保。公司依照本法第二百一十四条第二款的规定弥补亏损后，仍有亏损的，可以减少注册资本弥补亏损。减少注册资本弥补亏损的，公司不得向股东分配，也不得免除股东缴纳出资或者股款的义务。依照前款规定减少注册资本的，不适用前条第二款的规定，但应当自股东会作出减少注册资本决议之日起三十日内在报纸上或者国家企业信用信息公示系统公告；上市公司应当依照法律、行政法规的规定披露相关信息；董事、监事、高级管理人员不得有侵占公司财产、挪用公司资金；将公司资金以其个人名义或者以其他个人名义开立账户存储；利用职权贿赂或者收受其他非法收入；接受他人与公司交易的佣金归为己有；擅自披露公司秘密；违反对公司忠实义务的行为。可以看出，新《公司法》在信息披露内容方面提出了更全面的要求，要求企业真实、准确、完整、及时地披露信息，涵盖了公司的基本情况、财务状况、经营成果、重大事件等多个方面。这有助于投资者全面了解企业的经营状况，为投资决策提供充分的信息支持；在信息披露方式方面提出更公开的要求，明确规定使用国家企业信用公示系统公告这一制度加强了企业对重大事件的及时披露，以及消息的获取及时性，有助于减少信息不对称现象，保护投资者的利益；在信息披露规定方面提出更明确的要求，明确了上市公司及其相关责任人员在信息披露中的相关责任，不仅要增加信息透明度，也要保护公司利益，防止披露其他秘密信息。明确规定披露与禁止披露的义务，有效地遏制了信息造假和隐瞒行为，提高了信息披露的质量。

此外，2020 年 3 月 1 日，《中华人民共和国证券法（2019 修订）》（下称"新《证券法》"）开始施行，实施了近 20 年的证券发行核准制将逐渐退出历史的舞台，取而代之的是分步全面推行注册制。这之前，注册制已在 2019 年 6 月开板的科创板进行了试点，其制度核心是中央多次会议强调的信息披露。相比修订前的证券法，新《证券法》进一步强化信息披露要求，设专章规定及系统完善了信息披露制度，保障证券发行注册制的实施。证监会从十个方面盘点新《证券法》制度改革，分别是：全面推行证券发行注册制度，显著提高证券违法违规成本，完善投资者保护制度，进一步强化信息披露要求，完善证券交易制度，落实"放管服"要求取消相关行政许可，压实中介机构市场"看门人"法律职责，建立健全多层次资本市场体系，强化监管执法和风险防控，以及扩大证券法的适用范围。应该说，本次修订几乎涉及证券法的各个方面，回应和解决了市场长期以来的重要呼声和诉求，将对我国资本市场的发展产生长远影响。在十大制度改革中，全面推进注册制、建立健全多层次资本市场体系、扩大证券法的适用范围三项是最根本的、具有里程碑意义的制度改革，将重塑中国资本市场整体生态。其中，注册制改革既体现了国家对资本市场改革的决心和力度，也注重改革推进中的步骤和节奏。本次证券法修订，按照顶层制度设计要求，进一步完善了证券市场基础制度，体现了市场化、法治化、国际化方向，为证券市场全面深化改革落实落地，有效防控市场风险，提高上市公司质量，切实维护投资者合法权益，促进证券市场服务实体经济功能发挥，打造一个规范、透明、开放、有活力、有韧性的资本市场，提供了坚强的法治保障，具有非常重要而深远的意义。

（2）部门规章，如《上市公司证券发行注册管理办法》《上市公司信息披露管理办法》等。

《上市公司证券发行注册管理办法》已经于2023年2月17日由中国证券监督管理委员会2023年第2次委务会议审议通过，这是证监会为落实党中央国务院关于全面实行注册制的决策部署，完善资本市场基础制度，提高资本市场服务实体经济能力，健全资本市场功能，提升直接融资比重，提高上市公司质量，更好促进经济高质量发展制定的。该办法充分借鉴前期创业板、科创板试点注册制改革经验，统筹考虑各板块通用条件以及板块定位和差异，进一步简化发行条件，优化发行审核注册程序。办法贯彻以信息披露为核心的注册制改革理念，设置了各板块上市公司证券发行的通用条件，有针对性地做出相应的差异化安排。提出严格的信息披露要求：一是规定上市公司信息披露内容应当简明清晰、通俗易懂，不得有虚假记载、误导性陈述或者重大遗漏。二是明确上市公司及其董监高、控股股东、实际控制人，以及保荐人、证券服务机构及相关人员在信息披露方面的义务和责任。三是要求上市公司充分披露业务模式、公司治理、发展战略、经营政策、会计政策、财务状况分析等信息，充分揭示有关风险。四是进一步完善向特定对象发行的信息披露要求。规定证券发行申请注册后公开发行前，上市公司应当公开公司募集文件供公众查阅。

此外，2021年新修订的《上市公司信息披露管理办法》（以下简称《信息披露办法》）基本规范了以往未曾予以规范的披露领域，主要原则分为定量和定性两方面。定量原则关注交易金额、股东持股变动等重要事项，而定性原则着眼于可能影响股票交易价格的信息。因此，上市公司需要更专业的判断力，并应尽量披露规则要求的信息，对于可能影响交易价格和市场判断的敏感信息更要及时披露。2022年是国家"十四五"规划开局之年，提高上市公司质量是主要任务之一。证监会强调了提高上市公司质量的核心地位，并要求公司严格履行信息披露义务。修订后的《信息披露办法》对信息披露义务人进行了定义，除了上市公司外，还包括其他相关方。新办法重新规定了信息披露范围和强制披露要求，同时强调了自愿披露的重要性和持续性原则。公司治理是提高上市公司质量的关键保障，修订后的《信息披露办法》明确了控股股东或实际控制人应及时告知公司重大事件情况，并配合信息披露义务。办法还完善了对上市公司董监高异议声明制度，明确了责任和义务。此举既回应了市场需要，也增强了投资者与公司间的互信。资本市场改革中，注册制带来了新要求和变化，因此修订的《信息披露办法》与新证券法衔接，吸纳注册制试点经验，为资本市场改革提供支持。办法强调了真实、准确、完整的信息披露要求，新增了公平披露原则，以及对违规行为的监管措施。这一系列举措旨在提高市场透明度，防范金融风险，保护投资者利益。在法制体系不断完善的背景下，《信息披露办法》明确了证券交易所对信息披露行为的监管责任，并加强了对会计师事务所、资产评估机构等的监管要求。办法还规定了对违法违规行为的处罚措施。资本市场要建立在商业信用的基础上，提高信息披露质量是推动市场发展的重要保障。在"十四五"时期，资本市场将迎来新的发展机遇和挑战。修订的《信息披露办法》的出台，标志着资本市场法制体系的进一步完善，将为上市公司信息披露提供更清晰的规范和指导。说真话、提高信息披露质量始终是资本市场发展的重要方向。

（3）自愿性规则，如股票上市规则等。

我国新《证券法》第八十四条规定："除依法需要披露的信息之外，

信息披露义务人可以自愿披露与投资者做出价值判断和投资决策有关的信息，但不得与依法披露的信息相冲突，不得误导投资者。"上交所于2020年9月发布《上海证券交易所科创板上市公司自律监管规则适用指引第2号——自愿信息披露》，规范上市公司通过正式公告、互动易平台和投资者交流信息传递等自愿信息披露行为，要求在对公司战略、财务、预测、研发、业务、行业和社会责任等信息自愿性披露时，要审慎评估披露的必要性，避免通过选择性披露误导投资者。目前，正在征求修订意见的沪深股票上市规则也吸收了自愿性披露相关规定。除符合强制性信息披露的真实、准确、完整、及时、公平等要求外，自愿信息披露还要遵守延续性和一致性。站在上市公司角度，自愿性特征进一步提升信息披露的功能性，可在法律法规允许范围内，向投资者传递更多便于做出价值判断和投资决策的公司信息。在成熟资本市场，对自愿性信息披露有颇多研究，我国对于自愿性信息披露也有理论研究积累，而在市场实践中，自愿信息披露有正面也有负面案例，合称为"策略性信息披露"，自愿性信息披露则属于正面的"策略性信息披露"。

4.1.3　IPO公司信息披露义务

上市公司的信息披露对保护投资者权益、维护市场稳定具有重要意义。中国对上市公司的信息披露义务进行了多层次的法律规定。最顶层的是证券法，它要求上市公司必须及时披露可能对股价产生重大影响的信息，这为信息披露奠定了法律基础。与此相配套，中国证监会于2007年制定了《上市公司信息披露管理办法》，对上市公司的定期报告和临时报告提出了明确要求，并于2021年进行修订。这些报告是上市公司进行信息披露的主要渠道。中国证监会还于2008年就信息披露的具体格式、内容等发布了多项规范性文件以加强监督。在此基础上，上海和深圳证券交易所于2023年修订的《股票上市规则》进行了补充和细化，使上市公司的信息披露更加规范。

在企业内部，1993年制定的公司法关于股东大会的规定为上市公司信息披露提供了制度保障，于2024年7月1日起实行的新《公司法》进一步提高了信息披露的要求。股东大会是上市公司进行信息披露、听取股东意见的重要场合。这有助于强化企业信息披露的内部监督机制。同时，对于上市公司信息披露的违法行为，证券法也制定了行政处罚和民事赔偿责任以进行震慑。

通过多层次、立体化的法律监管体系，中国已基本建立起上市公司信息披露的制度框架，覆盖了定期报告和重大事件的信息披露要求。但信息披露的及时性和透明度还有提升空间，还需要继续推动上市公司提高信息披露主动性，并加大对违规行为的处罚力度。只有把法律监管和企业自律有机结合，才能确保上市公司信息披露的效果，维护资本市场的公开、公平、公正。信息披露的内容通常主要由上市公司的董事会负责，披露的内容真实准确、无重大遗漏并且对投资者无误导性。信息披露主要分为定期披露和非定期披露。

4.1.3.1 定期披露

（1）年度业绩报告

年度业绩报告要求在会计年度结束后 3 个月内刊登有关年度业绩公告，例如：公司的财务年度结束日是 12 月 31 日，那么该公司需要在 3 月 31 日之前披露年度业绩公告。注意，这里的年度财务结点是比较灵活的，大多数香港上市公司为 12 月 31 日或 3 月 31 日，这与美国类似，而 A 股公司的要求是 12 月 31 日。

年度业绩报告的内容主要是上市公司及附属公司的合并的损益表、资产负债表、现金流量表、权益变动、分部资料、财务报表附注、管理层分析与讨论（如：资金流动性及财政资源、资本结构情况、新业务情况、重大投资、重大交易、行业和市场变化、风险因素等）、会计政策变化以及董事认为可以合理了解有关年度业绩而必需的补充资料，其中也会包括末期股息分配（即分红）的信息。

（2）年报

在会计年度结束后 4 个月内必须刊登年报，年报的披露范围是大于年度业绩报告的，不仅包括年度业绩报告中的内容，还会包括如下部分：公司资料，包括投资者关系的联系方式、聘请的会计师和律师资料、公司的股本权益、公司和总部联系方式，等等；董事长和总裁致辞；董事会报告，主要包括董监事的持股情况、公司的重大收购和出售、关联交易的额度和详情披露、股权激励计划、主要持股股东情况、董事监事高管的个人资料、雇员和酬金政策、董事的薪酬情况以及上市规则规定的一些董事确认事宜；监事会报告，主要是 H 股公司披露监事成员资料以及会计年度之内监事会的工作报告；企业管治报告，基于《上海证券交易所股票上市规则》附录十四的要求，主要披露董事会及其下设专门委员会的职责履行情况、章程的修改和更新、股东的沟通情况等，其中的亮点是聘请的会计师薪酬披露，一般来说四大会计所收取的年度审计费用在 1 000 万~3 000 万港币左右。企业管治报告还会对公司是否遵守《上海证券交易所股票上市规则》进行确认，如果有不合规的情况需要解释，例如内幕交易、披露假消息，公告翻译错误等可能导致误导投资者的事项。

（3）中期业绩报告（半年报）

中期业绩报告披露时间：会计上半年度结束后 2 个月内必须刊登有关业绩报告。例如上半年会计结束日为 6 月 30 日，那么公司必须在 8 月 31 日之前刊登中期业绩报告。中期业绩报告主要披露的范围与年度业绩报告大致相同，只不过时间范围为半个会计年度。

（4）季度报告

上交所要求年报在每个会计年度结束之日起 4 个月内；中报在会计年度的上半年结束之日起 2 个月内；季度报告在每个会计年度第 3 个月、第 9 个月结束后的一个月内编制完成。在上市公司发布年度业绩报告的前 60 天，半年度业绩报告和季度报告之前 30 天，上市公司的董事、监事和有关雇员（包括高管和知晓相关财务信息的员工）被视为掌握重要内幕消息的人士，因而不能在上述期间交易公司的股票，否则将视为内幕交易。

（5）股份变动的月度报告

上市公司每个月月初（上个月结束后的第五个营业日上午 8∶30 前）公布上月的股份变动情况。如果临时要发新股或回购，那么更新的资料在"翌日披露报表"里。

（6）其他定期披露数据

这类数据通常是上市公司自愿性发布，跟市场和行业有关，通常是定期的生产数据、销售数据。这类数据一旦决定要发布，就要一直按时发布，无论好坏，否则会被视为人为地操纵股价。

4.1.3.2　非定期披露

（1）重大消息公告

重大事件的定义。2020 年开始实行的新修订的《中华人民共和国证券法》第八十条规定："发生可能对上市公司、股票在国务院批准的其他全国性证券交易场所交易的公司的股票交易价格产生较大影响的重大事件，投资者尚未得知时，公司应当立即将有关该重大事件的情况向国务院证券监督管理机构和证券交易场所报送临时报告，并予公告，说明事件的起因、目前的状态和可能产生的法律后果。"可见新《证券法》对重大事件的定义是"上市公司发生的可能对上市公司、股票在国务院批准的其他全国性证券交易场所交易的公司的股票交易价格产生较大影响"的事件。除了对重大事件进行概括式的规定以外，我国法律还对重大事件进行了列举式的规定。前款所称重大事件包括："（一）公司的经营方针和经营范围的重大变化；（二）公司的重大投资行为，公司在一年内购买、出售重大资产超过公司资产总额百分之三十，或者公司营业用主要资产的抵押、质押、出售或者报废一次超过该资产的百分之三十；（三）公司订立重要合同、提供重大担保或者从事关联交易，可能对公司的资产、负债、权益和经营成果产生重要影响；（四）公司发生重大债务和未能清偿到期重大债务的违约情况；（五）公司发生重大亏损或者重大损失；（六）公司生产经营的外部条件发生的重大变化；（七）公司的董事、三分之一以上监事或者经理发生变动，董事长或者经理无法履行职责；（八）持有公司百分之五以上股份的股东或者实际控制人持有股份或者控制公司的情况发生较大变化，公司的实际控制人及其控制的其他企业从事与公司相同或者相似业务的情况发生较大变化；（九）公司分配股利、增资的计划，公司股权结构的重要变化，公司减资、合并、分立、解散及申请破产的决定，或者依法进入破产程序、被责令关闭；（十）涉及公司的重大诉讼、仲裁，股东大会、董事会决议被依法撤销或者宣告无效；（十一）公司涉嫌犯罪被依法立案调查，公司的控股股东、实际控制人、董事、监事、高级管理人员涉嫌犯罪被依法采取强制措施；（十二）国务院证券监督管理机构规定的其他事项。"

确定重大性的标准。通常确定重大性的标准有两个：一是影响投资者决策标准，根据该标准，一个事件是否重大取决于其是否对投资者做出决策产生影响。如果该事件的公开披露将会影响到投资者买入、卖出或持有证券的决策，那么该事件就是重大事件。二是股价敏感标准，根据该标准，一件事项是否重大取决于其是否会影响上市证券价格。如果该事件的公开披露将会影响到证券价格，那么该事件也是重大事件。在各主要证券市场中，美国对重大性标准采用比较宽泛的双重标准，即同时将影响投资者决策和影响上市证券市场价格并列为判定信息重大性的标准，两者之间只要符合一项便构成重大事件。日本采用投资者决策标准来界定重大性，将重大信息定义为上市公司任何关于管理、营运、财产的严重影响投资者决策的事实。英国，德国，我国香港、台湾地区对于重大性采用的是股价敏感标准。而我国对信息披露的重大性标准采取的是投资者决策标准和股价敏感标准二元标准。有学者认为这两个标准所体现的内容仅仅是文字上的差异。如果一个事件影响了投资者的决策，那么投资者通过自己在市场上的买入和卖出或者持有证券的行为也将影响证券价格。反过来，如果一个事件影响了证券的价格，那么价格的变化无疑也将影响投资者的决策。

但无论采取什么标准，"任何希望确定一种简化的事实或事件从而一劳永逸地成为判断那些诸如重大性这种在本质上是个案化的做法必然导致范围过宽或者范围过窄"。因此有学者认为在重大性的判断这一问题上，不能将其转换为一种既定公式，而应在实践中以个案分析的方式考虑事件的重大性。

（2）上市公司收购公告

上市公司收购公告通过强制收购要约人及目标公司经营管理层进行信息披露，保证所有受要约人获得充分的信息来实现对全体股东正当权益的保护。上市公司收购公告可根据上市公司收购方式的不同分为要约收购公告和协议收购公告。

要约收购公告。新《证券法》第六十三条第一款规定："通过证券交易所的证券交易，投资者持有或者通过协议、其他安排与他人共同持有一个上市公司已发行的有表决权股份达到百分之五时，应当在该事实发生之日起三日内，向国务院证券监督管理机构、证券交易所作出书面报告，通知该上市公司，并予公告，在上述期限内不得再行买卖该上市公司的股票，但国务院证券监督管理机构规定的情形除外。"这一规定被称为大股东权益公开规则。第六十三条第二款规定："投资者持有或者通过协议、其他安排与他人共同持有一个上市公司已发行的有表决权股份达到百分之五后，其所持该上市公司已发行的有表决权股份比例每增加或者减少百分之五，应当依照前款规定进行报告和公告，在该事实发生之日起至公告后三日内，不得再行买卖该上市公司的股票，但国务院证券监督管理机构规定的情形除外。投资者持有或者通过协议、其他安排与他人共同持有一个上市公司已发行的有表决权股份达到百分之五后，其所持该上市公司已发行的有表决权股份比例每增加或者减少百分之一，应当在该事实发生的次日通知该上市公司，并予公告。"这一规定被称为台阶规则。

以上两条规则共同构成了上市公司要约收购中的持股预警披露制度。该制度的功能在于，一是通过披露上市公司大股东的大宗股份买卖行为，防止其从事操纵市场行为，为保护中小投资者利益提供了良好的法律基础；二是使目标公司及时了解这种具有收购基础或具有市场敏感性的交易，以对可能发生的收购产生合理预期，以避免突然公布收购要约让目标公司的股东和管理层措手不及。正因为如此，各国证券法均以此规范通过公开市场购买从而实现或可能实现的收购行为。

协议收购公告。在协议收购中，收购方和目标公司的股东通过私下商谈的方式，就收购各项事宜达成一致，最终完成收购方对目标公司的股份收购。因此，协议收购具有秘密性。而中小股东很可能对该收购事宜一无所知，为保护广大中小股东的合法利益，保障其最低限度的知情权，法律规定了协议收购中收购人的信息披露义务，即协议收购公告。

新《证券法》第七十一条规定："以协议方式收购上市公司时，达成协议后，收购人必须在三日内将该收购协议向国务院证券监督管理机构及证券交易所作出书面报告，并予公告。在公告前不得履行收购协议。"第七十六条规定："收购行为完成后，收购人应当在十五日内将收购情况报告国务院证券监督管理机构和证券交易所，并予公告。"

（3）关联交易信息披露

关联交易，顾名思义，即关联企业间的交易活动。关联交易仅仅是一种促进交易完成的方法手段，是一种中立的事实状态，但关联关系的存在为公司控制者或影响者利用关联交易转移利益提供了可能。因此，为了保障关联交易的公正和公平，充分的信息披露是非常必要的。但充分的信息披露并不意味着所有的关联交易都要进行不定期的披露。有些关联交易具有可预见性和重复发生性，其发生已经属于投资者预期的范围，对投资决策或股价不会产生重大影响，因而一律将关联交易视作重大事件而进行及时的不定期披露不尽合理。法律一般只对符合重大性要求的关联交易要求进行及时的不定期披露。对可预见的具有周期性发生的关联交易仅要求定期披露，而对零星关联交易则不须披露。

4.1.4 监管部门的监督与检查

中国 IPO 企业风险信息披露的监管部门主要包括中国证监会和证券交易所两大机构。两者在监管方面各有侧重，共同构成了我国 IPO 企业风险信息披露监管的立体化架构。

证监会作为国家证券监管机构，主要从全局和政策层面进行监管。2020 年修订的新《证券法》将证监会调整为国务院直属机构，强化资本市场监管职责，划入国家发展和改革委员会的企业债券发行审核职责，由证监会统一负责公司（企业）债券发行审核工作。全面注册制改革背景下，我国资本市场监管回归以信息披露为核心的监管理念，这就客观上需要监管部门强化法制化监管的水平。证监会成为国务院直属机构，有助于其更好地统筹金融监管工作，推动证券监管更快速地提质增效。证监会已发布多项信息披露准则，明确 IPO 企业应披露的风险类别、披露要求等内容。在实际操作中，证监会对发行人的招股说明书等文件进行事前审核，核查其风险信息披露的合规性和真实性。对于虚假记载等违法行为，证监会可以采取行政处罚，以约束上市公司建立规范的风险管理和披露机制。

与此同时，上海和深圳证券交易所作为直接监管上市公司的一线机构，在履行自律管理规则方面发挥着重要作用。上海和深圳证券交易所于 2023 年修订了股票上市规则，要求上市公司必须持续关注风险信息，并及时进行披露。交易所将对上市公司的定期和临时报告进行核查，检查其是否符合信息披露要求。如发现存在违规情形，交易所可以对上市公司采取通报批评、公开谴责等自律监管措施。

通过证监会和交易所的分工协作，中国已初步建立起对 IPO 企业风险信息披露的监管体系，但监管力度还需持续加强。一方面，特别要防止上市公司在监管漏洞期内发布虚假信息或选择性遗漏重要风险，沪深证券交易所对于自愿性信息披露公告内容，应加大审核力度，及时采取问询、关注等手段，促进上市公司真实、准确、完整地进行披露，避免披露内容模棱两可、避重就轻，并充分揭示可能存在的风险；对发现的信息披露违规问题，及时采取自律监管措施，并提请派出机构关注。此外，监管部门也应积极运用科技手段，建立大数据分析等新型监管模式，实现对上市公司信息披露的全面监测，把各类违法违规行为的成本提高到极大，促进资本市场的诚信健康发展。充分发挥"大数据"技术优势，加大对自愿性信息披露与股票异常交易数据的比对分析，及时移送有关线索，提升打击精准度。同时，监管部门应激励其派出机构发挥一线监管的优势，以问题和风险为导向，对交易所提请关注或日常监管中发现的自愿性信息披露问题，主动开展现场检查，在发现公司自愿性信息披露涉嫌违规时，立即启动核查机制，对操纵市场、内幕交易等情节恶劣的违法违规行为严厉查处，要求上市公司就相关问题进行真实、准确、完整、及时的披露，提前释放风险，避免投资者利益受损，有效地弱化乃至杜绝上市公司自愿性信息披露的违法违规行为。

4.2 IPO 风险信息披露质量的度量方式

4.2.1 上市公司信息披露质量的考量因素

我国上市公司信息披露总体质量不高,从完整性来讲,经常依赖于后续的补充和更正报告,对于重大的财务事项通常避重就轻,以保护商业机密为由不予披露;从及时性而言,表现在定期报告和临时报告不及时,上市公司更倾向于拖延报表披露的时间;从真实性来说,上市公司通过虚假的记载、虚构交易、编造凭证和虚构营业利润来迷惑投资者。通过观察上市公司的年报,我们可以得知上市公司只披露对其有利的信息,较少披露缺陷,并且,我国颁布的内部控制评价指引规定的缺陷披露并不明确,只是对重大缺陷做出了硬性的规定,其中不包括一般缺陷和重要缺陷。这在一定程度上影响上市公司信息披露的有效性。另外,非财务信息包含的内容很多,目前,我国对于上市公司应该披露的非财务信息还没有制定统一的标准和要求,通常是使用文字进行描述,然后进行定性分析,有关量化的披露还很少。当一些人员在阅读非财务信息时,无法准确地对企业某一方面的非财务信息进行了解,和其他的企业比较也没有意义。对于上市公司的非财务信息披露没有采用统一的强制性措施,所以存在很多形式的披露,相互之间的可比性较差,利益相关者很难获得想要的信息。

2022 年 1 月 28 日,证监会发布了第 27 号公告《关于注册制下提高招股说明书信息披露质量的指导意见》(以下简称《指导意见》),《指导意见》对于实践中招股说明书信息披露中存在的问题做出说明,结合《公开发行证券的公司信息披露内容与格式准则第 41 号——科创板公司招股说明书》文件中对于风险因素的要求,再结合《深圳证券交易所上市公司自律监管指引第 11 号——信息披露工作评价(2023 年修订)》《上海证券交易所上市公司自律监管指引第 9 号——信息披露工作评价》中交易所关注的重点,本书从以下六个方面分析了影响上市公司信息披露质量的主要因素,分别是:信息披露规范性、信息披露有效性、投资者关系管理、履行社会责任的披露、被处罚处分及采取监管措施、支持与配合交易所。

4.2.1.1 信息披露规范性

沪深交易所重点关注上市公司的信息披露是否具有真实性、准确性、完整性、及时性、公平性,信息披露业务操作是否具有及时性、准确性等。除此之外，深交所特别关注信息披露的合法合规性，其信息披露的内容及格式、涉及的程序是否符合法律、行政法规、部门规章及规范性文件和深交所相关业务规则的规定。

在具体操作中，上市公司可以从以下五点提高信息披露规范性：第一，信息披露内容不存在虚假记载或者不实陈述，备查文件不存在伪造、编造等虚假情形，不存在因信息披露工作被处罚、处分或者采取监管措施的情形。第二，披露的信息内容客观、准确、完整，不存在夸大其词、重大遗漏或者歧义、误导性陈述，不存在关键文字或者重要数据错误，不存在需要补充或者更正公告的情形。第三，适度提前披露定期报告，及时核实市场关于公司的报道、传闻并主动澄清市场和投资者关注的问题，并确保所有投资者可以平等地获取信息。第四，重视信息披露工作，严格按照信息披露事务管理制度执行，公司内部控制完善且有效执行（深交所特别规定），积极组织公司董事、监事、高级管理人员及相关工作人员参加证券市场法律法规及专业知识培训。第五，按要求组织报送重大事项的内幕知情人信息，及时提交业务操作申请及相关信息披露文件，并填报公告后续业务，及时更新董事、监事、高级管理人员等相关信息，督促公司相关人员做好持股管理工作。

4.2.1.2　信息披露有效性

沪深交易所重点关注上市公司的信息披露内容是否有针对性，是否简明清晰、语言通俗易懂，是否以投资者需求为导向，定期报告是否充分披露公司所处行业信息及公司经营性信息，自愿披露是否具有持续性和一致性，是否存在选择性披露、蹭热点等可能误导投资者的情况。除此之外，上交所鼓励上市公司采用图文、视频、语音等形式，提高定期报告的可读性、实用性。

在具体操作中，上市公司可以从以下六点提高信息披露有效性：第一，保证披露的信息有针对性地反映公司情况，文字通俗易懂。第二，披露的信息以投资者需求为导向，有利于投资者做出价值判断和投资决策。第三，披露的信息内容简明清晰，语言通俗易懂，不存在篇幅冗长、模板化、宽泛化的情况；有效运用信息披露等多种手段，积极支持市场稳定健康发展。第四，定期报告与临时报告中主动结合公司所在行业政策和市场动态，结合公司的实际情况，深入披露并比较分析公司的行业发展趋势、经营模式、核心竞争力、经营计划等行业及经营性信息。第五，保证自愿披露具有完整性、持续性和一致性，不存在选择性信息披露、"蹭热点"

等误导投资者的情形。第六，采用图文、视频、语音等形式，提高定期报告的可读性、实用性。上交所将此项评价标准列入信息披露有效性方面，深交所则将此项评价标准列入投资者关系管理方面。

4.2.1.3 投资者关系管理

沪深交易所重点关注上市公司是否常态化召开投资者说明会，是否多渠道、多平台、多方式针对性开展投资者关系管理工作，是否及时回应投资者的诉求等情况。

在具体操作中，上市公司可以从以下五点提高投资者关系管理效率：第一，常态化召开投资者说明会，向投资者介绍公司业绩或者说明重大事项。第二，积极通过现金分红、股份回购等多种途径提高投资者回报水平。第三，采用图文、视频等创新信息披露形式向投资者介绍定期报告主要信息，增加定期报告的可读性、实用性。第四，通过公告、热线电话、互动易平台、上证 e 互动、邮箱等形式及时有效回答投资者问题等。第五，结合投资者类型与诉求，多渠道、多平台、多方式针对性开展投资者关系管理工作及时回应投资者的投诉、建议，定期向投资者征求意见，并相应改进信息披露等方面的工作。

4.2.1.4 履行社会责任披露

沪深交易所重点关注上市公司是否主动披露环境、社会责任和公司治理（ESG）履行情况，报告内容是否充实、完整，是否践行新发展理念，积极融入国家重大方针策略。

在具体操作中，上市公司可以从以下两点提高社会责任披露水平：第一，公司主动披露社会责任报告，主动披露环境、社会责任和公司治理（ESG）履行情况，相关报告或者情况内容充实、完整。第二，主动披露公司积极参与符合国家重大政策方针等事项的信息，相关内容真实、准确、客观、完整。

4.2.1.5 被处罚、处分及采取监管措施

沪深交易所重点关注上市公司是否存在被中国证监会及其派出机构行政处罚或者采取行政监管措施，被交易所公开谴责、通报批评等纪律处分的情况，被交易所采取自律监管措施的情况。

在具体操作中，上市公司可以从以下三点入手：第一，在监管措施方面，避免收到交易所口头警示、书面警示、监管谈话、约见谈话。第二，深交所上市公司同时要注意避免利用互动交易平台、官网、公众号或者其他方式迎合市场热点或者与市场热点不当关联，故意夸大相关事项对公司

生产、经营、研发、销售、发展等方面的影响，不当影响公司股票及其衍生品种价格，被交易所要求公开补充、更正或者澄清、说明。第三，在纪律处分方面，避免收到交易所公开谴责、通报批评、公开认定该公司有人不适合担任上市公司董事、监事、高级管理人员等情形。

4.2.1.6 支持与配合交易所

沪深交易所重点关注上市公司发生异常情况是否及时、主动向交易所报告，是否在规定期限内如实回复交易所问询、按要求接受约见、进行整改、完成交易所要求的其他事项，公司董事会秘书、证券事务代表是否与交易所保持常态沟通，公司是否积极参与交易所规则修订及修改工作，并提出合理建议和意见。

在具体操作中，上市公司可以从以下三点来配合交易所的信息披露要求：第一，积极参与交易所规则制定及修订工作，提供政策建议和意见。第二，积极支持市场稳定健康发展，参与共建良好市场生态。第三，积极支持交易所组织的相关调研工作，参与交易所组织的各类沟通交流活动。

综上所述，在目前资本市场的实践中，进一步发挥好上市公司自愿性信息披露的效用，除了要完善相关制度规定、细化规范外，还需要进一步提高我国资本市场的成熟度，进一步改善供需关系，优化市场结构，积极促进上市公司提高信息披露质量。因此，本书对 IPO 风险信息披露质量构建了一系列度量指标，为提高信息披露整体水平打下坚实基础。

4.2.2　自建 IPO 风险信息披露质量的度量方式

由于风险信息披露是一种非结构化的信息，要对风险信息披露进行研究必然要将其处理为结构化的指标。在过往的研究中，对风险信息披露的衡量一开始是对披露的项目数量进行统计，然后发展到用聚类模型对风险信息披露进行分类，在最新的研究中通过引入神经网络等机器学习算法对风险信息披露文本进行分析。但是我们发现在过往的研究中，基本都忽略了对风险信息披露文本语义的捕捉，在对风险信息披露特异性这一属性进行研究时，只能通过命名实体识别算法构建替代变量，而没有办法对整体的风险信息披露文本进行处理与分析。因此，在本书中，我们采用了先进的 NLP 大模型 ERNIE 对风险信息披露的文本进行处理。ERNIE 是一种预训练模型，预训练模型一般分为两个阶段，首先需要用巨量的语料对模型进行预训练，其次通过下游任务提供的少量语料，对整个模型的参数进行微调。并且 ERNIE 是基于 transformer 构建的，因此 ERNIE 中的多头注意力机制能够很好地对语料进行语义层面的编码与识别。这使得预训练模型在 NLP 领域的表现远远超过过往的基于统计机器学习构建的模型，比如 LDA 主题模型等，以及各种基于神经网络构建的分类器。ERNIE 在各项中文 NLP 任务中，都能取得 SOTA 的结果，事实上近年来被广泛运用的 ChatGPT 也是基于 transformer 构建的预训练模型，因此本书也采用 ERNIE 对风险信息文本进行分析与研究。

对注册制 IPO 公司风险信息披露质量进行评价，选取的指标应该尽量全面，依照上市规则对信息披露的要求以及企业特征，从多个维度对风险信息进行评价。其次，依据重要性原则设定指标。当信息过多或繁杂、指标过于全面时，要重点选择可能对投资者产生较大决策影响的风险信息。最后，指标的选取要有可操作性。评价体系要具有可行性，便于考察、获取方便。本书拟将采用如下 4 个层面共 11 个指标对风险信息披露质量进行度量：特质异质性风险信息披露、风险信息披露的项目数量、风险信息披露的占比、风险信息披露实体数量（NER）。其中特质异质性风险信息披露我们用文本相似度指标进行衡量；风险信息披露的项目数量包含了总风险信息披露的项目数量以及各个分项的项目数量，一共 7 个指标；风险信息披露的占比由"软信息"组成的指标——风险信息披露占招股说明书篇幅的百分比（percent 1），以及"硬信息"组成的指标——数字占风险信息披露篇幅的百分比（percent 2）2 个指标；风险信息披露实体数量（NER）是风险信息披露中包含的两类实体数量，这两类实体包括 IPO 企业的子公司与母公司以及客户与供应商。

4.2.2.1　特质异质性风险信息披露

参考 Brown and Tucker（2011）用文本相似度来衡量 MD&A 的信息含量，本书用 IPO 公司风险信息披露的特质异质性衡量风险信息披露的质量。IPO 公司风险信息披露特质异质性的具体计算步骤如下：首先将样本企业与同行业内所有企业进行配对，并计算两家配对企业风险信息披露的相似度，然后取平均值，获得样本企业的行业风险信息披露相似度。本书采用预训练模型对文本相似度进行计算。在目前文本相似度的计算中运用得比较多的方法是用词频经过 TF-IDF 算法的加权形成词频向量，然后计算词频向量间的余弦相似度，最终获得文本相似度（Hoberg，2016）。上述基于词频的词向量忽略了上下文的语义信息（严红，2019），但是风险信息的披露相较于经营范围篇幅大，内容和句式都相对复杂，并且包含了更多的文本信息，因此如果用基于统计机器学习的算法对风险信息文本进行处理可能不能取得较好的效果，而预训练模型不仅能将上下文语意融入词向量的形成过程中，并且借由知识增强的持续学习语义理解框架，ERNIE能够捕捉到词汇、结构、语义等方面的知识。因此本书采用 ERNIE 对招股说明书风险信息披露部分的文本相似度进行计算。

ERNIE 3.0 模型在预训练时，采用了创新性的方法，将海量无监督文本与大规模知识图谱进行了平行训练。具体而言，该模型将五千万个知识图谱三元组与 4TB 大规模语料同时输入，并使用联合掩码训练的方式，促进了结构化知识与非结构化文本间的信息交互，从而大幅提升了模型对知识的记忆和推理能力，在百亿级预训练模型中首次实现了知识图谱的引入。该框架由两层网络构成。通用语义表示网络学习数据中基础和通用知识，任务语义表示网络则在此基础上，针对特定任务学习相关知识。在学习过程中，后者仅学习对应类别的预训练任务，而前者需涵盖所有预训练任务。

图 4.3、图 4.4 展示了 PaddleNLP 中多个轻量级中文模型在 IFLYTEK 数据集（最大序列长度 128）上的时延（横坐标）与 CLUE 十个任务平均精度（纵坐标）的对比情况。评价任务涵盖文本分类、匹配、推理、消歧和阅读理解等，除 CMRC 2018 使用 Exact Match 指标外，其余均采用 Accuracy。位于左上角的模型在精度和性能上表现更优秀。每个模型的参数量标注于名称下方，测试环境详见性能测试说明[①]。

① 资料来源：https：//github. com/PaddlePaddle/PaddleNLP/tree/develop/model_ zoo/ernie -3. 0。

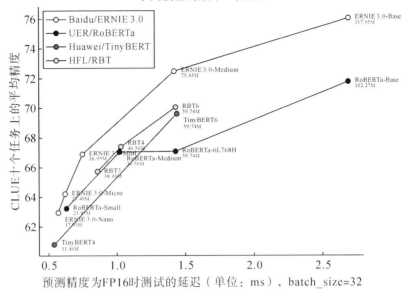

图 4.3　batch_size＝32，预测精度为 FP16 时，GPU 下的效果-时延图

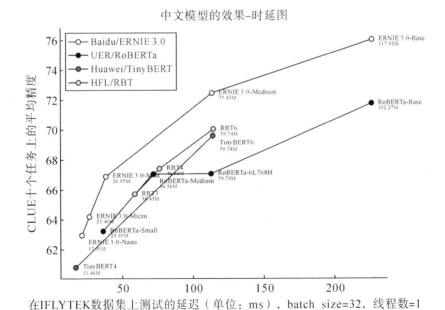

图 4.4　batch_size＝32，线程数＝1 时，CPU 下的效果-时延图

为比较基于词频计算的文本相似度与基于预训练方法的文本相似度的差异，我们抽取了 C34 行业进行说明与分析。四川省自贡运输机械集团股份有限公司（001288）与苏州海陆重工股份有限公司（002255）均属于 C34 行业。四川省自贡运输机械集团股份有限公司（001288），主要业务是以带式输送机为主的节能环保型输送机械成套设备的研发、设计、生产和销售。而苏州海陆重工股份有限公司（002255）主要业务是：进行余热锅炉、大型及特种材质压力容器及核安全设备的制造销售，固废、废水等污染物处理及回收利用的环境综合治理服务，光伏电站运营及 EPC 业务。两个制造业样本的主营业务存在很大差异，因此我们预计面临的风险也差异较大，但是从表 4.2 可以看到在风险相似度的计算中 tfidfsim 值为 92.41%，而 ERNIE 模型计算的余弦相似度 Sim 值为 31.28%。相较而言，我们认为 ERNIE 相似度更为合理，并且我们计算了 C34 行业 TF-IDF 余弦相似度与 ERNIE 相似度的计算结果差异值（diff=Sim-tfidfsim）在 1% 的水平上显著不为 0，也即 TF-IDF 余弦相似度值与 ERNIE 相似度值显著不同。

综上所述，在衡量 IPO 公司风险信息披露质量时，采用基于预训练模型的文本相似度计算方法较传统的基于词频的算法更为合理和准确。原因在于，风险信息披露内容往往篇幅较长、句式复杂、包含丰富的语义信息，而基于统计机器学习的算法难以很好地捕捉和理解这些深层次的语义。相比之下，ERNIE 3.0 等预训练语言模型能够通过持续的语义理解框架学习，融合词汇、结构和语义等多层面的知识，更有效地把握文本的上下文语义。

ERNIE 3.0 模型在训练过程中采用了创新性的平行预训练方法，将海量无监督文本与大规模知识图谱同时输入模型，通过联合掩码训练促进了结构化知识与非结构化文本之间的信息交互，大幅提升了模型对知识的记忆和推理能力，在百亿级预训练模型中首次实现了知识图谱的引入。该模型由两层网络构成，通用语义表示网络学习数据中基础和通用知识，任务语义则表示网络在此基础上针对特定任务学习相关知识，前者需涵盖所有预训练任务，后者只学习对应类别的预训练任务。

鉴于 ERNIE3.0 在语义理解和知识融合方面的卓越表现，我们在本书中主要采用该模型对 IPO 公司招股说明书中的风险信息披露部分进行文本相似度计算。通过计算同行业公司风险信息披露的平均相似度，能够较为准确地衡量和量化风险信息披露的异质性水平，从而有效评估风险信息披露的质量高低。

　　总的来说，ERNIE 3.0这一创新的大规模预训练语言模型，通过引入知识增强的语义学习框架，在语义理解和知识融合方面取得了突破性进展，因此非常适合应用于本书中对IPO公司风险信息披露质量的量化评估工作。相较于传统的词频统计方法，ERNIE 3.0能够更准确全面地捕捉风险信息披露文本的深层语义，从而更合理地衡量公司间风险披露的特质异质性水平，为风险信息披露质量的研究提供了有力的技术支持。

表 4.1　文本相似度差异

Variable	Obs	Mean	Std. Dev	[95% Conf. Interval]	
diff	16 900	0.063	0.466	0.056	0.070
mean = mean(diff)		t = 17.620		degrees of freedom = 16 899	
Ho: mean = 0					
Ha: mean < 0		Ha: mean ! = 0		Ha: mean > 0	
Pr(T < t) = 1.000		Pr(|T| > |t|) = 0.000		Pr(T > t) = 0.000	

表 4.2 文本相似度计算任务下 ERNIE 与统计机器学习模型的对比

Sim：31.28%　　tfidfsim：92.41%	
001288	002255
风险因素投资者在评价判断本公司股票价值时若未来出现重大的产业政策变革、市场受经济环境变化影响、原材料市场价格波动较大等不利情形原材料市场价格的波动将影响公司的生产成本十五、股票价格波动风险公司股票价格的变化一方面受到自身经营状况发生变化的影响公司存在因市场竞争加剧而导致经营业绩下滑的风险将会对公司生产经营活动及业绩造成重大的不利影响因此下游客户所处的主要行业的发展趋势将对公司未来盈利水平、发展规模等产生较大的影响将导致本次募集资金投资项目不能如期完成或无法实现预期收益的风险因此宏观经济的波动会对物料输送行业带来一定影响其新增的上述折旧和摊销费用将对项目预期收益和公司经营业绩产生不利影响主要受行业发展、市场环境、客户结构、员工薪酬水平、成本控制等多种因素的影响未来若公司不能有效控制或管理应收账款但如果未来市场环境发生较大不利变化或公司市场开发受阻分别为应收账款的回收情况直接影响到公司的现金流量和经营情况但仍存在材料价格剧烈波动时影响公司业绩的风险从而对公司持续川省自贡运输机械集团股份有限公司招股意向书盈利能力和现金流状况带来不利影响将会影响公司的经营业绩如果公司的组织模式、管理制度、管理人员不能满足规模迅速扩张的需求了解国内外产品市场动态的销售人员三是生产经营环节具有熟练技能的生产人员四是随着公司规模的扩大川省自贡运输机械集团股份有限公司招股意向书四、主要原材料价格波动的风险公司主要原材料为钢材、输送机配套件和胶带川省自贡运输机械集团股份有限公司招股意向书七、环保风险公司一贯重视环境保护和清洁生产工作如果行业环境或市场需求环境发生重大不利变化将会对公司海外项目的承接规模和利润水平产生不确定因素会导致应收账款的回收风险公司各期受税收优惠影响金额情况如下单位万元项目度税收优惠政策影响金额及加计扣除影响金额收优惠金额合计利润总额收优惠占比、安全生产风险公司生产过程需要操作较多的机器设备和电气设施则公司存在产能扩大而导致的市场销售风险对优秀的技术、销售、生产和管理人员需求进一步增加另一方面也会受到国际和国内宏观经济形势、经济政策、周边资本市场波动、本土资本市场供求、市场心理及突发事件等因素的影响加大了经营决策、组织管理、	十、产品质量风险余热锅炉的生产和使用都具有较高的技术要求和安全规范将可能影响到对本公司余热锅炉产品的需求风险因素投资本公司的股票会涉及一系列风险九、安全生产风险余热锅炉产品的制造工艺复杂传统锅炉行业中的部分生产企业也开始逐步进入余热锅炉生产领域对公司余热锅炉产品的需求非常旺盛四、延迟交货的违约风险公司产品的采购方与公司签订的余热锅炉订货合同中公司将存在技术工人短缺的风险二、对相关行业依赖的风险公司生产的余热锅炉产品主要应用于钢铁、有色、焦化、建材、石化、化工、造纸、电力等能耗较高、环境污染相对严重的行业上述主要原材料成本合计分别占公司生产成本的由于余热锅炉生产周期可达约八、技术开发及设计配套风险我国余热锅炉技术主要是在消化吸收国外先进技术的基础上发展起来的三、原材料价格波动的风险公司通过以销定产方式组织产品生产和销售上述投资项目的可行性分析是基于当前国内外市场环境、技术发展趋势、产品价格、原材料供应和工艺技术州海陆重工股份有限公司首次公开发行股票招股意向书水平等因素的综合性假设作出的十二、募集资金投向风险本次募集资金将用于高效余热锅炉制造技术改造项目和企业技术研发中心技术改造项目两个项目一、市场竞争的风险余热锅炉行业是我国节能环保领域的新兴行业基本保证了公司对技术工人的需求如果公司不能在未来的发展中迅速扩大生产规模、继续提高品牌影响力、确保行业领先地位本公司优势产品干熄焦余热锅炉、有色余热锅炉和氧气转炉余热锅炉的技术研发、设计、制造均为国内领先或达到国际先进水平七、汇率风险随着公司干熄焦、有色冶金及氧气转炉余热锅炉在产品设计、制造上逐渐成熟由于公司高效余热锅炉制造技术改造项目投入后产能将大幅扩张余热锅炉产品需求旺盛公司所需原材料价格在生产期间可能发生较大变化存在对相关行业州海陆重工股份有限公司首次公开发行股票招股意向书发展依赖的风险但是公司的部分非优势产品的技术开发及设计配套尚需通过合作完成公司余热锅炉产品出口呈逐年上升趋势上述项目实施后将迅速扩大公司余热锅炉的产能本公司应收账款净额分别为元、元及元公司应收账款余额增长较

表4.2(续)

Sim：31.28%	tfidfsim：92.41%
风险控制的难度进而影响公司经营业绩从而对公司的经营业绩产生一定影响从而影响到公司的经营业绩可能会给公司经营和其他少数权益股东带来风险公司本次发行募集资金计划投资于大规格管带机数字化加工生产线技术改造项目和露天大运量节能环保输送装备智能化生产基地建设项目等两个扩大产能的项目十一、募集资金投资项目风险公司对于本次募集资金投资项目的各种效益分析均以项目按时完成建设和正常投产为前提当前物料输送行业的市场集中度不高十二、管理风险随着经营规模的扩大和员工人数的增加公司未来毛利率可能会受到负面影响九、毛利率波动风险公司自设立以来一直致力于带式输送机的研发、生产与销售可能对经营管理机构的运行效率和内部控制制度的有效性产生不利影响	快截止我国锅炉生产企业为这些企业进入余热锅炉生产领域将使竞争加剧余热锅炉行业面临极大的发展机遇六、应收账款发生呆坏账的风险截止及占应收账款总额的比例为的应收账款余额为元公司仍将存在一定的汇率风险十一、技术工人短缺的风险目前五、资产负债率较高的风险公司前身海陆锅炉设立时的注册资本仅为人民币元但依旧存在因管理不善、产品质量控制不严等人为因素造成的产品质量风险将直接影响上述投资项目和公司整体的收益在生产流程和产品质量方面有极为严格的规范和要求公司的产品质量控制体系已较为完善

注：表4.2是通过文本分析的方法由人工智能截取招股说明书中的字段，故文字混乱，仅作展示对比。

4.2.2.2 风险信息披露的项目数量

根据《公开发行证券的公司信息披露内容与格式准则第41号——科创板公司招股说明书》准则第三十三条要求信息披露内容结合科创企业特点，"以方便投资者投资决策参考的原则对风险因素进行分类列示"，列举了技术风险、经营风险、内控风险、财务风险、法律风险、发行失败风险、尚未盈利或存在累计未弥补亏损的风险、特别表决权股份或类似公司治理特殊安排的风险 以及其他因素等几大类，如表4.3所示。由于我们研究的年限较长，历年来对风险信息披露的要求也有所变化，因此结合准则以及我们的数据，我们将招股说明书风险项目划分为技术风险、经营风险、财务风险、内控风险、法律风险、其他风险六类。在下文的子项目中，我们将运用六大类风险信息披露的项目数作为风险信息披露质量的代理变量展开研究。

表 4.3　招股说明书和年度报告风险披露内容梳理

文件类别	风险因素	具体内容
招股说明书（以科创板为例）	技术风险	包括技术升级迭代、研发失败、技术专利许可或授权不具排他性、技术未能形成产品或实现产业化等风险
	经营风险	包括市场或经营前景或行业政策变化，产业周期变化，经营模式失败，依赖单一客户、单一技术、单一原材料等风险
	内控风险	包括管理经验不足，特殊公司治理结构，依赖单一管理人员或核心技术人员等
	财务风险	包括现金流状况不佳，资产流转能力差，重大资产减值，重大投保诚信债风险等
	法律风险	包括重大技术、产品纠纷或诉讼风险，土地，资产权属，股权纠纷，行政处理等方面对发行人合法合规性及持续经营的影响
	发行失败风险	包括发行认购不足，或未能达到预计市值上市条件的风险等
	尚未盈利或存在累计未弥补亏损的风险	包括未来一定期间无法盈利或无法进行利润分配的风险，对发行人资金状况、业务拓展、人才引进、团队稳定、研发投入、市场拓展等方面产生不利影响的风险等
	特别表决权股份或类似公司治理特殊安排的风险	
	可能严重影响公司持续经营的其他因素	
年度报告（2021修订版）	行业格局和趋势	结合自身的业务规模、经营区域、产品类别以及竞争对手等情况，介绍与公司业务关联的宏观经济层面或行业环境层面的发展趋势，以及公司的行业地位或区域市场地位的变动趋势
	公司发展战略	围绕行业壁垒、核心技术替代或扩散、产业链整合、价格竞争、成本波动等方面向投资者提示未来公司发展机遇和挑战，披露公司发展战略，以及拟开展的新业务、拟开发的新产品、拟投资的新项目等
	经营计划	回顾总结前期披露的发展战略和经营计划在报告期内的进展，对未达到计划目标的情况进行解释；当披露下一年度的经营计划，包括（但不限于）收入、费用、成本计划，及下一年度的经营目标，如销售额的提升、市场份额的扩大、成本下降、研发计划等，为达到上述经营目标拟采取的策略和行动
	可能面对的风险	例如政策性风险、行业特有风险、业务模式风险、经营风险、环保风险、汇率风险、利率风险、技术风险、产品价格风险、原材料价格及供应风险、财务风险、单一客户依赖风险、商誉等资产的减值风险，以及因设备或技术升级换代、核心技术人员辞职、特许经营权丧失等导致公司核心竞争能力受到严重影响等

4.2.2.3　风险信息披露的占比

学术界对于"软信息"和"硬信息"的讨论由来已久，Liberti and Petersen（2018）的研究中认为"硬信息"是以数字的形式记录的信息。在金融学中，我们认为财务报表、按时付款的历史、股票回报和产出的数量都是"硬信息"。"软信息"通常以文本的形式存在，它包括意见、想法、谣言、经济预测、管理层未来计划的陈述和市场评论。并且软信息和硬信息都是资本市场中重要的信息供给，缺一不可。因此，我们构建了由"软信息"组成的指标——风险信息披露占招股说明书篇幅的百分比，以及"硬信息"组成的指标——数字占风险信息披露篇幅的百分比。

4.2.2.4 风险信息披露实体数量（NER）

Hope et al.（2016）在对特质性风险披露的研究当中，运用到了命名实体识别（NER）相关的机器学习算法。命名实体识别是一种能够将文本当中的实体进行识别的方法，比如对风险信息披露的文本使用命名实体识别的算法，能够将文本中公司名称、地名、地区等信息有效识别出来。借鉴 Hope et al.（2016）的做法，为研究风险信息披露的信息含量，我们运用 ERNIE（Yu and Shuohuan, 2019）算法，对招股说明书中的风险信息披露部分进行命名实体识别，并计算实体数量。我们识别的实体主要包括两类企业，一类是 IPO 企业的子公司与母公司，另一类是 IPO 企业的客户与供应商。

4.3 IPO 公司风险信息披露质量评价与特征事实

从代理理论的角度看，由于所有权和控制权分离，管理层会获得更多关于该公司的信息并受私人利益驱使（Jensen and Meckling, 1976），导致风险信息披露程度和质量下降以及内容主题同质化，进而产生股东监督、激励管理层行为的代理成本。所以，定性风险信息披露往往有三个共同特征：①公司在准备定性披露时有很大的余地，一个方便的方法是复制和粘贴过去的披露，并做出最小的调整；②由于信息披露的特质性差异，审查定性披露会消耗 SEC 的大量资源；③公司管理层有动机避免 SEC 对其定性披露发表评论。

由于不同公司的主营方向差别很大，很难确定统一的标准来衡量风险信息披露的质量。最简单的方式是提取风险因素种类并统计风险项数，可以向投资者提供发行人证券的重大风险的清晰而简明的总结，在季度报告中进行更新，并避免不必要的重述和重复风险因素。除了对风险因素种类提取外，目前还有研究关注风险信息披露长度、可读性、语气等因素，用以衡量风险信息披露的质量。

我国的招股说明书信息披露准则中规定了发行方应披露的七类风险因素，共包含 78 个具体风险项目，但每个公司在披露时对风险项目的划分都不完全一致，人工汇总的研究中粗略地将其合并为经营风险、财务风险、市场风险、行业风险四大类（姚颐和赵梅，2016），或是将公司特异性的风险项目直接划分为"其他"（詹雷和韩金石，2021）。

基于上一节提到的四种风险信息披露度量方式，我们针对每一指标分别构建评价体系，并对现有 A 股 IPO 公司风险信息披露事实特征进行描述。

4.3.1　特质异质性风险信息披露

若风险相似度低则说明企业披露的行业同质化风险信息少，与企业更相关的私有信息多，则风险信息披露异质性较高，风险信息披露质量较高。如表 4.4、图 4.5 所示，可以看到风险信息披露相似度的趋势大致可以分为三个阶段。第一个阶段，从 2005 年开始要求对风险信息进行披露，到 2008 年风险信息披露相似度的中位数降至几年来最低水平，从 2009 年开始，随着资本市场的急剧扩张，风险信息披露相似度的水平也逐年上升，一个可能的原因是，随着监管要求的层层加码，出于避免诉讼的行动，IPO 企业对于特质性风险信息披露内容降低，出现了模板化的趋势。第二个阶段，2014 年恢复 IPO 开始到 2018 年，由于资本市场的稳步发展，风险信息披露相似度呈震荡趋势，但相较而言，风险信息披露相似度的水平依然较高。第三个阶段，从 2019 年开始，随着注册制的推行，资本市场的市场化程度逐渐提升，对于特质性风险信息的需求也越来越高，因此，风险信息披露的相似度水平也逐年降低。

表 4.4　上市公司风险信息披露相似度分年度统计

year	Mean	SD	Min	p25	p50	p75	p99	Max
2006	0.098	0.064	0.022	0.043	0.083	0.147	0.295	0.295
2007	0.101	0.068	0.022	0.046	0.081	0.148	0.295	0.295
2008	0.084	0.054	0.022	0.044	0.070	0.107	0.236	0.236
2009	0.101	0.067	0.022	0.049	0.085	0.137	0.295	0.295
2010	0.104	0.065	0.022	0.048	0.089	0.149	0.295	0.295

表4.4(续)

year	Mean	SD	Min	p25	p50	p75	p99	Max
2011	0.116	0.062	0.022	0.066	0.113	0.159	0.270	0.295
2012	0.124	0.063	0.022	0.068	0.117	0.161	0.278	0.295
2013	0.136	0.065	0.028	0.121	0.141	0.155	0.230	0.230
2014	0.125	0.066	0.028	0.068	0.118	0.172	0.280	0.280
2015	0.131	0.063	0.022	0.081	0.130	0.172	0.295	0.295
2016	0.127	0.059	0.022	0.081	0.117	0.168	0.263	0.273
2017	0.135	0.063	0.022	0.089	0.130	0.173	0.295	0.295
2018	0.121	0.057	0.024	0.081	0.114	0.160	0.295	0.295
2019	0.133	0.059	0.022	0.086	0.130	0.179	0.280	0.283
2020	0.131	0.062	0.026	0.081	0.122	0.174	0.295	0.295
2021	0.126	0.057	0.025	0.079	0.125	0.163	0.270	0.295
2022	0.107	0.052	0.022	0.071	0.100	0.135	0.295	0.295

图4.5 2006—2022年上市公司风险信息披露相似度（分年度均值）

不同行业的公司在风险信息披露相似度的均值、标准差、最大和最小值上存在较大差异。住宿和餐饮行业（H）的均值（0.227）最高，标准差

（0.118）最高，而租赁和商务服务行业（L）的均值（0.067）最低，建筑业（E）的标准差（0.056）最低，这表明住宿和餐饮行业的上市公司风险信息披露相似度平均水平较高且具有较大的波动性，如表4.5、图4.6所示。

表4.5　上市公司风险信息披露相似度分行业统计

ind	Mean	SD	Min	p25	p50	p75	p99	Max
A	0.134	0.047	0.040	0.106	0.141	0.160	0.236	0.236
B	0.131	0.074	0.030	0.058	0.131	0.188	0.295	0.295
C	0.127	0.064	0.022	0.076	0.123	0.171	0.295	0.295
D	0.133	0.058	0.031	0.093	0.122	0.191	0.245	0.245
E	0.094	0.056	0.022	0.042	0.086	0.134	0.257	0.257
F	0.103	0.052	0.026	0.059	0.096	0.141	0.227	0.227
G	0.079	0.035	0.029	0.052	0.075	0.094	0.181	0.181
H	0.227	0.118	0.022	0.224	0.295	0.295	0.295	0.295
I	0.097	0.045	0.022	0.061	0.096	0.129	0.202	0.214
J	0.153	0.069	0.026	0.121	0.152	0.194	0.295	0.295
K	0.110	0.031	0.075	0.082	0.113	0.130	0.154	0.154
L	0.067	0.037	0.022	0.045	0.053	0.073	0.183	0.183
M	0.087	0.042	0.022	0.060	0.088	0.108	0.202	0.202
N	0.110	0.069	0.028	0.068	0.084	0.153	0.295	0.295
O	0.081	0.047	0.025	0.035	0.084	0.111	0.179	0.179
P	0.185	0.006	0.180	0.180	0.185	0.189	0.189	0.189
Q	0.129	0.019	0.119	0.120	0.120	0.139	0.158	0.158
R	0.128	0.055	0.030	0.084	0.132	0.164	0.231	0.231
S	0.091	0.032	0.058	0.071	0.080	0.114	0.134	0.134

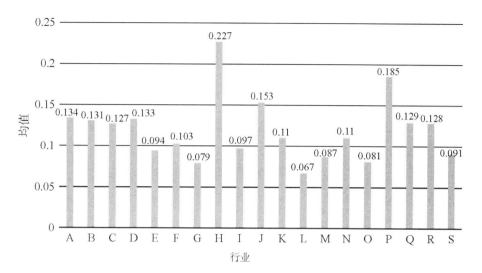

图 4.6　上市公司风险信息披露相似度（分行业均值）

　　由于板块特性、监管要求和市场竞争等因素，不同上市板块的公司风险信息披露的相似性也存在差别。整体来看，中小板公司相似度的均值较低，且标准差较小，表明相对稳定的风险信息披露水平，最大值和最小值的范围也较窄，可能反映了该板块公司的风险披露水平相对一致。主板、科创板和创业板公司的相似度均值相当，但科创板的标准差相对较小，最大值和最小值的范围也较窄，可能是由于该板块公司具有较高的信息披露标准和规范性，如表 4.6、图 4.7 所示。

表 4.6　上市公司风险信息披露相似度分板块统计

System	Mean	SD	Min	p25	p50	p75	p99	Max
中小板	0.104	0.060	0.022	0.055	0.094	0.147	0.264	0.295
主板	0.129	0.066	0.022	0.075	0.124	0.174	0.295	0.295
创业板	0.127	0.065	0.022	0.078	0.122	0.169	0.295	0.295
科创板	0.127	0.050	0.028	0.088	0.124	0.164	0.249	0.266

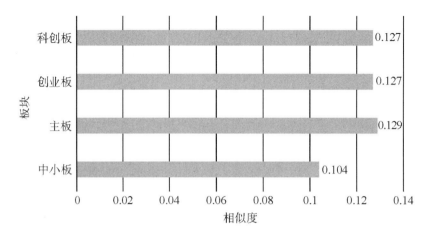

图 4.7   上市公司风险信息披露相似度（分板块均值）

4.3.2   风险信息披露的项目数量

4.3.2.1   风险信息披露的总项目数量

风险信息披露的项目数量越多，说明 IPO 公司对风险披露更加充分，更有助于投资者了解公司实际情况，做出投资决策，风险信息披露质量越高。如表 4.7、图 4.8 所示，我们将每年 IPO 企业的招股说明书的风险信息披露的总项目数量进行分年统计。可以看到风险信息披露总项目数量的趋势也可以分为三个阶段。第一个阶段，从 2005 年开始要求披露对风险信息进行披露，到 2012 年风险信息披露总项目数量的中位数降至几年来最低水平，并且通过观察标准差，我们可以看出在这一阶段不同上市公司风险项目披露的数量差异较大。第二个阶段，2014 年恢复 IPO 开始到 2017 年，由于资本市场的稳步发展，风险信息披露总项目数量呈震荡趋势。第三个阶段，从 2018 年开始，随着注册制的推行，资本市场的市场化程度逐渐提升，对于特质性风险信息的需求也越来越高，因此，风险信息披露总项目数量也逐年增加。并且，我们发现在第二、三阶段，不同 IPO 企业的风险信息披露项目数量差异相对第一阶段较少，并且从总体水平而言，风险信息披露总项目数量比第一阶段要多。

表 4.7 风险信息披露总项目数量分年统计

year	Mean	SD	Min	p25	p50	p75	p99	Max
2006	10.439	16.766	0.000	0.000	4.000	10.000	75.000	75.000
2007	11.717	22.453	0.000	0.000	5.500	9.000	98.000	125.000
2008	10.274	19.176	0.000	0.000	5.000	11.000	120.000	120.000
2009	16.036	30.690	0.000	0.000	5.000	11.500	124.000	126.000
2010	12.611	25.537	0.000	0.000	5.000	10.000	122.000	131.000
2011	12.173	24.311	0.000	0.000	5.500	11.000	124.000	127.000
2012	10.817	24.802	0.000	0.000	3.000	9.000	121.000	129.000
2013	5.500	9.375	0.000	0.000	1.500	6.000	24.000	24.000
2014	9.559	18.136	0.000	1.000	5.000	11.000	113.000	121.000
2015	11.785	22.670	0.000	0.000	6.000	11.000	126.000	132.000
2016	10.460	17.445	0.000	0.000	7.000	14.000	123.000	130.000
2017	10.766	15.758	0.000	1.000	6.000	13.000	107.000	128.000
2018	20.740	21.400	0.000	5.000	13.000	31.000	95.000	95.000
2019	16.511	17.346	0.000	5.000	14.000	21.000	107.000	129.000
2020	17.408	15.248	0.000	8.000	15.000	23.000	86.000	116.000
2021	19.708	14.131	0.000	13.000	18.000	23.000	81.000	135.000
2022	18.955	8.974	0.000	14.000	18.000	23.000	48.000	48.000

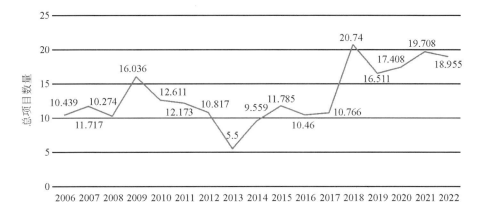

图 4.8 风险信息披露总项目数量（均值）

接下来，我们对不同行业的风险信息披露总数量进行了统计分析。在表4.8，图4.9中，我们可以看出不同行业的风险信息披露总项目数量差异较大，其中制造业（C）；电力、热力、燃气及水生产和供应业（D）；建筑业（E）；科学研究和技术服务业（M）；房地产业（K）；住宿和餐饮业（H）；水利、环境和公共设施管理业（N）风险信息披露总数量较多，并且从标准差来看，行业内部差异较大。

表4.8　风险信息披露总项目数分行业统计

ind	Mean	SD	Min	p25	p50	p75	p99	Max
A	13.036	19.089	0	0.5	6	16	81	81
B	5.947	7.739	0	0	3.5	10	37	37
C	15.004	21.015	0	2	10	19	121	135
D	15.538	16.586	0	6	9	17	68	68
E	17.708	24.272	0	2	13	21	121	121
F	11.132	10.120	0	3	10	15	52	52
G	7.435	12.441	0	0	4	9	64	64
H	47.000	54.626	0	8	17	88	122	122
I	11.052	16.073	0	0	6	17	82	127
K	24.889	38.957	0	5	13	16	124	124
L	15.133	24.464	0	3	9	16	130	130
M	16.333	21.539	0	3	13	20	121	121
N	15.000	14.218	0	3	14.5	20	63	63
O	6.700	9.154	0	0	2	11	24	24
P	8.500	0.707	8	8	8.5	9	9	9
Q	2.000	3.367	0	0	0.5	4	7	7
R	8.472	18.546	0	0	4	8	108	108
S	9.000	5.099	0	10	11	12	12	12

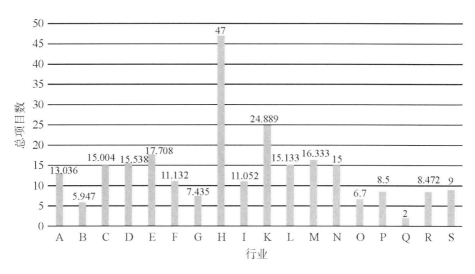

图 4.9　风险信息披露总项目（分行业均值）

不同板块的公司面临的业务风险和信息披露要求不同，因此风险信息披露总项目数也会有所不同，如表4.9、图4.10所示。其中，中小板的风险信息披露总项目数均值较高，主板的风险信息披露总项目数均值相对较低，但二者标准差都非常大；科创板的风险信息披露总项目数均值较高，且标准差较小，可能是因为科创板公司更多地关注创新和科技，对信息披露的要求更为严格，因此披露的项目数相对较多且较为稳定；创业板的风险信息披露总项目数均值较低，标准差也较小，可能是由于创业板公司相对较年轻、相对规模较小，信息披露项目较少。

表 4.9　风险信息披露总项目数分板块统计

System	Mean	SD	Min	p25	p50	p75	p99	Max
中小板	14.916	26.328	0.000	2.000	7.000	13.000	125.000	132.000
主板	13.241	19.699	0.000	2.000	8.000	15.000	122.000	130.000
创业板	12.222	16.779	0.000	0.000	8.000	18.000	88.000	123.000
科创板	19.720	11.563	0.000	14.000	19.000	24.000	60.000	116.000

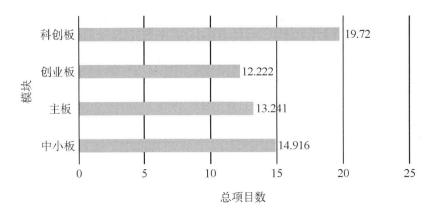

图 4.10　风险信息披露总项目（分板块均值）

4.3.2.2　风险信息披露的各分项数量

接下来我们分别统计了招股说明书中技术风险、经营风险、财务风险、内控风险、法律风险、其他风险六类风险的项目数量。在表 4.10 中，我们可以看出，不同类型的风险项目数量差异较大，其中，经营风险项目数量与财务风险项目最多，并且其方差也相对较大。

表 4.10　风险信息披露各分项数量

VARIABLES	mean	sd	min	max
技术风险项目数	0.923	1.520	0.000	6.000
经营风险项目数	3.342	3.817	0.000	14.000
财务风险项目数	2.463	2.752	0.000	26.000
内控风险项目数	0.294	0.825	0.000	4.000
法律风险项目数	0.308	1.000	0.000	6.000
其他风险项目数	6.860	19.170	0.000	120.000

可以观察到，在过去的几年中，各项风险信息披露的均值普遍呈现增长趋势。在各个风险项中，经营风险和财务风险的增长较为显著，这可能反映了企业面临风险挑战日益增加的现实。随着时间推移，法律风险的波动较大，企业对内控风险的关注也在逐渐增加，这可能受到法律环境的变化和企业内部管理和运营风险的重视程度的影响。具体如表 4.11、图 4.11 所示。

表 4.11　风险信息披露各分项均值分年度统计

year	技术风险	经营风险	财务风险	内控风险	法律风险	其他风险
2006	0.610	1.707	1.463	0.049	0.049	6.561
2007	0.500	1.717	1.726	0.000	0.132	7.642
2008	0.438	1.726	1.630	0.000	0.068	6.411
2009	0.375	1.607	1.375	0.000	0.027	12.652
2010	0.595	1.554	1.443	0.000	0.076	8.943
2011	0.569	1.730	1.440	0.004	0.048	8.383
2012	0.481	1.527	1.260	0.000	0.000	7.550
2013	0.000	0.667	0.667	0.000	0.000	4.167
2014	0.441	1.378	1.432	0.036	0.000	6.270
2015	0.440	1.895	1.555	0.005	0.105	7.785
2016	0.471	2.417	1.802	0.000	0.086	5.684
2017	0.475	2.472	2.023	0.000	0.094	5.702
2018	0.712	3.836	2.534	0.000	0.082	13.575
2019	1.494	4.938	3.273	0.472	0.500	5.835
2020	1.679	5.214	3.815	0.659	0.584	5.457
2021	1.747	6.703	4.432	1.025	0.924	4.876
2022	2.045	7.627	4.358	1.433	1.194	2.299

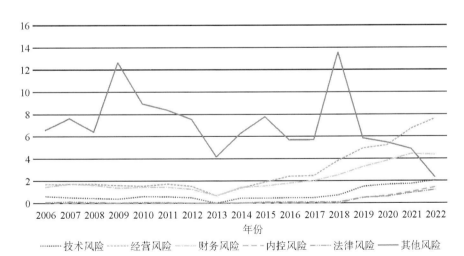

图 4.11　风险信息披露各分项（分年度均值）

如图4.12、表4.12所示，对不同行业的风险信息披露各分项均值进行比较可以发现，技术风险披露数目最高的是居民服务、修理和其他服务业（O）和信息传输、软件和信息技术服务业（I），因为技术密集型行业（如电子、通信）通常面临更高的技术风险，而其他行业可能较少涉及技术风险；经营风险披露数目最高的是卫生和社会工作行业（Q）、电力、热力、燃气及水生产和供应业（D），因为更容易受到行业竞争、市场需求、管理水平等多方面因素的影响；财务风险披露数目最高的是租赁和商务服务业（L），这类行业可能更容易受到资金链断裂、债务风险等问题困扰，从而财务风险较高。

表4.12　风险信息披露各分项均值分行业统计

ind	技术风险	经营风险	财务风险	内控风险	法律风险	其他风险
A	0.429	3.107	2.250	0.250	0.143	6.857
B	0.263	2.605	1.368	0.000	0.184	1.526
C	1.030	3.350	2.604	0.321	0.262	7.438
D	0.000	6.051	3.000	0.000	0.051	6.436
E	0.246	3.769	3.092	0.031	0.077	10.492
F	0.013	4.276	2.697	0.237	0.737	3.171
G	0.109	1.913	1.848	0.043	0.261	3.261
H	0.000	2.400	1.200	0.000	0.000	43.400
I	1.259	2.637	1.845	0.319	0.319	4.673
K	0.419	2.784	0.486	0.068	1.149	3.554
L	0.444	5.333	5.333	0.000	0.556	13.222
M	0.200	3.133	1.967	0.100	0.233	9.500
N	1.093	4.427	2.907	0.573	0.667	6.667
O	1.429	4.619	3.357	0.619	0.881	4.095
P	0.300	1.200	1.100	0.000	0.000	4.100
Q	0.000	7.500	1.000	0.000	0.000	0.000
R	0.000	0.000	0.000	0.000	0.000	2.000
S	0.083	2.528	1.028	0.111	0.111	4.611

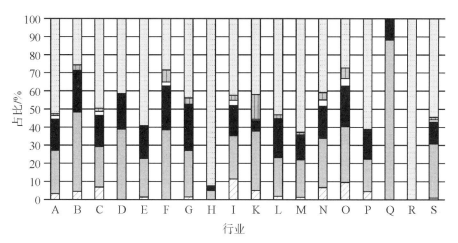

图 4.12　风险信息披露各分项（分行业均值占比）

　　综合来看，不同上市板块的公司在技术、经营、财务、内控、法律和其他风险方面面临的挑战各不相同。如表 4.13、图 4.13 所示，科创板整体上在各类风险的披露数目上都显著高于其他三个板块，尤其是经营风险和财务风险，这可能是因为科创板公司往往是新兴企业，成长性较强，但财务实力相对较弱，同时业务较复杂，面临更多的市场竞争和经营压力，因此经营风险相对较高。这一结果和科创板公司上市条件和信息披露要求也比较吻合。

表 4.13　风险信息披露各分项均值分板块统计

System	技术风险	经营风险	财务风险	内控风险	法律风险	其他风险
中小板	0.585	2.053	1.867	0.006	0.052	10.353
主板	0.465	3.331	2.338	0.012	0.177	6.918
创业板	0.815	2.899	2.055	0.443	0.355	5.656
科创板	2.878	7.155	4.940	1.220	1.019	2.508

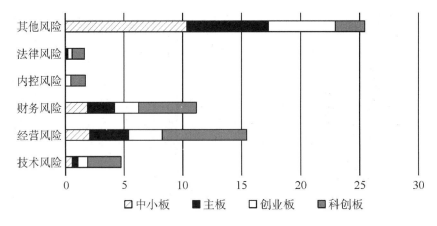

图 4.13　风险信息披露各分项（分板块均值）

4.3.3　风险信息披露的篇幅占比

表 4.14 是风险信息披露占招股说明书篇幅的百分比的分年统计表。平均值从 2006 年的 0.137 逐渐减少到 2012 年的 0.054，之后波动，但保持在较低水平，到 2022 年为 0.058。标准差初始值较高，在 2006 年为 0.136，说明那一年数据的分布范围较广。随后，标准差有所下降和波动，到 2022 年时为 0.075。最小值在整个时期内变化不大，始终在 0.010 到 0.022 之间。第 25 分位数（p25）在 2006 年为 0.038，随后下降，在大多数年份中保持在 0.020 左右。中位数（p50）也显示出类似的下降趋势，从 2006 年的 0.055 减少到大多数后续年份的 0.027~0.029。第 75 分位数（p75）在 2006 年达到 0.223，但在接下来的年份中减少，并在大多数年份中稳定在 0.040~0.067。第 99 分位数（p99）和最大值（Max）在多数年份中都显示出较高的值，这表明每年都有少数的招股说明书中风险信息披露占有很大篇幅，但这种情况并不常见。

这些统计数据表明，在所研究的时间段内，风险信息披露在招股说明书中所占篇幅的占比总体上有所减少。尽管如此，仍有一些异常年份的风险信息披露占有较高的比例。通过观察中位数和第 75 分位数的变化，我们可以了解大多数招股说明书的普遍情况，而最大值和第 99 分位数则揭示了极端情况。

表 4.14　风险信息披露占招股说明书篇幅的占比（percent 1）分年度统计

year	Mean	SD	Min	p25	p50	p75	p99	Max
2006	0.137	0.136	0.017	0.038	0.055	0.223	0.477	0.477
2007	0.086	0.117	0.010	0.028	0.039	0.060	0.483	0.483
2008	0.084	0.113	0.011	0.028	0.035	0.060	0.483	0.483
2009	0.100	0.135	0.010	0.027	0.035	0.059	0.483	0.483
2010	0.084	0.124	0.010	0.025	0.033	0.047	0.483	0.483
2011	0.064	0.099	0.010	0.021	0.040	0.040	0.483	0.483
2012	0.054	0.097	0.010	0.021	0.028	0.035	0.483	0.483
2013	0.062	0.063	0.022	0.025	0.043	0.050	0.189	0.189
2014	0.050	0.073	0.013	0.022	0.028	0.044	0.449	0.483
2015	0.057	0.092	0.012	0.022	0.028	0.040	0.483	0.483
2016	0.051	0.076	0.010	0.020	0.028	0.044	0.479	0.483
2017	0.047	0.059	0.010	0.020	0.029	0.047	0.392	0.463
2018	0.053	0.053	0.011	0.021	0.031	0.067	0.237	0.237
2019	0.058	0.081	0.010	0.019	0.027	0.052	0.412	0.483
2020	0.055	0.070	0.010	0.021	0.029	0.056	0.413	0.462
2021	0.057	0.075	0.010	0.018	0.027	0.048	0.356	0.408
2022	0.058	0.075	0.010	0.018	0.029	0.066	0.483	0.483

从平均值来看，不同行业的风险信息披露占招股说明书篇幅的占比有所不同，住宿和餐饮业（H）的平均占比最高（0.202），教育行业（P）的平均占比最低（0.020）。差异的原因可能与行业特性、监管要求、市场需求以及投资者关注点等因素有关。一些行业如金融（J）、房地产（K）等，因其行业特性和复杂性，可能需要更多的风险信息披露，因此平均占比较高。具体如图4.14、图4.15、表4.15所示。

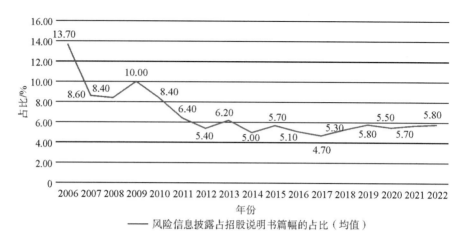

图 4.14　风险信息披露占招股说明书篇幅的占比（均值）

表 4.15　风险信息披露占招股说明书篇幅的占比（percent 1）分行业统计

ind	Mean	SD	Min	p25	p50	p75	p99	Max
A	0.048	0.030	0.019	0.027	0.037	0.060	0.124	0.124
B	0.036	0.033	0.010	0.020	0.028	0.031	0.163	0.163
C	0.065	0.095	0.010	0.022	0.030	0.048	0.483	0.483
D	0.063	0.090	0.013	0.022	0.031	0.054	0.463	0.463
E	0.075	0.115	0.010	0.022	0.033	0.056	0.483	0.483
F	0.047	0.068	0.010	0.018	0.027	0.040	0.392	0.392
G	0.052	0.064	0.010	0.020	0.025	0.047	0.351	0.351
H	0.202	0.235	0.014	0.023	0.058	0.432	0.483	0.483
I	0.056	0.084	0.010	0.022	0.029	0.044	0.462	0.483
J	0.068	0.074	0.020	0.033	0.039	0.060	0.377	0.377
K	0.137	0.151	0.028	0.047	0.051	0.183	0.424	0.424
L	0.061	0.094	0.010	0.019	0.024	0.050	0.448	0.448
M	0.073	0.109	0.010	0.017	0.025	0.061	0.449	0.449
N	0.044	0.048	0.012	0.019	0.026	0.041	0.256	0.256
O	0.041	0.040	0.010	0.022	0.030	0.045	0.147	0.147
P	0.020	0.007	0.015	0.015	0.020	0.026	0.026	0.026

表4. 15(续)

ind	Mean	SD	Min	p25	p50	p75	p99	Max
Q	0. 032	0. 029	0. 010	0. 012	0. 023	0. 053	0. 073	0. 073
R	0. 040	0. 058	0. 011	0. 020	0. 027	0. 041	0. 370	0. 370
S	0. 050	0. 057	0. 017	0. 024	0. 026	0. 033	0. 152	0. 152

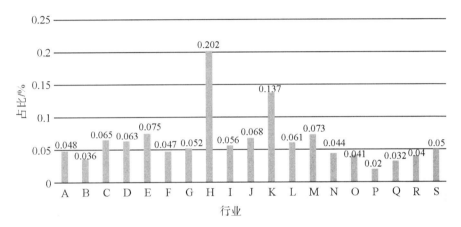

图 4. 15　风险信息披露占招股说明书篇幅占比（分行业均值）

中小板（0.078）的风险信息披露篇幅平均值最高，而主板（0.053）的平均值最低。而且中小板和创业板的标准差相对较高，可能是由于这些板块涵盖了各种规模和类型的公司，它们在风险披露要求上有所不同。创业板、科创板和主板的最大最小值范围相对较窄，这可能反映了这些板块内部公司在风险披露上的一致性较高，或者监管对于风险披露较为一致的要求。具体如表 4. 16、图 4. 16 所示。

表 4. 16　风险信息披露占招股说明书篇幅的占比（percent 1）分板块统计

System	Mean	SD	Min	p25	p50	p75	p99	Max
中小板	0. 078	0. 117	0. 010	0. 023	0. 031	0. 051	0. 483	0. 483
主板	0. 053	0. 077	0. 010	0. 019	0. 026	0. 049	0. 415	0. 483
创业板	0. 063	0. 090	0. 010	0. 022	0. 030	0. 048	0. 462	0. 483
科创板	0. 055	0. 067	0. 010	0. 024	0. 030	0. 044	0. 341	0. 430

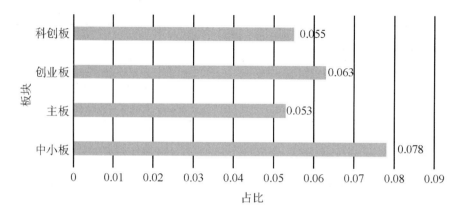

图 4.16　风险信息披露占招股说明书篇幅占比（分板块均值）

数字占风险信息披露篇幅的占比的分年统计如表 4.17、图 4.17 所示。从均值来看，数字信息披露占招股说明书篇幅的占比有逐年下降的趋势，这可能是年报风险因素部分随着监管的加强，披露了更多的文本信息造成的，并且从标准差来看，数据分布较为集中。从表 4.17 可以看出，平均值在 2006 年为 0.049，之后有波动，但整体呈下降趋势，到 2022 年为 0.038。标准差显示数据分布的波动性，从 2006 年的 0.020 减少到 2022 年的 0.023，反映出数据的变异性。最小值在整个时间段内保持不变，为 0.013。25% 分位数代表了所有观察值中最低 25% 的分界点，从 2006 年的 0.032 波动到 2022 年的 0.023。中位数从 2006 年的 0.044 下降到 2022 年的 0.030，表明超过一半的数据点都低于这个值。75% 分位数和 99% 分位数提供了关于数据分布上端的信息。75% 分位数从 2006 年的 0.064 下降到 2022 年的 0.049，而 99% 分位数从 0.095 保持相对稳定。最大值在大部分年份中也是 0.095，这表明极端值的水平并没有显著变化。

表 4.17　数字信息披露占招股说明书篇幅的占比（percent 2）分年度统计

year	Mean	SD	Min	p25	p50	p75	p99	Max
2006	0.049	0.020	0.016	0.032	0.044	0.064	0.095	0.095
2007	0.042	0.020	0.013	0.028	0.036	0.051	0.093	0.095
2008	0.045	0.021	0.013	0.030	0.038	0.053	0.095	0.095
2009	0.043	0.020	0.013	0.029	0.036	0.057	0.093	0.094
2010	0.041	0.018	0.013	0.028	0.037	0.050	0.091	0.095
2011	0.038	0.017	0.013	0.026	0.035	0.044	0.095	0.095

表4.17(续)

year	Mean	SD	Min	p25	p50	p75	p99	Max
2012	0.035	0.014	0.013	0.025	0.033	0.041	0.076	0.077
2013	0.040	0.016	0.024	0.029	0.037	0.047	0.068	0.068
2014	0.041	0.015	0.016	0.031	0.038	0.047	0.095	0.095
2015	0.035	0.015	0.013	0.025	0.032	0.041	0.084	0.089
2016	0.036	0.016	0.013	0.026	0.033	0.045	0.094	0.095
2017	0.033	0.014	0.013	0.024	0.030	0.038	0.095	0.095
2018	0.034	0.017	0.013	0.023	0.029	0.039	0.095	0.095
2019	0.037	0.017	0.015	0.025	0.033	0.043	0.087	0.095
2020	0.033	0.016	0.013	0.023	0.029	0.038	0.095	0.095
2021	0.034	0.018	0.013	0.022	0.029	0.040	0.095	0.095
2022	0.038	0.023	0.013	0.023	0.030	0.049	0.095	0.095

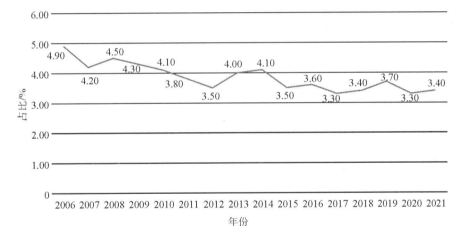

—— 数字信息披露占招股说明书篇幅的占比（均值）

图4.17　数字信息披露占招股说明书篇幅的占比（均值）

其中，住宿和餐饮业（H）的均值最高（0.059），标准差最高（0.030），而教育行业（P）的均值最低（0.016），标准差最低（0.002）。可能是一些简单业务模式的行业需要的数字信息披露相对较少，其他行业的均值介于这两个极端之间，反映了各行业在数字信息披露方面的一般态势。行业之间的最大最小值差异较大，例如行业H的最大值（0.093）相对较高，而行业P的最小值（0.015）最低，这表明了部分公司可能在数字信息披露方面投入更多精力，而在其他行业中，这种情况可能并不普遍。具体如表4.18、图4.18所示。

表4.18　数字信息披露占招股说明书篇幅的占比（percent 2）分行业统计

ind	Mean	SD	Min	p25	p50	p75	p99	Max
A	0.038	0.018	0.017	0.024	0.036	0.049	0.085	0.085
B	0.031	0.014	0.013	0.021	0.026	0.037	0.088	0.088
C	0.038	0.017	0.013	0.026	0.034	0.045	0.095	0.095
D	0.033	0.015	0.015	0.022	0.029	0.042	0.077	0.077
E	0.035	0.018	0.013	0.023	0.031	0.039	0.088	0.088
F	0.034	0.019	0.013	0.023	0.029	0.036	0.095	0.095
G	0.031	0.015	0.013	0.021	0.027	0.036	0.095	0.095
H	0.059	0.030	0.024	0.031	0.073	0.074	0.093	0.093
I	0.037	0.017	0.013	0.026	0.034	0.044	0.095	0.095
J	0.029	0.014	0.013	0.019	0.026	0.037	0.077	0.077
K	0.046	0.029	0.021	0.026	0.027	0.068	0.094	0.094
L	0.036	0.013	0.013	0.026	0.035	0.045	0.063	0.063
M	0.033	0.016	0.013	0.021	0.030	0.041	0.082	0.082
N	0.033	0.016	0.016	0.023	0.029	0.040	0.093	0.093
O	0.036	0.023	0.018	0.022	0.025	0.036	0.082	0.082
P	0.016	0.002	0.015	0.015	0.016	0.018	0.018	0.018
Q	0.042	0.023	0.021	0.022	0.040	0.062	0.066	0.066
R	0.031	0.011	0.017	0.025	0.027	0.035	0.076	0.076
S	0.032	0.017	0.015	0.015	0.034	0.047	0.051	0.051

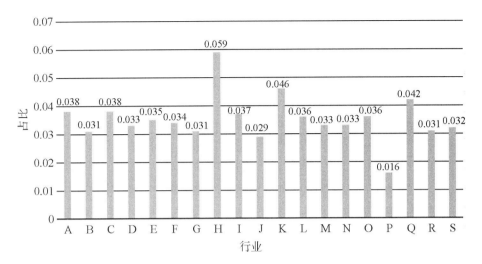

图 4.18　数字信息披露占招股说明书篇幅占比（分行业均值）

中小板（0.041）的数字信息披露均值略高于其他板块，而主板（0.033）的均值最低。各板块之间的标准差相对较接近，说明在数字信息披露方面，各板块内部公司之间的差异性不是特别明显，这可能是因为各板块内的公司都需要遵守相似的信息披露规定，导致了信息披露的一致性。各个板块的最大最小值都相对接近，且最大值均为 0.095，最小值也都在 0.013 附近。这表明即使在不同的上市板块中，大多数公司在数字信息披露的篇幅上也保持了一定的一致性，没有出现极端的情况。具体如表4.19、图 4.19 所示。

表 4.19　数字信息披露占招股说明书篇幅的占比（percent 2）分板块统计

System	Mean	SD	Min	p25	p50	p75	p99	Max
中小板	0.041	0.018	0.013	0.028	0.036	0.050	0.095	0.095
主板	0.033	0.015	0.013	0.023	0.029	0.040	0.089	0.095
创业板	0.038	0.018	0.013	0.026	0.033	0.045	0.095	0.095
科创板	0.034	0.016	0.013	0.024	0.030	0.039	0.095	0.095

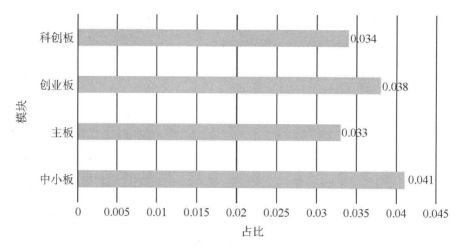

图 4.19　数字信息披露占招股说明书篇幅占比（分板块均值）

4.3.4　风险信息披露实体数量（NER）

Hope et al.（2016）认为风险信息披露中包含的实体越多，则披露越具有特质性，能提供更多的与企业相关的私有信息。在表 4.20、图 4.20 中，我们将命名实体识别数量的结果进行分年统计。可以看到，平均数（Mean）反映了每年 NER 的平均水平。从 2006 年的 14.000 逐步上升到 2018 年的 18.260，此后波动，到 2022 年略有下降至 16.119。标准差（SD）衡量的是 NER 数值的变异性。这些年份中，标准差有所波动，但在 9 到 11 之间变动，显示 NER 数值分布的波动程度相对一致。最小值（Min）表示每年 NER 数值中的最低点。在整个时间序列中，最小值在 2006 年至 2021 年之间为 0，但在 2022 年增加到 1，说明那年没有 NER 为零的情况。第 25 百分位数（p25）表明至少有 25% 的 NER 值位于该数值或以下。这个指标从 2006 年的 4 上升到 2018 年的 11，然后在 2022 年又回落到 8。中位数（p50）是 NER 的中值，表明一半的数据低于此值，一半的数据高于此值。中位数在不同年份之间波动，但多数年份中位数在 15 至 19 之间。第 75 百分位数（p75）表明至少有 75% 的 NER 值位于该数值或以下。这个值通常在 24 和 27 之间波动，显示大部分 NER 值在这个范围内。第 99 百分位数（p99）和最大值（Max）在大多数年份中为 34，表明即使是最高的 NER 值也在这个水平。

表 4.20　风险信息披露实体数量（NER）分年度统计

year	Mean	SD	Min	p25	p50	p75	p99	Max
2006	14.000	10.770	0	4	11	24	34	34
2007	17.538	10.017	0	9	17	26	34	34
2008	16.712	10.632	0	8	17	26	34	34
2009	16.929	9.891	0	8.5	17	25.5	34	34
2010	16.880	9.767	0	8	17	25	34	34
2011	17.722	10.307	0	9	17	27	34	34
2012	15.595	10.356	0	6	14	24	34	34
2013	18.333	8.710	8	11	18.5	25	29	29
2014	15.018	10.289	0	6	13	24	34	34
2015	16.370	9.759	0	8	15	25	34	34
2016	16.610	9.625	0	8	16	24	34	34
2017	17.796	9.795	0	10	18	26	34	34
2018	18.260	9.541	0	11	17	27	34	34
2019	17.017	10.269	0	8.5	17	27	34	34
2020	16.939	10.287	0	8	15.5	26	34	34
2021	17.547	10.043	0	9	19	26	34	34
2022	16.119	9.364	1	8	15	25	34	34

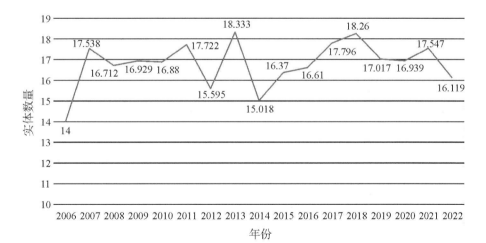

图 4.20　风险信息披露实体数量（均值）

如表 4.21、图 4.21 所示，卫生和社会工作行业（Q）和房地产行业（K）的均值最高，分别为 29.250 和 26.556，表明这两个行业的公司在风险信息披露实体数量上相对较多，该行业的公司可能面临着更多的风险信息披露要求或者需要披露更多的实体数量来满足监管要求。相比之下，行业 S 的均值最低，仅为 4.400，这可能意味着综合类行业的公司在风险信息披露实体数量上相对较少。

表 4.21　风险信息披露实体数量（NER）分行业统计

ind	Mean	SD	Min	p25	p50	p75	p99	Max
A	15.143	8.195	1.000	8.000	14.000	22.000	29.000	29.000
B	19.000	9.831	0.000	12.000	20.000	28.000	34.000	34.000
C	16.944	10.076	0.000	8.000	17.000	26.000	34.000	34.000
D	14.769	8.913	0.000	7.000	16.000	22.000	34.000	34.000
E	14.523	10.218	0.000	5.000	13.000	22.000	34.000	34.000
F	15.842	10.190	0.000	7.000	15.000	23.000	34.000	34.000
G	16.043	9.359	0.000	8.000	16.500	23.000	34.000	34.000
H	20.800	11.032	5.000	14.000	26.000	27.000	32.000	32.000
I	17.904	9.914	0.000	9.000	18.000	27.000	34.000	34.000
J	19.365	9.931	0.000	11.000	21.000	28.000	34.000	34.000
K	26.556	7.265	9.000	25.000	28.000	32.000	33.000	33.000
L	16.800	9.785	0.000	9.000	15.500	26.000	33.000	33.000
M	17.867	9.383	0.000	12.000	17.000	25.000	34.000	34.000
N	15.310	9.965	1.000	7.000	13.000	25.000	33.000	33.000
O	11.700	6.447	0.000	7.000	13.000	15.000	22.000	22.000
P	26.500	6.364	22.000	22.000	26.500	31.000	31.000	31.000
Q	29.250	2.217	27.000	27.500	29.000	31.000	32.000	32.000
R	16.583	10.822	0.000	6.000	16.000	25.000	34.000	34.000
S	4.400	3.847	0.000	2.000	4.000	6.000	10.000	10.000

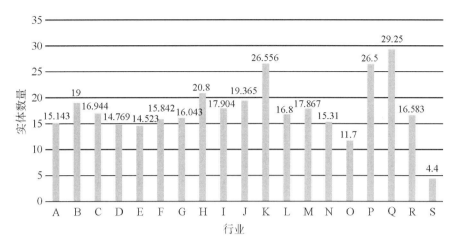

图 4.21 风险信息披露实体数量（分行业均值）

各个板块的风险信息披露实体数量均值大致相近，介于16到18之间，标准差也相差不大，表明各个板块的公司在风险信息披露实体数量上的平均水平相似。各个板块的最小值都为0，这表示至少有一些公司没有披露风险信息。而最大值都为34，说明在某些情况下，一些公司可能需要披露更多的风险信息。具体如表4.22、图4.22所示。

表 4.22 风险信息披露实体数量（NER）分板块统计

System	Mean	SD	Min	p25	p50	p75	p99	Max
中小板	16.599	10.164	0.000	8.000	16.000	26.000	34.000	34.000
主板	16.855	9.945	0.000	8.000	17.000	26.000	34.000	34.000
创业板	17.499	9.831	0.000	9.000	17.000	26.000	34.000	34.000
科创板	17.063	10.464	0.000	8.000	18.000	26.000	34.000	34.000

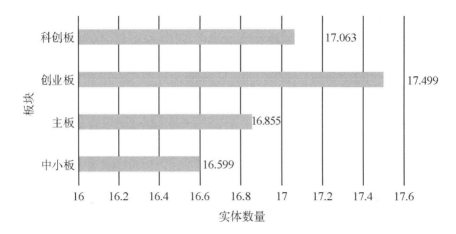

图 4.22　风险信息披露实体数量（分板块均值）

4.4　本章小结

股票发行制度是信息披露的基础，因此本章首先梳理了我国股票发行制度的发展脉络，总结了证券发行审核从核准制到注册制的变迁，以及各个时期的制度特点。其次，本章回顾了公司信息披露法律体系的建设历程，对信息披露的法律依据类型进行了划分。在我国全面实施注册制后，信息披露作为注册制的核心，其质量也成为我们关注的焦点。本章从多个角度探讨风险信息披露质量并自建 IPO 风险信息披露质量代理变量——异质性风险信息披露、风险信息披露的项目数量、风险信息披露的占比、风险信息披露实体数量，其中异质性风险信息披露用文本相似度指标进行衡量；风险信息披露的项目数量包含了总风险信息披露的项目数量以及各个分项的项目数量；风险信息披露的占比由"软信息"指标——风险信息披露占招股说明书篇幅的百分比以及"硬信息"指标——数字占风险信息披露篇幅的百分比（percent2）构成；风险信息披露实体数量是风险信息披露中包含的 IPO 企业的子公司与母公司、客户与供应商两类实体数量。我们通过数据图表和实例对 IPO 公司风险信息披露质量进行了描述，以展示不同指标的变化趋势及其合理性与优势。

5 IPO 公司风险信息披露与"信号传递"：基于盈余管理的视角

5.1 理论分析与研究假设

5.1.1 引言

招股说明书是企业首次公开发行股票（IPO）时与投资者沟通的重要载体，投资者将招股说明书视为判断股票价值、缓解不确定性、降低风险和做出投资决策的重要参考（Bhabra and Pettway，2003；Abdou and Dicle，2007）。其中风险信息在招股说明书正文中位居前列，是招股说明书的重要部分，风险信息披露一直是监管部门和投资者关注的重要内容，早在1997 年中国证监会发布《公开发行股票公司信息披露的内容与格式准则第一号》就要求披露与风险因素相关的信息，2015 年中国证监会《公开发行证券的公司信息披露内容与格式准则第 1 号——招股说明书（2015 年修订）》要求，发行人应当遵循重要性原则，在 IPO 招股说明书中的风险因素章节按顺序披露可能直接或间接对发行人生产经营状况、财务状况和持续盈利能力产生重大不利影响的所有因素，为投资者提供有用信息。注册制改革后，监管层更加注重信息披露，并于 2019 年、2021 年先后对科创板、北交所风险因素披露相应部分提出详细要求，凸显了对风险信息披露的重视。招股说明书中的风险信息披露根据内容详细程度可分为标准化内容和公司异质性内容（Hanley and Hoberg，2010），前者主要指近期和过去行业 IPO 已经包含的风险信息的披露，也可称作强制性的信息披露，以科创板为例，发行人的风险因素就包括技术风险、经营风险、内控风险、财务风险、法律风险、发行失败风险、尚未盈利或存在累计未弥补亏损的风险、特别表决权股份或类似公司治理特殊安排的风险等几个维度，其主要目的是满足上市规则对风险信息披露的要求，应对监管机构对拟上市公司重大风险因素的审核或问询。后者则是公司的私有信息，属于真正有价值的风险信息，能够有效降低企业与投资者间的信息不对称程度。

风险信息披露，特别是异质性风险信息的披露，能够显著降低公司IPO 定价误差，提高资本市场新股发行定价效率（Leone et al.，2007；Ljungqvist and Wilhelm，2003），推动股票市场对各类信息的及时、有效反应，直接影响公司价值，因此管理层直觉上通常认为异质性风险披露越详细越好。但俗话说物极必反，管理层 IPO 时过度披露风险信息也可能给公司带来不利影响。一方面，过多披露公司潜在风险信息会提高未来决策的不确定性，风险厌恶的投资者会对公司未来盈利能力的预测更加谨慎，非理性预期很可能低估公司价值（张继勋和屈小兰，2011）；另一方面，过多的风险信息披露会破坏部分投资者的交易机会（Hirshleifer，1971），当风险承受能力强的投资者能够从风险更高、回报更高的资产中受益时，这些机会被公开披露的信息消除（Kurlat and Veldkamp，2015），进而影响这些投资者对公司价值的预期，降低企业 IPO 的定价效率。因此，IPO 公司在风险信息披露时会更加谨慎，抑或采取一些其他措施来弥补因过度披露风险信息的不利后果。

当 IPO 公司因风险信息过度披露导致投资者的预期非理性时，管理层也可以对财务报告进行适当盈余管理来纠正这种偏差。这是因为财务报告是公司盈余信息的来源，盈余信息是公司最重要的异质性信息，因此管理层通常会出于各种目的和动机进行盈余管理。盈余管理的动机通常分为有效契约动机、信息传递动机和机会主义动机（Holthausen，1990），前两者是对企业有正向作用的盈余管理动机，不仅能提高契约效率并降低契约成本（Mulford and Comiskey，2002），还能有效缓解信息不对称问题，尤其是管理层特有的有关公司经营状况、战略计划、业务特征、未来经营风险等内部信息，由于法律限制、信息复杂性、信息披露成本等因素，管理层与投资者之间的沟通存在阻碍。因此盈余管理可以作为管理层的信号工具，向投资者传递企业真实价值，提高 IPO 定价效率，实现管理层和其他利益相关者的共赢（黄梅，2012）。本章认为 IPO 风险信息披露质量越充分的公司更倾向出于非机会主义动机进行盈余管理，将有关未来公司盈利预期的私人信息传递给市场（Subramanyam，1996；Burgstahler，Hail，and Leuz，2006），向投资者传递公司未来盈利能力的乐观预期，方便投资者对公司未来业绩进行预测，增强投资者对公司 IPO 定价和未来盈余的信心，以弥补 IPO 风险信息过度披露产生的不利影响。

基于此，本书采用预训练模型 ERNIE 捕捉词汇、结构、语义等方面的知识，通过计算招股说明书风险信息披露部分的文本相似度来衡量公司风险信息披露质量，并检验 IPO 风险信息披露对管理层非机会主义盈余管理动机是否产生显著影响。研究结果表明，IPO 风险信息披露异质性提高了应计盈余管理对未来盈余的预测能力，增强了传递未来盈余信息的非机会主义动机。即当上市公司招股说明书风险信息相似度越低，风险信息披露异质性水平越高时，公司资产收益率增长率越高，公司未来业绩越好，进而证明 IPO 风险信息披露异质性可以作为管理层尽职的"信号"。管理层为了弥补 IPO 过度风险信息披露的不利影响，会出于非机会主义的动机管理盈余信息，所以财务报告的盈余数据更可信。此外，在更换了应计盈余管理度量方式和被解释变量、采用 PSM、Heckman 二阶段回归控制内生性后结果仍然稳健，说明 IPO 风险信息披露质量能够强化管理层应计盈余管理的非机会主义动机。进一步划分样本发现，当企业分析师关注度较高、机构投资者占比较低或是非国有企业时，风险信息披露对管理层进行非机会主义盈余管理的正相关关系更显著；将注册制作为一个政策冲击，通过准自然实验设计说明了市场化能增强风险信息披露异质性与非机会主义盈余管理的相关性，管理层会更多地出于非机会主义动机进行盈余管理。

5.1.2 IPO 与公司盈余管理

盈余管理手段包括应计操纵和真实交易（倪敏和黄世忠，2014），现有研究表明 IPO 公司进行盈余管理时两种手段都会采用。现有研究发现，应计盈余管理在 IPO 当年往往出现最大值；但 IPO 之后，随着会计准则加强、监管水平不断提高，管理层会更偏爱真实盈余管理，并且不同的避税动因也会对应计和真实盈余管理行为产生不同的影响（李增福和郑友环，2010）。

大多数情况下，盈余管理被视作误导利益相关者对公司业绩的理解的管理层机会主义行为，尤其在公司首次公开发行股票上市时进行会计利润操控的机会主义盈余管理动机更强烈，可以使公司股票更具吸引力，取得更高的发行价（Dechow and Skinner, 2000；Teoh et al., 1998；徐浩萍和陈超, 2009；胡志颖 等, 2012）。但随着发行、审核和监管制度的不断完善，机会主义盈余管理的不利经济后果逐渐显现，Teoh et al.（1998）发现，上市过程存在显著盈余管理的公司，IPO 之后三年股票收益率更低，且不易实施再融资；IPO 前公司的报告收益处于最高点，上市后则发生了反转（Aharony et al., 2000；林舒和魏明海, 2000）；DuCharme et al.（2004）分析指出，上市后投资者可能发现管理层在 IPO 前的盈余管理，如果投资者因此遭受损失，公司将面临诉讼。而非机会主义盈余管理的动机大致可分为有效契约动机与信息传递动机（Holthausen, 1990）。在有效契约动机背景下，管理层能够通过盈余管理优化契约的成本与收益，如 Malmquist et al.（1990）认为，若管理层在债务契约动因下选择了有助于增加公司利润的会计方法，债务契约动机便体现了一种有效契约动机；在信息传递动机下，管理层通过盈余管理的方式将私有信息传递给投资者（Watts and Zimmerman, 1986；Holthausen, 1990；Healy and Palepu, 1993），以缓解市场的错误定价。Rees（1996）发现管理层运用资产减值进行盈余管理，以此向投资者传递企业业绩下行的信息，并且这些减值并没有在未来年度出现反转，也即管理层并不是出于机会主义运用资产减值对未来业绩进行调增，而是出于信息传递动机向投资者传递私有信息。Hand and Skantz（1997）发现公司会运用拆分上市的收益向投资者传递未来业绩增长的信息。Jiraporn（2008）从委托代理成本的角度发现，盈余管理程度越高，第一类委托代理成本反而越低，并且盈余管理程度与企业价值正相关，说明管理层进行盈余管理是出于信息传递动机。

基于对上述文献的梳理，目前对于招股说明书风险信息披露如何影响盈余管理的研究还比较缺乏。因此，本章对 IPO 风险信息披露是否影响盈余管理的动机进行探究，试图从盈余管理及信息传递动机和风险信息披露的经济后果方面拓展现有研究。

5.1.3　研究假设

如前文所述，IPO 风险信息披露提高了分析师预测准确度和股价同步性，降低了资本成本波动和审计费用（王雄元, 2017；王雄元, 2018；张淑惠 等, 2021），并且投资者会将这些信息纳入其风险评估，风险因素披露的激励措施可能会继续影响披露决策以及风险因素披露对投资者的有用性（Nelson and Pritchard，2016），进行适度的前瞻性、详细性的 IPO 风险信息披露可以使投资者对以后年度的财务报告盈余信息有一个合理预期，这能避免公司业绩突然大幅下滑导致股价崩盘、投资者利益受损，因此管理层通常直觉上认为异质性风险披露越详细越好，这既是对投资者负责，又有助于公司获得声誉、低资金成本、低政治成本等资源优势（Lajili K and Zéghal，2005），一旦公司真的出现经营失利还能使自己规避法律风险和诉讼风险。但刘善存等（2013）研究发现，上市公司存在最优的信息披露数量决策，增加信息披露不一定能降低资本成本，也解释了现实中上市公司进行有限信息披露现象的合理性。因此，IPO 风险信息披露也不是多多益善的，这是因为：一方面，在过多披露公司潜在风险信息的情况下，投资者对公司未来盈利潜力的估计和投资可能性都明显要低于没有风险信息的情况，这说明投资者面对风险披露时的估计和决策更加谨慎（张继勋和屈小兰，2011）。而且过多的风险信息披露会破坏部分投资者的交易机会（Hirshleifer，1971），当风险承受能力强的投资者能够从风险更高、回报更高的资产中受益时，这些机会被公开披露的信息所消除（Kurlat and Veldkamp，2015），进而影响这些投资者对公司价值的预期，降低企业 IPO 的定价效率。另一方面，当信息披露涉及真正的决策者关心了解的变量时，披露会对价格信息性产生负面影响，而在有效聚集私人信息的市场中，这种负面的价格信息性效应会占据主导地位，因此更好地披露会对实际效率产生负面影响（Goldstein and Yang，2016）。

面对过度的 IPO 风险信息披露，投资者缺乏正确解读风险的专业知识，在风险厌恶的情绪驱动下会对未来盈余信息做出非理性预期，造成公司价值被低估，影响公司 IPO 的发行效率。此时，公司管理层也可以对财务报告进行适当盈余管理来纠正投资者这种偏差。笔者认为在 IPO 风险信息过度披露的情况下，管理层这种盈余管理主要是出于非机会主义的动机：一是异质性信息含量越高，管理者和投资者之间的信息不对称越低，信息透明度越高，也越容易吸引更多的机构投资者和金融分析师，以分析师预测和媒体关注为主的外界监督给上市公司管理者带来极大的压力（王福胜，王也，刘仕煜，2021；张婷婷，李延喜，曾伟强，2018），有效控制管理层囤积坏消息的机会主义盈余管理行为，提高公司的财务信息可信度；二是风险信息披露质量也是管理层诚实勤勉工作的"信号"，高质量的公司希望通过自愿提供更多的信息披露来区别于低质量的公司（Merkl-

Davies and Brennan, 2007），风险管理能力越强的企业也会主动披露更多的风险信息（Elamer et al., 2019）。但异质性风险信息披露得越详细，公司越容易面临更高的法律成本、财务成本和专有成本（Pfeffer and Salancik, 1978）。然而，异质性风险信息披露得越详细，公司越容易面临更高的法律、财务和专有成本。在这种情况下，管理层进行盈余管理并非为了业绩粉饰或欺诈以顺利上市，而是为了弥补过度披露风险信息带来的不利影响。通过盈余管理，公司能够使财务信息更准确地反映其真实的盈利水平，从而避免投资者因过度谨慎解读风险信息而难以做出正确的决策。

企业可以选择应计盈余管理和真实盈余管理两种方式来进行盈余管理，前者利用会计政策与会计估计选择的灵活性操纵公司价值最大化，后者从现实正常生产经营活动出发，改变交易的时间或有目的地安排投资、融资及经营活动，使报告盈余按照一个特定方向改变。现有研究通常认为管理层为实现自身利益最大化而进行盈余管理，而风险信息披露要求企业向投资者传递重要风险信息，增加了投资者对企业的了解，也导致企业的应计盈余管理更容易被投资者识别，因此会抑制企业应计盈余管理行为。为了规避监管机构的监管，具有更强的隐蔽性和更高的监管难度的真实盈余管理逐步替代应计盈余管理（龚启辉 等，2015）。IPO 风险信息披露过多的管理层进行盈余管理可能并非出于自身利益，而是因为过度披露导致投资者对盈余的预期过于悲观，严重损害公司估值，需要通过盈余管理矫正这种偏差。本章预期管理层的非机会主义盈余管理更有可能会通过应计盈余管理方式进行：一方面，应计盈余管理只涉及不影响现金流的应计项目，通常只影响会计盈余在各期的分布，而不影响会计盈余总额，不会像真实盈余管理对企业的长期价值造成不利影响（Gunny, 2010；Cohen et al., 2008；Zang, 2012）；并且应计盈余管理操作空间有限，且在以后年度会调回，管理层可以利用其对应计项目盈余的自由裁量权来调节企业利润，以缓解现金流盈余的期限错配问题，使会计盈余信息能更加准确地表达公司的真实业绩，从而将公司的当前经营状况和未来业绩等私有信息传递给投资者，提高会计盈余信息的估值有用性（Subramanyam, 1996），这与管理层维护公司和投资者利益的出发点相同。另一方面，管理层 IPO 时充分详实地披露风险因素也不是为了掩盖企业盈余管理的"机会主义行为"，相反，管理层更希望其盈余管理行为能够被投资者、分析师等识别，提高盈余信息的可信度，以弥补 IPO 过度风险信息披露带来的投资者情绪风险，增加潜在投资者的投资决策。因此，相较于不易被监管人员发现且操作更加复杂的真实盈余管理，应计盈余管理可能更适合非机会主义盈余管理的管理层。徐浩萍和陈超（2009）、潘越等（2010）以及蔡宁（2015）的研究均表明应计盈余操控在IPO当年出现最大值。

根据上述分析，我们预期IPO风险信息披露质量对管理层盈余管理动机会产生一定的影响，IPO风险信息披露质量越高的企业，机会主义盈余管理的灵活性越低，诚实的管理层更希望通过非机会主义的盈余管理手段向投资者传递公司未来业绩和盈余前景的正向信息，增强投资者对公司IPO定价和未来盈余的信心，以弥补IPO风险信息过度披露产生的不利影响，释放正确的未来业绩信息，使IPO的定价更加准确。基于此，我们提出如下假设：

H5.1：公司IPO风险信息披露质量提高，增强了管理层传递未来盈余信息的非机会主义盈余管理动机，且主要是通过应计盈余管理方式进行的。

5.2 研究设计

5.2.1 样本选择与数据来源

本章选择2007—2020年所有A股上市公司为研究样本，财务数据来自CSMAR数据库。招股说明书相关数据运用selenium爬虫技术从巨潮资讯网、上海证券交易所、深圳证券交易所网站抓取获得，并用python对PDF文档解析获得风险因素披露信息。本章剔除了金融类上市公司、ST公司以及数据不全的样本。为了控制极端值对估计结果造成影响，对所有连续型数值变量在1%和99%水平上进行了缩尾处理，最终获得2 047个公司年度样本。

5.2.2 模型构建与变量定义

为研究IPO风险信息披露质量与公司非机会主义盈余管理之间的关系，本章构建了如下模型：

$$\text{roagrowth}_{i,t} = \alpha_0 + \alpha_1 \text{mean\_sim\_abs\_residual}_{i,t} + \alpha_2 \text{abs\_residual}_{i,t} +$$

$$\alpha_3 \text{mean\_sim}_{i,\,t} + \alpha_4 \text{Controls}_{i,\,t} + \sum \text{Industry} + \sum \text{Year} + \varepsilon_{i,\,t} \quad (5.1)$$

其中，模型中的因变量 roagrowth 是上市公司资产收益率增长率，反映当期公司业绩；主要解释变量是 DD 模型计算的应计盈余管理（abs_residual）、风险信息披露异质性（mean_sim）以及二者的交乘项（mean_sim_abs_residual）。

5.2.2.1 风险信息披露异质性

对上市公司风险信息披露信息进行实证研究的一个难点在于如何合理地度量风险信息披露质量。参考 Brown and Tucker（2011）用文本相似度来衡量 MD&A 的信息含量，本章用 IPO 风险信息披露异质性衡量风险信息披露的质量，将 IPO 风险信息披露异质性定义为样本企业与所在行业内所有企业的招股说明书风险信息披露文本进行文本相似度计算后的均值。若风险相似度低则说明企业披露的行业同质化风险信息少，与企业更相关的私有信息多，则信息异质性更高，风险信息披露质量较高。

本章采用预训练模型 ERNIE（Yu and Shuohuan, 2019）对文本相似度进行计算。在目前文本相似度的计算中运用得比较多的方法是用词频经过 TF-IDF 算法的加权形成词频向量，然后计算词频向量间的余弦相似度，最终获得文本相似度（Hoberg, 2016）。上述基于词频的词向量忽略了上下文的语义信息（严红，2019），但是风险信息的披露相较于经营范围篇幅大，内容和句式都相对复杂，并且包含了更多的文本信息，因此如果用基于统计机器学习的算法对风险信息文本进行处理可能不能取得较好的效果，而预训练模型不仅能将上下文语意融入词向量的形成过程中，并且借由知识增强的持续学习语义理解框架，ERNIE 能够捕捉到词汇、结构、语义等方面的知识。因此本章采用 ERNIE 对招股说明书风险信息披露部分的文本相似度进行计算，在运用 ERNIE 前，为了对风险信息文本中的冗余信息进行过滤与处理，我们借鉴 Cardinaels（2019）的做法先对风险信息文本运用 textrank（Mihalcea, 2004）进行摘要抽取。

5.2.2.2 管理层非机会主义盈余管理

参照 Bowen et al.（2008）和 Gunny（2010）的研究，用间接法来识别盈余管理的非机会主义动机，通过资产收益率增长率（roagrowth）、未来一期资产收益率（roa_f）等反映盈余管理经济后果的会计业绩指标来检验管理层的非机会主义动机。在上市公司招股说明书中，管理层的非机会主义动机主要体现为信息传递动机，能够更好地反映公司价值；而机会主义动机则是为了最大化管理层个人利益和损害公司价值。因此，若盈余管理与公司未来业绩相关或未来业绩持续增长，则更可能源于非机会主义动机；相反，若公司未来业绩出现恶化，则盈余管理更可能源于机会主义动机。

5.2.2.3　应计盈余管理

参考 Dechow and Dichev（2002）模型，本章使用如下模型来估计企业应计盈余管理程度：

$$\Delta WC = b_0 + b_1 CFO_{t-1} + b_2 CFO_t + b_3 CFO_{t+1} + \varepsilon_t \tag{5.2}$$

其中，ΔWC 表示营运资本的变动，CFO 代表经营活动现金流，残差项作为盈余管理的一种度量指标。

在稳健性检验中，本章参考 Dechow et al.（1995）对非操纵应计盈余进行了如下调整，用修正 Jones 模型下的应计盈余管理替代 DD 模型下的指标：

$$DA_{i,t} = TA_{i,t} - NDA_{i,t} \tag{5.3}$$

$$NDA_{i,t} = \alpha_{i,1}(1/A_{i,t}) + \alpha_{i,2}(\Delta REV_{i,t} - \Delta REC_{i,t}) + \alpha_{i,3} PPE_{i,t} \tag{5.4}$$

$$TA_{i,t} = \alpha_{i,1}(1/A_{i,t}) + \alpha_{i,2}\Delta REV_{i,t} + \alpha_{i,3} PPE_{i,t} + \varepsilon_{i,t} \tag{5.5}$$

$TA_{i,t}$ 表示总应计盈余，$\Delta REC_{i,t}$ 表示应收账款的增加额，$\Delta REV_{i,t}$ 是营业收入的增量，$PPE_{i,t}$ 表示固定资产，$A_{i,t}$ 表示公司的资产总额。式中所有变量均除以 $A_{i,t-1}$ 进行调整，以保证不同规模的公司之间具有可比性。参数的估计与原始 Jones 模型一致。首先通过式（5.5）估计参数，再代入式（5.4）和式（5.3）从而得到 $DA_{i,t}$。

此外，我们在模型中还控制了市净率（pb）、行业调整后资产收益率（adjroa）、公司财务健康指数（zscore）、资产总额的自然对数（lnasset）、分析师关注度（lnanaattention）和已发行股票数量的自然对数（lnnstoff）。本章模型控制了行业固定效应和年度固定效应，其中行业分类按照中国证监会发布的《上市公司行业分类指引》（2012）进行。变量详细定义见表5.1。

表 5.1　变量定义

变量	变量定义与说明
roagrowth	资产收益率的增长率，roagrowth =（roa_f-roa）/roa
mean_sim_abs_residual	风险相似度与应计盈余管理的交乘项

表5.1(续)

变量	变量定义与说明
mean_sim	风险信息披露异质性，用样本企业与其所在行业所有企业的招股说明书风险披露部分的文本相似度后取均值，本章的文本相似度均使用 ERNIE 模型计算
abs_residual	DD 模型下的盈余管理，参考 Dechow and Dichev（2002）模型
abs_da	修正 Jones 模型下的应计盈余管理，参考 Dechow（1995）并对其取绝对值
pb	市净率，使用每股市价/每股净资产衡量
adjroa	行业调整后资产收益率，使用营业利润/上一年资产总额-（同年度行业其他公司营业利润除以上一年资产总额之商的行业中位数）衡量
zscore	公司财务健康指数，使用（3.3×净利润+1.0×营业收入+1.4×留存收益+1.2×营运资本）/上一年资产总额衡量
lnasset	资产总额的自然对数
lnanaattention	分析师关注度，使用分析师跟踪人数+1 取对数衡量
lnnstoff	已发行股票数量的对数
lnreportattention	研报关注度，使用相关研报数+1 再取对数来衡量

5.3 实证结果与分析

5.3.1 描述性统计

主要变量的描述性统计结果如表 5.2 所示。风险信息披露相似度（mean_sim）均值为 0.557，标准差为 0.108，说明上市公司招股说明书风险信息披露质量水平较低，且不同公司间风险披露的特有信息含量差异明显。DD 模型下的应计盈余管理水平（abs_residual）均值为 0.220，标准差为 0.177；而修正 Jones 模型下的应计盈余管理水平（abs_da）均值为 0.076，标准差为 0.107，相对前种度量方式而言更小。

表 5.2　变量描述性统计结果

变量	观测数量	均值	标准差	最小值	最大值
roagrowth	2 047	−0. 257	0. 331	−2. 036	1. 174
abs_residual	2 047	0. 220	0. 177	0. 000	1. 408
abs_da	2 047	0. 076	0. 107	0. 001	0. 870
mean_sim_abs_residual	2 047	0. 123	0. 102	0. 000	0. 761
abs_da_mean_sim	2 047	0. 042	0. 058	0. 001	0. 446
pb	2 047	3. 014	1. 906	0. 720	25. 510
mean_sim	2 047	0. 557	0. 108	0. 334	0. 876
adjroa	2 047	0. 005	0. 042	−0. 099	0. 177
zscore	2 047	3. 639	2. 020	−1. 173	34. 050
lnasset	2 047	21. 210	0. 932	19. 320	27. 630
lnanaattention	2 047	1. 802	1. 015	0. 000	3. 932
lnnstoff	2 047	8. 194	0. 796	1. 569	14. 000

5.3.2　基本回归结果分析

本章使用上述模型检验 IPO 风险信息披露质量对上市公司非机会主义盈余管理程度的影响,回归结果如表 5.3 所示。由回归结果可知,风险相似度和 DD 模型下应计盈余管理的交乘项(mean_sim_abs_residual)与非机会主义动机代理变量(资产收益率增长率 roagrowth)的回归系数显著为负,在 1% 水平上显著,在逐步引入控制变量和行业、年度固定效应后,两者仍显著负相关,回归结果支持研究假设。结果表明,当上市公司招股说明书风险信息相似度越低,即异质性风险信息披露水平越高,盈余管理程度与公司资产收益率之间的相关性越强,高质量的公司 IPO 风险信息披露增强了管理层传递未来盈余信息的非机会主义盈余管理动机,且主要是通过应计盈余管理方式进行的。

表 5.3　IPO 风险信息披露质量对非机会主义盈余管理影响的回归结果

变量	roagrowth		
	(1)	(2)	(3)
mean_sim_abs_residual	−1. 342 *** (−2.72)	−1. 363 *** (−2.77)	−1. 382 *** (−2.90)

表5.3(续)

变量	roagrowth		
	（1）	（2）	（3）
abs_residual	0.462* (1.80)	0.458* (1.79)	0.430* (1.72)
mean_sim	0.213* (1.82)	0.167 (1.44)	0.109 (0.97)
adjroa	—	0.280 (1.35)	−0.063 (−0.27)
zscore	—	−0.018*** (−4.39)	−0.014*** (−3.09)
lnasset	—	0.039*** (2.76)	0.006 (0.38)
lnanaattention	—	−0.005 (−0.74)	0.038*** (3.48)
lnnstoff	—	0.004 (0.22)	0.013 (0.73)
pb	—	−0.001 (−0.40)	0.003 (0.82)
_cons	−0.313*** (−4.90)	−1.057*** (−5.08)	−0.701*** (−3.02)
Industry	No	No	Yes
Year	No	No	Yes
N	2 047	2 047	2 047
R^2	0.027	0.053	0.097

注：括号中为 t 值，***、**、* 分别表示估计参数在1%、5%、10%水平上显著，下同。

5.3.3 稳健性检验

5.3.3.1 更换被解释变量和解释变量的衡量方式

表5.4 中回归结果（1）将未来盈余的增长 roagrowth 替换为未来一期的资产收益率（roa_f）用来衡量公司业绩，回归结果（2）、（3）用修正 Jones 模型下的应计盈余管理（abs_da）替代 DD 模型下的应计盈余管理，分别对资产收益率增长率（roagrowth）和未来一期的资产收益率（roa_f）

进行回归。表 5.4 的结果显示，回归结果（1）～（3）下风险相似度（mean_sim）与应计盈余管理的交乘项（mean_sim_abs_residual、abs_da_mean_sim）与未来盈余的增长（roagrowth、roa_f）的回归系数均显著为负，说明风险信息披露质量能显著增强管理层非机会主义的盈余管理动机，与主回归结果一致。

表 5.4　更换变量后 IPO 风险信息披露质量
对非机会主义盈余管理影响的回归结果

变量	roa_f	roa_f	roagrowth
	（1）	（2）	（3）
mean_sim_abs_residual	−0.070 ** (−2.31)	—	—
abs_residual	0.014 (0.85)	—	—
abs_da_mean_sim	—	−0.160 * (−1.67)	−2.362 ** (−2.03)
abs_da	—	0.099 * (1.93)	1.099 * (1.80)
mean_sim	0.007 (0.75)	0.003 (0.41)	−0.029 (−0.29)
adjroa	0.640 *** (26.65)	0.650 *** (27.21)	0.138 (0.58)
zscore	−0.000 (−0.31)	−0.000 (−0.30)	−0.014 *** (−3.09)
lnasset	−0.003 ** (−2.04)	−0.003 ** (−2.15)	0.004 (0.22)
lnanaattention	0.004 *** (4.07)	0.004 *** (3.63)	0.033 *** (3.02)
lnnstoff	0.002 (1.58)	0.003 * (1.95)	0.017 (0.85)
pb	0.001 ** (2.18)	0.001 * (1.92)	0.002 (0.49)
_cons	0.072 *** (3.59)	0.066 *** (3.30)	−0.674 *** (−2.78)
Industry	Yes	Yes	Yes
Year	Yes	Yes	Yes

表5.4(续)

变量	roa_f	roa_f	roagrowth
	（1）	（2）	（3）
N	2 047	2 047	2 047
R^2	0.522	0.512	0.066

5.3.3.2 PSM 检验

考虑到风险信息披露程度和应计盈余管理水平均由管理层进行决策，不同企业在公司特征方面可能存在系统性差异，而这些差异会导致风险信息披露质量对非机会主义动机的影响程度不同。因此，采用 PSM 方法对主回归进行稳健性检验。首先，将样本按风险相似度（mean_sim）高低分为两组，令风险相似度低的组 mean_sim_low = 1，进行 1：1 匹配，将没有与之匹配的样本进行删除。具体模型如下：

$$\text{Logit}(\text{mean\_sim\_low} = 1 \mid X) = \alpha_0 + \alpha_1 \times \text{Controls} + \varepsilon_{i,t} \quad (5.6)$$

被解释变量为 mean_sim_low，控制变量与主回归模型采用的控制变量相同，从表 5.5 可以看到，在 PSM 匹配后的样本中回归结果（1）～（3）与主回归结果一致，因此可认为主回归的结果是稳健的。

表 5.5 PSM 稳健检验下 IPO 风险信息披露质量
对非机会主义盈余管理影响的回归结果

变量	roagrowth		
	（1）	（2）	（3）
mean_sim_abs_residual	-1.510^{**} （-2.25）	-1.364^{**} （-2.03）	-1.218^{*} （-1.81）
abs_residual	0.505 （1.41）	0.475 （1.31）	0.415 （1.15）
mean_sim	0.060 （0.39）	0.107 （0.69）	0.069 （0.45）
adjroa	0.260 （0.78）	0.710^{**} （2.41）	—
zscore	-0.018^{***} （-2.98）	-0.023^{***} （-3.98）	—
lnasset	-0.004 （-0.18）	0.037^{*} （1.80）	—

表5.5(续)

变量	roagrowth		
	（1）	（2）	（3）
lnanaattention	0.034** (2.17)	−0.011 (−1.07)	—
lnnstoff	0.016 (0.57)	0.004 (0.16)	—
pb	0.003 (0.68)	0.001 (0.31)	—
_cons	−0.482 (−1.44)	−0.973*** (−3.12)	−0.239*** (−2.74)
Industry	Yes	No	No
Year	Yes	No	No
N	1 104	1 104	1 104
R^2	0.093	0.049	0.025

5.3.3.3　Heckman 二阶段检验

由于业绩是经过会计系统处理后的结果，而会计系统可能会受到管理层主观意愿的影响（Dechow，2010），因此为避免可能存在的样本自选择问题，基于"公司—年度"数据结构，本章采用二阶段 Heckman 回归，第一阶段模型如下：

$$\text{mean\_sim\_low} = \alpha_0 + \alpha_1 \text{lnasset} + \alpha_2 \text{lnanaattention} + \alpha_3 \text{lnreportattention} +$$
$$\sum \text{Industry} + \sum \text{Year} + \varepsilon \tag{5.7}$$

被解释变量为 mean_sim_low（若样本风险相似度水平处于较低的 50% 中，则取值为 1，否则为 0），其他变量定义详见表 5.1。在一阶段回归中获取逆米尔斯比例后放入二阶段回归中，从表 5.6 中可以看到，回归结果与主回归保持一致，因此可认为主回归的结果是稳健的。

表 5.6　Heckman 二阶段检验下 IPO 风险信息披露质量
对非机会主义盈余管理影响的回归结果

变量	mean_sim_low	roagrowth
	（1）	（2）
mean_sim_abs_residual	—	-1.386^{***} （-2.90）
abs_residual	—	0.431^{*} （1.72）
mean_sim	—	0.108 （0.96）
adjroa	—	-0.071 （-0.31）
zscore	—	-0.014^{***} （-3.01）
lnnstoff	—	0.013 （0.73）
pb	—	0.002 （0.71）
lnasset	-0.073^{**} （-2.10）	0.016 （0.32）
lnanaattention	0.035 （0.17）	0.029 （0.65）
lnreportattention	-0.000 （-0.00）	—
imr	—	-0.194 （-0.20）
_cons	1.547^{*} （1.93）	-0.766^{**} （-2.16）
Industry	Yes	Yes
Year	Yes	Yes
N	2 043	2 044
Pseudo $R2$	0.029	—
R^2	—	0.095

5.3.4　进一步研究

5.3.4.1　分析师关注度与风险信息披露增强非机会主义动机盈余管理的程度

分析师是资本市场的重要中介，在信息的分析、传播过程中发挥着极为重要的作用，其核心工作就是关注、挖掘和解读与上市公司相关的各类信息，从而缓解市场上的信息不对称。分析师的关注可能从以下三个方面加剧企业 IPO 风险信息披露过度的负面影响：首先，分析师普遍拥有金融背景和专业性知识，与普通投资者相比能够更加深入地识别关键性的 IPO 的风险信息，并让管理层的行为暴露在公众的目光下；其次，分析师能够通过研究报告、新闻报道、观点评述等方式将其解读出的风险信息传递给投资者，风险披露带来的不确定性预期也会迅速在市场中传播，管理层过度风险披露的后果也会愈加严重；最后，分析师可能会出于规避自身风险的动机增强与其他分析师的信息相似度，进一步加剧过度风险信息披露的不利影响，诱发投资者对公司未来盈利能力的质疑。因此，分析师关注度作为一种普遍、间接的外部监管手段，在一定程度上能增加过度 IPO 风险信息披露的负面影响，为了减少这种负面影响，管理层更有动机进行非机会主义盈余管理，以增强投资者对公司盈利能力的信心。

基于上述讨论，我们将样本划分为分析师关注度低（lnanaattention2 = 1）和分析师关注度高（lnanaattention2 = 2）两组，检验不同情况下 IPO 风险信息披露质量对管理层非机会主义盈余管理的影响。表 5.7 的研究结果表明，分析师关注度低的样本中风险相似度与应计盈余管理的交乘项（mean_sim_abs_residual）对公司未来盈余增长的回归系数为 -1.166 不显著，而分析师关注度高的样本中风险相似度与应计盈余管理的交乘项（mean_sim_abs_residual）对公司未来盈余增长的回归系数为 -1.666，在 1% 水平上显著。表 5.7 表明当企业分析师关注度较高时，过度风险信息披露带来的负面预期越容易通过分析师传导到整个市场，因此 IPO 风险信息披露质量较高的公司管理层进行非机会主义盈余管理的效应更显著，符合预期。

表 5.7　区分分析师关注度下 IPO 风险信息披露质量

对非机会主义盈余管理影响的回归结果

变量	roagrowth	
	lnanaattention2 = 1	lnanaattention2 = 2
mean_sim_abs_residual	−1.166 (−1.60)	−1.666 ** (−2.44)
abs_residual	0.325 (0.82)	0.592 * (1.71)
mean_sim	0.104 (0.55)	0.150 (1.04)
adjroa	0.077 (0.19)	0.111 (0.39)
zscore	−0.019 *** (−3.21)	−0.013 ** (−2.12)
lnasset	0.036 (1.45)	0.007 (0.35)
lnnstoff	0.032 (1.02)	0.006 (0.26)
pb	0.001 (0.06)	0.003 (0.71)
_cons	−1.154 ** (−2.48)	−0.566 ** (−1.99)
Industry	Yes	Yes
Year	Yes	Yes
N	827	1 220
R^2	0.073	0.106

5.3.4.2 机构投资者占比与风险信息披露增强非机会主义动机盈余管理的程度

机构投资者在公司治理和资本市场发展中的作用和占比正在逐步提高，相较于个人投资者，机构投资者存在以下几个优势：首先，个人投资者由于信息不对称无法获得被投资企业的全部信息，而机构投资者凭借强大的专业团队、较强的专业能力和较低的信息收集成本，能够对上市公司的信息披露做出快速、有效的解读，因此机构投资者对管理层未来盈余预期引导的需求较小；其次，机构投资者往往具有较大的资金规模，风险承受能力更强，更趋向于理性决策，受到风险信息披露的影响较小；最后，机构投资者还可以通过上市公司话语权、实地调研等方式获取部分非公开信息，对企业真实经营状况更加了解，所以与普通投资者相比，不会对IPO 风险信息产生极度风险厌恶的情绪，进而对未来盈余信息做出非理性预期，低估公司价值。因此，在机构投资者占比较高的企业，IPO 过度风险信息披露产生的不利后果更小，管理层不需要进行过多的盈余管理调整投资者预期，所以风险信息披露对管理层非机会主义盈余管理的促进程度可能较低。

基于上述讨论，将样本划分为机构投资者占比低（insholder2 =1）和机构投资者占比高（insholder2 =2）两组，检验风险信息披露对管理层非机会主义盈余管理的影响。根据表5.8，机构投资者占比低的样本中风险相似度与应计盈余管理的交乘项（mean_sim_abs_residual）对公司未来盈余增长的回归系数为-1.191，在5%水平上显著，而机构投资者占比高的样本中风险相似度与应计盈余管理的交乘项（mean_sim_abs_residual）对公司未来盈余增长的回归系数为-1.524，在10%水平上显著。表5.8 表明当企业机构投资者占比较低时，风险信息过度披露带来的恐慌情绪更大，管理层更需要对未来盈余进行正确引导，从而进行非机会主义盈余管理弥补不利影响，符合预期。

表5.8 区分机构投资者占比下IPO 风险信息披露质量
对非机会主义盈余管理影响的回归结果

变量	roagrowth	
	insholder2 =1	insholder2 =2
mean_sim_abs_residual	-1.191^{**} (-2.30)	-1.524^{*} (-1.95)
abs_residual	0.394 (1.44)	0.462 (1.12)
mean_sim	0.047 (0.38)	0.166 (0.80)
adjroa	0.071 (0.24)	-0.108 (-0.30)

表5.8(续)

变量	roagrowth	
	insholder2 = 1	insholder2 = 2
zscore	−0.006 (−0.91)	−0.022*** (−3.14)
lnasset	−0.010 (−0.34)	0.008 (0.35)
lnnstoff	0.028 (0.95)	0.010 (0.40)
pb	0.004 (0.96)	0.003 (0.39)
lnanaattention	0.054*** (3.55)	0.025 (1.56)
_cons	−0.428 (−0.90)	−0.847** (−2.39)
Industry	Yes	Yes
Year	Yes	Yes
N	1 104	943
R^2	0.069	0.102

5.3.4.3 企业所有权性质与风险信息披露增强非机会主义动机盈余管理的程度

所有权性质是中国市场下最重要的企业性质，所有权性质不同也会在经济层面表现出不同特征。从营利角度来看，国有企业具有国家的属性，作为国家的一种政策工具，必须服从国家总体利益，承担稳定社会、保障职工社会福利的责任，而不以营利为唯一目的；非国有企业存在的目的就是盈利，讲求投入与产出之比，要追求利润，具有明确的经济性，因此与国有企业相比，非国有企业的管理层更有动机传递公司未来盈余信息，以纠正投资者对IPO风险信息的非理性反应。从风险承担来看，国有企业往往更容易受到宏观政策风险的影响，企业异质性较弱，而非国有企业的经营风险更容易受到投资者关注，这部分风险信息往往异质性较强（杨墨等，2021），更容易影响投资者信心。基于以上分析，非国有企业的风险信息披露更容易引发投资者恐慌情绪，对管理层非机会主义盈余管理的促进程度可能更高。

基于上述讨论，将样本划分为国有企业（soe＝＝＝＝1）和非国有企业（soe＝＝＝＝0）两组，检验风险信息披露对管理层非机会主义盈余管理的影响。根据表5.9，国有企业的样本中风险相似度与应计盈余管理的交乘项（mean_sim_abs_residual）对公司未来盈余增长的回归系数为－0.373不显著，而非国有企业的样本中风险相似度与应计盈余管理的交乘项（mean_sim_abs_residual）对公司未来盈余增长的回归系数为－1.602，在1%水平上显著。表5.9表明当企业为非国有企业时，风险信息披露对管理层进行非机会主义盈余管理的促进效应更显著，对这种未来盈余的引导需求越小，符合预期。

表5.9　区分企业所有权性质下IPO风险信息披露质量
对非机会主义盈余管理影响的回归结果

变量	roagrowth	
	soe＝1	soe＝0
mean_sim_abs_residual	－0.373 (－0.35)	－1.602*** (－3.06)
abs_residual	－0.169 (－0.31)	0.550** (2.02)
mean_sim	－0.124 (－0.45)	0.172 (1.37)
adjroa	0.891 (1.39)	－0.123 (－0.51)
zscore	－0.022 (－1.32)	－0.010** (－2.12)
lnasset	0.025 (0.66)	0.021 (1.28)
lnnstoff	0.006 (0.17)	0.014 (0.66)
pb	0.004 (0.41)	0.003 (0.87)
_cons	－0.955 (－1.60)	－0.926*** (－3.37)
Industry	Yes	Yes

表5.9(续)

变量	roagrowth	
	soe = 1	soe = 0
Year	Yes	Yes
N	264	1 783
R^2	0.115	0.090

5.3.4.4 IPO 风险信息披露与非机会主义动机盈余管理：基于注册制实施的准自然实验

为缓解内生性问题，本章进一步以科创板、创业板实施注册制这一事件为基础，通过双重差分法研究 IPO 风险信息披露质量对管理层盈余管理动机的影响。我国股票市场的改革不断深入，正在逐步向以信息披露为核心的股票发行注册制过渡，2019 年 7 月 22 日首批 25 家企业挂牌科创板上市，2020 年 8 月 24 日首批注册制公司在创业板试点发行，要求审核机构完善风险信息披露要求、审核和问询制度，也突出了对风险信息披露的重视。因此，可以将我国注册制的试点视作一次准自然实验，设计反向 DID 模型进行实证检验。由于科创板自设立起就实行注册制，并不会受到政策冲击，因此本章将科创板企业设为控制组（control）。此外，双重差分法的基本假设需要满足处置组与控制组在统计意义上同质，与主板市场相比，创业板上市企业成长性、风险和盈利能力都与科创板有更多的相似之处，并且创业板从 2020 年 8 月 24 日才开始正式实施注册制，因此将创业板上市企业设为处置组（treat），并将该时点作为事件日，能够检验注册制下的 IPO 风险信息披露制度是否强化了管理层的非机会主义盈余管理。

因此，如表 5.10 所示，在主回归基础上进行双重差分处理后，模型中风险相似度与应计盈余管理的交乘项（mean_sim_abs_residual）与 did 的交乘项（mean_sim_abs_residualdid）的回归系数显著为正，说明市场化能增强在 IPO 风险信息披露质量对应计盈余管理传递未来盈余信息的非机会主义动机的效应。

表 5.10 DID 模型下 IPO 风险信息披露质量
对非机会主义盈余管理影响的回归结果

变量	roagrowth		
	（1）	（2）	（3）
mean_sim_abs_residualdid	2.000 *** （3.29）	1.685 ** （2.61）	1.777 *** （2.78）
mean_sim_abs_residual	−2.403 （−1.15）	−2.088 （−1.11）	−2.415 （−1.30）
did	−0.562 *** （−3.13）	−0.442 ** （−2.34）	−0.489 *** （−2.62）
before	0.066 （0.69）	0.043 （0.48）	0.050 （0.59）
treat2	−0.028 （−0.30）	−0.069 （−0.78）	−0.061 （−0.70）
abs_residual	0.683 （0.57）	0.619 （0.58）	0.788 （0.76）
mean_sim	0.328 （0.57）	0.321 （0.60）	0.333 （0.61）
adjroa	−1.468 * （−1.66）	−1.039 （−1.21）	−1.464 ** （−2.21）
zscore	−0.003 （−0.25）	−0.005 （−0.48）	—
lnasset	−0.001 （−0.02）	0.005 （0.09）	—
lnanaattention	0.067 （1.62）	0.053 （1.38）	—
lnnstoff	0.019 （0.29）	0.036 （0.58）	—
pb	−0.033 （−0.87）	−0.043 （−1.09）	—
_cons	−0.282 （−0.26）	−0.543 （−0.53）	−0.237 （−0.69）
Industry	Yes	No	No
Year	Yes	No	No
N	158	158	158
R^2	0.089	0.090	0.089

5.4 本章小结

本章采用预训练模型 ERNIE 对招股说明书风险信息披露部分的文本相似度进行计算，来检验 IPO 风险信息披露质量对管理层盈余管理的非机会主义动机的影响。

研究结果表明，当上市公司招股说明书风险信息相似度越低，IPO 风险信息披露异质性水平越高时，盈余管理水平越高则公司资产收益率增长率越高，公司业绩越好，表明 IPO 风险信息披露质量提高了应计盈余管理对未来盈余的预测能力，推动管理层进行非机会主义动机的盈余管理，以向投资者传递公司未来盈利能力的乐观预期，弥补 IPO 风险信息过度披露产生的不利影响。此外，在更换了应计盈余管理度量方式和被解释变量、采用 PSM、Heckman 二阶段回归后结果仍然稳健，并且 IPO 风险信息披露质量对管理层应计盈余管理的非机会主义动机的增强效应在分析师关注度较高、机构投资者占比较低、非国有企业中表现更加显著。最后，将以风险信息披露为核心的注册制作为一个政策冲击，通过准自然实验设计说明了市场化能增强风险信息披露异质性与非机会主义盈余管理的正向相关性。

本章的研究贡献主要体现在以下三个方面：

首先，本章丰富了我国上市公司 IPO 风险信息披露研究领域的文献，目前的研究主要集中在年报风险信息披露和财务指标层面，拟上市公司提交的招股说明书作为 IPO 重点审查对象和投资者信息主要来源，围绕招股说明书的风险信息披露研究有更为重要的意义。现有文献研究了风险信息披露对投资者决策、权益资本成本、分析师预测准确度、审计费用、银行贷款利率、IPO 抑价及新股发行定价效率等的影响，本章进一步发现风险信息披露可以影响管理层盈余管理的动机，传递可信的未来盈余信息。

其次，本章还拓展了非机会主义盈余管理方面的研究，对于非机会主义动机的研究主要在于其属性界定，本章间接通过分析盈余管理的经济后果来检验非机会主义动机，与直接法相比结论更加可靠，并且本章重点关注 IPO 风险信息披露质量与盈余管理动机的关系，为盈余管理的"信息传递动机"提供直接证据。

最后，本章在对招股说明书文本的分析方法上，通过预训练模型ERNIE，从语料学习到词在上下文中的语义形成动态的词向量，替代了现有研究的人工阅读打分、手动收集的风险因素项数、篇幅、类别和信息披露质量数据等方式，对风险信息披露的质量进行了更精确的度量。

2022 年政府工作报告中再次提到，要全面实行股票发行注册制，深入推进资本市场改革，促进资本市场平稳健康发展。注册制的核心是信息披露，信息决定市场预期，投资者通过对收集到的信息进行加工处理，做出投资决策，引导资本市场的资源配置，因此真正有价值的信息披露对提高市场定价效率有重要作用。风险信息对资本市场以及参与者尤其特殊，它会直接加剧投资者的恐慌情绪，任何风险偏好的改变都会迅速反映在资本市场的波动中。本章从盈余管理非机会主义动机的角度研究 IPO 风险信息披露的重要意义，异质性的 IPO 风险信息披露会对管理层起到约束作用，激发管理层通过盈余管理传递公司经营的真实信息的"好动机"，尤其对于分析师关注度较高和机构投资者占比较低的企业，管理层的非机会主义盈余管理更能够减轻过度 IPO 风险披露的不利影响，合理引导市场预期。同时本章对招股说明书风险披露部分的文本进行词向量提取，探讨风险披露的实质性内容，从风险信息度量方法的角度拓展了公司风险信息披露的研究，更贴近国内企业风险信息披露的实际情况。与西方较为成熟的资本市场体系相比，我国直接融资比例远低于境外发达资本市场，注册制改革也呈现出起步晚、效率低、机制不够完善的特征，投资者对信息披露依赖性较强。如果上市公司披露的信息不可靠，那么投资人将面临很大的风险。因此，监管机构需要进一步完善公司 IPO 风险信息披露制度和法律机制，提高发行审核效率：一方面增强对企业的内外部监管，促进管理层进行高质量的信息披露，允许 IPO 风险信息披露质量高的企业通过盈余管理弥补潜在不利后果，降低信息不对称性；另一方面，积极引导投资者理性面对风险，正确认识到风险收益的对称性，推动中国资本市场健康良性发展。

6 IPO 公司风险信息披露与新股发行效率

6.1 理论分析与研究假设

6.1.1 引言

风险信息披露从本质上来看，是一个信息生成、信息传递、信息解读的过程。上市公司披露风险信息是发行人根据自身特点进行重大风险揭示、向外部投资者传输信息以缓解信息不对称问题的重要途径，直接影响着资本市场的有效运行与健康发展。回顾历史发现，信息披露违规事件频发，从早期某广夏的恶性舞弊，到某集团的欺诈发行，再到某咖啡的巨额财务造假事件等，诸多上市公司的不法行为违反了全面、及时、真实、准确的信息披露合规要求，严重挫伤了投资者的信心，破坏了资本市场的运行效率（李丛刚和许荣，2020）。为了破解上市公司信息披露动机不足的困局，2020 年 3 月 1 日起正式施行的新《证券法》重新构建了信息披露制度，将信息披露内容独立设章，充分彰显了注册制的核心——信息披露的关键地位。在全面注册制的政策背景下，风险信息披露在证券发行市场中的地位将得到进一步的巩固与提升（俞红海 等，2022）。

IPO 公司上市过程中最核心的环节是发行价格的确定。新股估值定价问题一直是政府、实务界与学术界关注的重点，我国新股发行市场通常表现为高市盈率、高发行价、高超募资金的"三高"现象。A 股市场 IPO 高抑价现象长期存在，抑价率普遍高于 100%，远超欧美等成熟资本市场，新股定价存在严重的泡沫。IPO 上市环节存在信息摩擦将会导致上市公司价值的事前不确定性，进而引发市场参与者的意见分歧，最终导致 IPO 公司大幅抑价，资本市场炒新、炒差等投机行为盛行（Kanagaretnam et al.，2022）。因此，IPO 信息披露机制的健全是我国向发达国家成熟有效资本市场过渡的必经之路。有效的信息披露是发行人与市场参与者之间的润滑剂，在消除信息不对称桎梏等方面发挥着举足轻重的作用，进而促进证券市场价格发现机制的有效运行，助力我国全面注册制的发展。

已有相关研究从文本可读性（Arnold et al.，2010）、文本语调（Brau et al.，2016；Azmi et al.，2020）、文本相似度（宋昕倍 等，2023）等多个视角对招股说明书风险信息披露影响 IPO 定价进行了探讨。现有文献关于风险信息披露的经济后果，存在较大的理论分歧：一方面，有效的信息披露能够减缓信息不对称，降低投资者信息获取成本（王雄元和高曦，2018），提高分析师预测精度（Hope et al.，2016），投资者要求的 IPO 抑价补偿减少（Hanley and Hoberg，2010），从而提升金融资源的配置效率（Arnold et al.，2010）；另一方面，本质负面的风险信息提示意味着上市公司的不确定性较大，会进一步恶化市场的恐慌情绪（杨墨 等，2022）、加剧投资者意见分歧，且意见分歧越严重，股票价格越是偏离实际内在价值（Miller，1977）。换言之，风险信息披露兼具"风险信息"的特殊性与"公共信息"的一般性双重特征，揭示风险因素意味着"黑匣子"的开启，暴露公司潜在威胁的同时也提供了增量信息（王雄元和曾敬，2019）。

在注册制改革背景下，我国法治监管趋严与整体信息环境改善对 IPO 公司风险信息披露提出了更高的质量要求。上市公司的风险信息披露水平将发生怎样的变化，对新股市场运行带来何种治理效应，利益相关者对此作何反应？是一个亟须深入探讨的重要问题。根据以上分析，我们有理由推断 IPO 公司风险信息披露水平与新股市场的运行效率存在着密切关系。对此问题的探究对于风险信息的提供方、使用方、监管方均具有现实意义，对于优化风险信息披露质量、提高资本市场的信息定价效率具有重要的政策启示。

本章聚焦于信息披露的经济后果，通过对招股说明书进行文本分析构建风险信息披露的度量指标，并以 2007—2022 年我国沪深 A 股上市公司为样本，探究我国 IPO 公司风险信息披露质量及其市场反应。实证研究发现：招股说明书风险信息披露质量越高，即文本相似度越低，IPO 市盈率越高、IPO 抑价率越低，新股市场运行效率越高。通过替换关键变量、

Heckman 二阶段模型进行稳健性检验，上述结论仍然成立。从作用机制来看，IPO 公司风险信息披露质量通过降低投资者异质信念，提高 IPO 市盈率，降低 IPO 抑价率。异质性分析表明，风险信息披露质量对 IPO 市盈率的正向影响在机构投资者持股比例高的组别更为显著。拓展性研究发现，风险信息披露质量越高，上市公司长期市场表现越好。最后，本章以注册制试点作为准自然实验事件，发现注册制市场化使得创业板 IPO 公司风险信息披露质量与新股定价效率的关系增强，提高了 IPO 市盈率、显著降低了 IPO 抑价率，说明注册制改革对资本市场的有序运行具有正向治理效应。

6.1.2 理论模型构建

参考陈鹏程和周孝华（2016）的研究，本章构建了一个包含 IPO 风险信息披露、一级市场新股发行均衡价格，以及二级市场股票交易均衡价格的多期定价模型，以更好地刻画风险信息披露动机与新股定价效率之间的影响。模型基本设定及具体推导过程如下：

6.1.2.1 模型设定

（1）发行特征。IPO 公司采用询价发行制度，新股发行总量为 1 单位。承销商和发行人采取向机构投资者询价的方式，共同确定网下配售比例 φ（$0 < \varphi < 1$）和发行价格。

（2）参与主体。市场参与主体分成两类，一类是一级市场的机构投资者，另一类是二级市场的散户投资者。每一类投资者之间完全同质，因此分别以代表性投资者表示。机构投资者和散户投资者都是风险厌恶的，且符合 CARA 型效用函数，风险规避系数分别为 β 和 γ。

（3）时期划分。模型划分为四个时期：①询价阶段（$t = 0$），机构投资者参与询价，根据自身的估值判断将报价信息和需求信息反馈给承销商。②发行阶段（$t = 1$），承销商与发行人根据报价，共同确定 IPO 发行价格 p_1 和网下配售总量 φ。③交易阶段（$t = 2$），新股在二级市场进行首次交易，均衡交易价格设为 p_2，即 IPO 首日收盘价。④清算阶段（$t = 3$），新股按其内在价值进行清算。由于在清算阶段之前，机构投资者和散户投资者对 IPO 内在价值的估计存在分歧：机构投资者对 IPO 公司的信息更加敏锐，预期新股按内在价值 $p_3 = V$ 进行清算；散户投资者受非理性情绪的影响，预期新股按 $p_3 = V' = V + \Delta V$ 进行清算。

（4）信息结构：

①询价阶段（$t=0$），发行人基于对自身经营业务和发展前景的清晰认知，假设其对 IPO 内在价值有一个无偏的先验估计 $V \sim N(\bar{V}, 1/\rho_v)$，其中 $\bar{V}$ 为正态分布期望，$1/\rho_v$ 为方差。由于 IPO 公司正式公告的招股说明书包含估值信息，因此机构投资者和散户投资者两者都能观察到该先验估计，并将其作为 IPO 估值的初步依据。

②发行阶段（$t=1$），在 IPO 申购前，询价机构出于其职业习惯会进一步挖掘 IPO 公司的信息，从而拥有关于 IPO 公司价值 V 的私有风险信息 θ。询价机构根据私有风险信息进行报价，关于 IPO 公司价值的信号结构为 $S_I = V + \theta$，$\theta \sim N(0, 1/\rho_\theta)$，其中 θ 表示 S_I 随机误差项，θ 与 V 相互独立，信号的实现值为 S_I。由于机构投资者是不确定性厌恶的，且具备优良的风险感知和信息识别能力，因此识别更加复杂的低质量风险信息意味着更高的识别成本，询价机构会对影响 IPO 估值的低质量风险信号要求收益补偿，以降低信息差带来的不确定性。因此，信号实现值可分解为 $S_I = S_H - S_L$，其中，S_H 为高质量风险信号（财务数据信息及其他非模板化的信息）对应的估值水平，S_L 为低质量的模糊风险信号带来的 IPO 公司价值折价部分，即低质量的风险信息越多，机构投资者要求的价格补偿越高，对应折价部分 S_L 的数值越大。

③交易阶段（$t=2$），IPO 进入二级市场交易，散户投资者受到行业环境、市场氛围、媒体报道等情绪驱动，或过度自信、羊群效应等认知偏差影响，可能从事非理性交易，并使其对 IPO 估值产生新的认识，$S_R = \Delta V + \eta$，$\Delta V \sim N(0, 1/\rho_R)$，$\eta \sim N(0, 1/\rho_\eta)$，情绪信号的实现值为 S_R。S_R 为正意味着散户投资者的情绪乐观，此时 $\Delta V > 0$ 即散户投资者认为 IPO 公司的内在价值被低估。

6.1.2.2 模型推导

（1）一级市场新股发行价格的确定

为保证效用函数的优良特质及模型分析的简便性，假定机构投资者上报的出价信息是连续需求曲线。在 $t=1$ 时期，询价机构根据掌握的私有风险信息，确定其最佳的新股需求量，使其在 $t=3$ 时自身的期望效用最大化，即

$$\max_{q_{1I}} E\left[-e^{-\beta[W_{1I} + q_{1I}(V - p_1)]} \right] \tag{6.1}$$

其中，q_{1I} 为机构投资者的 IPO 需求量，W_{1I} 为机构投资者的初始财富，由 CARA 效用函数性质及正态分布假设可知，式（6.1）等价于：

$$\max_{q_{1I}}\beta\, W_{1I} + \beta\, q_{1I}\big[E\,(V\mid S_I = s_I) - p_1\big] - \frac{1}{2}\beta^2\, q_{1I}^2\mathrm{var}(V\mid S_I = s_I)$$

$$(6.2)$$

$E(V\mid S_I = s_I)$ 为机构投资者基于私有风险信息对 IPO 公司内在价值形成的后验估计，$\mathrm{var}(V\mid S_I = s_I)$ 为后验估计的方差。根据 Kyle 引理，并代入 $S_I = S_H - S_L$，可得：

$$E(V\mid S_I = s_I) = \frac{\rho_v\overline{V} + \rho_\theta s_H - \rho_\theta s_L}{\rho_V + \rho_\theta} \qquad (6.3)$$

$$var(V\mid S_I = s_I) = \frac{1}{\rho_V + \rho_\theta} \qquad (6.4)$$

将式（6.3）和式（6.4）代入式（6.2）后，对 q_{1I} 求一阶导数，令导数等于 0，可得机构投资者的最优 IPO 需求量：

$$q_{1I}^* = \frac{1}{\beta}(\rho_v\overline{V} + \rho_\theta(s_H - s_L) - (\rho_v + \rho_\theta)\, p_1) \qquad (6.5)$$

在一级市场均衡条件下，配售给询价机构投资者的股票数量 φ 与询价机构投资者的需求 q_{1I}^* 相等，则可得 IPO 发行价格为

$$p_1 = \frac{\rho_v\overline{V} + \rho_\theta(s_H - s_L) - \beta\varphi}{\rho_V + \rho_\theta} \qquad (6.6)$$

由式（6.6）可知，IPO 首日发行价格 p_1 与招股说明书高质量的风险信号 s_H 正向相关，即招股书高质量风险信息披露越多，机构投资者对 IPO 公司的估值越高。结合中国 IPO 市场的实际情况，询价机构通常将高质量的风险信息披露解读为"利好"信息，对 IPO 盈利预期的前景越是看好，投资者就愿意支付更高的价格，假定在每股收益不变的前提下，对应的 IPO 公司发行市盈率也就越高。即得到后文实证研究的第一个命题：招股说明书风险信息披露质量与 IPO 市盈率正向相关，即高质量风险信息披露越多，IPO 市盈率越高。

（2）二级市场均衡交易价格的确定

在 $t = 2$ 时期，一方面，机构投资者未收到增量风险信息，且认为散户投资者的情绪影响是阶段性的；另一方面，网下配售的机构投资者持有股票期限不得少于 3 个月，询价机构不能在 t = 2 上市首日交易从事交易活动。因此，机构投资者并不会改变其后验估计，机构投资者的 IPO 需求量仍保持在 q_{1I}^* 水平。

在 $t=2$ 时期，散户投资者能够从询价机构的报价中获得机构投资者在 $t=1$ 时期的私有信息，同时还会受到主观情绪和非理性认知的影响。散户投资者根据掌握的信息，确定其最佳的新股需求量，使其在 $t=3$ 时自身的期望效用最大化，即

$$\max_{q_{2R}} E\left[-e^{-\gamma\left[W_{2R}+q_{2R}(V'-p_2)\right]}\right] \tag{6.7}$$

其中，q_{2R} 为散户投资者在 $t=2$ 时期的 IPO 需求量，W_{2R} 为散户投资者在 $t=2$ 时期的初始财富，式（6.7）等价于：

$$\max_{q_{2R}} \gamma W_{2R}+\gamma q_{2R}\left[E\left(V'\mid S_I=s_I,\ S_R=s_R\right)-p_2\right]$$
$$-\frac{1}{2}\gamma^2 q_{2R}^2 var\left(V'\mid S_I=s_I,\ S_R=s_R\right) \tag{6.8}$$

将式（6.8）对 q_{2R} 求一阶导数，同理结合 Kyle 引理得到的散户投资者后验估计和后验估计方差，可得散户投资者的最优 IPO 需求量：

$$q_{2R}^* = \frac{1}{\gamma}\left(\frac{\rho_v\overline{V}+\rho_\theta(s_H-s_L)}{\rho_V+\rho_\theta}+\frac{\rho\,s_R}{\rho_R+\rho}-p_2\right)\frac{(\rho_V+\rho_\theta)(\rho_R+\rho)}{\rho_V+\rho_\theta+\rho_R+\rho} \tag{6.9}$$

在二级市场均衡条件下，IPO 发行数量与市场需求总量相等，即 $q_{1I}^*+q_{2R}^*=1$。进一步得到均衡的二级市场价格为

$$p_2 = \frac{\rho_v\overline{V}+\rho_\theta(s_H-s_L)}{\rho_V+\rho_\theta}+\frac{\rho\,s_R}{\rho_R+\rho}-(1-\varphi)\gamma\frac{\rho_V+\rho_\theta+\rho_R+\rho}{(\rho_V+\rho_\theta)(\rho_R+\rho)}$$
$$\tag{6.10}$$

根据新股首日收益 $UP=\dfrac{p_2}{p_1}-1$，将式（6.6）和式（6.10）分别代入，可得 IPO 首日收益率：

$$UP = \frac{1}{\rho_R+\rho}\left[\frac{\beta\varphi(\rho_R+\rho)+(\rho_v+\rho_\theta)\left[\rho\,s_R-(1-\varphi)\gamma(\rho_R+\rho)\right]}{\rho_v\overline{V}+\rho_\theta(s_H-s_L)-\beta\varphi}\right]$$
$$\tag{6.11}$$

由式（6.11）可知，IPO 首日收益率 UP 与招股说明书高质量的风险信号 S_H 负向相关，即招股书高质量风险信息披露越多（即关于 IPO 公司内在价值的信号越准确），新股上市首日收益率越低，与 Arnold et al.（2010）的研究分析结果一致。即得到后文实证研究的第二个命题：招股说明书风险信息披露质量与 IPO 抑价率负向相关，即高质量风险信息披露越多，IPO 首日抑价率越低。

6.1.3 研究假设

在新股首发过程中，招股说明书是拟上市公司成功上市的重要"简历"，其中的风险因素章节是发行人关键性风险的"自我评价"，其风险信息披露水平直接影响了 IPO 市场的定价效率（Arnold et al.，2010；Wasi-uzzamn et al.，2018；Campbell et al.，2014；Ding R，2016）。目前，我国新股市场 IPO 首发定价的合理性与金融资源的配置效率仍存在很大的改善空间。学术界主要从信息不对称理论、行为金融学理论、市场化改革与制度变迁三个方面来阐释产生 IPO 定价效率。然而风险信息披露与 IPO 定价效率的关系并不明晰，部分学者支持风险信息披露对 IPO 定价效率产生积极正向的影响（Arnold et al.，2010；Wasiuzzamn et al.，2018），另一部分学者持完全相反的观点，认为风险信息披露对 IPO 定价效率具有消极负面的影响（Campbell et al.，2014；Ding R，2016），国内外学者至今尚未形成一致结论。

首先，高质量的信息披露可以降低信息壁垒，传递公司私有信息（Botosan，1997；Diamond et al.，1991）。其一，在信息不对称的"柠檬市场"中，发行人在新股首发时拥有一手资料和绝对信息优势，而投资者接收到的是经过筛选与加工的不完全信息，发行人与投资者之间的信息不对称会导致投资者的逆向选择和道德风险，进而影响证券市场的资源配置效率（Ackerloff，1970）。高质量的信息披露是解决信息不对称难题的关键，有效信息披露具有价格发现功能，能够避免市场失灵，在资本市场运行过程中扮演着重要的角色（Grossma and Hart，1980）。其二，发行人可以通过高质量的风险信息披露，向投资者提供与发行证券有关的私有信息，解答投资者的疑问，降低其信息获取成本。这种信息交流可以更好地呈现公司的运营现状和发展前景，帮助投资者充分理解与正确使用信息，从而提高证券的定价效率。尤其在信息透明度较低的证券市场，风险信息披露降低 IPO 抑价的作用更为显著（李璇和白云霞，2021）。其三，信息透明度越高，越能够真实地反映上市公司的经营状况，有助于传递优质公司"真金不怕火炼"无惧审视监管的信号（薛爽和王禹，2022）。高质量的风险信息披露会引起更多分析师关注，从而提高分析师预测的准确度（Merkley，2011），使新股的市场价格向其基本面回归。且相较于个人投资者，专业的机构投资者拥有更强的风险感知能力、信息处理能力，更愿意深入分析上市公司的公开披露信息。对于市场参与者，风险披露质量的提升能够降低预测成本，利于其更准确地评估拟上市公司的真实价值与潜在风险，提高信息使用效率（Heinle et al.，2017）。因此，上市公司可以通过优化风险信息披露以减缓信息不对称问题，从而吸引更多的投资者、获得更低的融资成本（Ntim et al.，2013），改善新股定价效率，即提升 IPO 市盈率、降低 IPO 抑价率，以确保资本市场的健康有序运行。

其次，高质量的信息披露能够减少投资者意见分歧，赢得投资者的认可与关注（曾颖 等，2006）。其一，注意力是一种稀缺资源，绝大部分投资者并不会逐字逐句地完整解读信息内容（Loughran and McDonald，2022），因此"新瓶装旧酒"的模板化风险信息披露并不会吸引投资者的眼球。置身于鱼龙混杂的信息披露环境，投资者会将注意力集中在可能对股价产生影响的异质性风险因素上（Botosan，1997；Li，2008），且投资者对于上市公司具体、针对性的风险信息披露反应更加充分，而对模糊、一般化的信息披露难以给出合适的决策判断（Hope et al.，2016）。其二，高质量信息披露能够通过避免冗余信息传递，减少市场参与者的猜忌与分歧，从而缓释风险的不确定性、降低资本成本，进一步提升股价（Heinle et al.，2018）。若信息含量未满足投资者的需求，不完全理性的投资者便会出现意见分歧，进而对股票投资决策与估值定价造成影响（Hong and Stein，2007）。且上市公司招股说明书的信息含量越低，投资者对于资产价格的观点越不一致（李维安 等，2012），最终表现为发行人在二级市场给予投资者相应的风险补偿，出现新股折价现象。特别是对于风险厌恶型投资者，如果投资者感知到自身处于高度不确定性的信息环境，便会更加谨慎、倾向于悲观预测，将不确定性视为风险并给予股票较低的估值价格；其三，根据投资者情绪理论，上市公司风险信息披露越充分，市场给予的信任越多（Maksimovic et al.，2001），投资者将其视为补充增量信息而非风险信息，利于其更准确判断上市公司的真实价值与未来发展前景，进而愿意为企业支付更高的 IPO 价格，给出高市盈率的乐观预测（姚颐和赵梅，2018），提高市场对于企业价值的认知以及发行定价效率。因此，高质量的风险信息将上市公司的重大风险提示准确、及时地传递给市场参与者，投资者参与热情提升，减少了市场估值分歧，即提升 IPO 市盈率、降低 IPO 抑价率，使得新股定价趋向于合理反馈上市公司的真实价值（Ritter and Welch，2002）。

最后，高质量的信息披露是为适应市场化改革、应对监管要求的策略性行为。其一，在证券市场上，存在诸多信息披露难题亟待解决，例如"隐瞒重要财务报告信息""形式主义模板化披露信息""粉饰财务指标以虚增利润"等，导致证监会监管出现低效率的困局，利益相关者对信息披露质量提出了更高的要求。2007 年中国证监会颁布的 1 号准则，主张发行人"遵循重要性原则""针对自身的实际情况"作出重大风险揭示。因此上市公司的信息披露在受到政策条例约束的同时，也具有一定的自主选择空间，风险信息披露虽属于强制要求性披露，但实则是主动选择性披露（姚颐和赵梅，2016）。我国新股发行市场竞争激烈，上市公司需要充分披露信息，提高自身吸引力，从而在众多 IPO 竞争者中脱颖而出。其二，根据回应性监管理论（Ayres and Braithwaite，1992），监管治理要综合采用政府与市场多主体参与的混合性监管，真正做到超越政府监管，适当下放权力以激发市场活力。IPO 定价机制发生转变，从核准制对发行人盈利能力的实质判断转为注册制下对信息披露水平的全面把关，证监会将拟上市企业投资价值的判定权完全交由市场。监管层在注册制审核类规则中增加了"简明清晰，通俗易懂""提高信息披露的针对性、有效性和可读性"等信息披露要求。因此，市场化进程加速与监管政策趋严在一定程度上能够引导发行人主动披露异质性风险信息，向监管层所期待的披露更多前瞻性信息方向靠拢，补足了市场监管与自我约束的相对缺位，促进资本市场健康、有序、高效运行，即促进 IPO 市盈率的提升，IPO 首日抑价率的降低。

基于以上分析，本章提出以下假设：

H6.1：上市公司招股说明书风险信息披露质量与 IPO 市盈率正向相关，即风险信息披露质量越高，IPO 市盈率越高。

H6.2：上市公司招股说明书风险信息披露质量与 IPO 抑价率负向相关，即风险信息披露质量越高，IPO 首日抑价率越低。

6.2 研究设计

6.2.1 样本选择与数据来源

本章选取 2007—2022 年我国 A 股上市公司的相关数据以及招股说明书作为研究样本。本章所用招股说明书文档是通过运用爬虫技术从巨潮资讯网、上海证券交易所、深圳证券交易所等网站抓取获得，并用 Python 对 PDF 文档解析获得风险因素披露信息，公司财务数据等其他数据源于 CS-MAR 数据库以及 Wind 数据库，在实证研究中我们剔除了金融类上市公司、ST 公司以及数据不全的样本。经过以上处理，最终获得 2 435 个公司一年样本。为了避免极端值对估计结果造成影响，我们对所有连续型数值变量在 1% 和 99% 水平上进行了缩尾处理。

6.2.2 模型构建与变量定义

为研究 IPO 风险信息披露对一级市场新股定价效率的影响，本章构建了如下模型：

$$\text{Pe\_IPO}_{i,t} = \alpha_0 + \alpha_1 \times \text{Neg\_Meansim}_{i,t} + \text{Controls} + \gamma_i + \mu_t + \varepsilon_{i,t}$$

$$(6.12)$$

$$\text{UP}_{i,t} = \alpha_0 + \alpha_1 \times \text{Neg\_Meansim}_{i,t} + \text{Controls} + \gamma_i + \mu_t + \varepsilon_{i,t}$$

$$(6.13)$$

（1）被解释变量

Pe_IPO 为 IPO 市盈率，借鉴姚颐和赵梅（2016）的研究，选用一级市场发行市盈率作为度量，计算公式为

$$\text{Pe\_IPO} = 发行价格 / 发行后每股收益$$

UP 为 IPO 抑价率，借鉴 Loughran 和 McDonald（2013）的研究，选用上市公司发行当日收益率作为度量，计算公式为

$$\text{UP} = (P_{i,1} - P_{i,0}) / P_{i,0}$$

其中，$P_{i,0}$ 和 $P_{i,1}$ 分别表示新股 i 的发行价和上市首日的收盘价。

（2）解释变量

Neg_Meansim 为 IPO 公司的风险信息披露质量代理变量，采用招股说

明书风险信息披露的文本相似度衡量。IPO公司披露的文本信息可分成公司异质性信息和行业共有性信息两类：行业共有性信息受到所在行业环境的影响，信息含量较低、文本重复度较高；该部分异质性信息披露可以很好地缓解市场参与者之间的信息不对称。信息披露同质化程度和行业相似度越低，信息含量越高（Hanley 和 Hoberg，2010；郝项超 等，2014）。参考 Brown and Tucker（2011）用文本相似度来衡量 MD&A 的信息含量，本章用 IPO 公司的异质性风险信息披露衡量风险信息披露的质量。IPO 风险信息披露质量的具体计算步骤如下：首先将样本企业与同行业内所有其他企业分别进行配对，然后计算每两家配对企业风险信息披露的相似度，最后对得到的都有配对企业的信息披露相似度取平均值，获得样本企业的行业风险信息披露相似度，用来度量企业风险信息披露异质性指标。若样本企业的行业风险信息披露相似度低，则说明企业披露的行业同质化风险信息少，与企业更相关的私有信息多，则风险信息披露异质性更高，风险信息披露质量较高。

本章沿用第 5 章的做法，采用预训练模型 ERNIE（Yu and Shuohuan，2019）对文本相似度进行计算。

6.2.3　控制变量

借鉴薛爽和王禹（2022）的研究，为了获得风险信息披露对新股定价效率影响的无偏估计，选取了一些体现公司特征、发行特征、投资者情绪、承销商因素在内的控制变量。本章控制了公司规模（Lnasset）、盈利能力、成长性（Growth）、治理结构等可能影响新股定价效率的公司特征变量。具体而言，公司规模的衡量使用公司 IPO 当年总资产的对数（Lnasset）衡量，IPO 公司规模越大，其知名度越高、运营越规范，会更充分地信息披露。投资者的信息搜集成本较低，高透明度降低了不确定性，提高了发行价（Beatty and Ritter，1986）；盈利能力的衡量使用公司的净资产收益率（Roe）和现金流比率（Cfo_Asset），盈利能力指标越高，代表公司未来财务业绩越有可能会实现增长，避免出现 IPO 抑价情况；公司成长性的衡量使用 IPO 前最新的主营业务平均增长率（Growth），IPO 公司的营业利润增长率越高，运营结构趋向成熟有序，也能够充分地披露风险，有更高的发行价格，IPO 抑价率较低。治理结构方面，包括机构投资者持股比例（Proportion）、第一大股东持股比例（Top1）和股权性质（PreIPO_

Soe）。机构投资者作为 IPO 时的主要询价对象和发行认购者，既能够使得发行定价更加合理，减少非理性投资者的投机行为，也可能成为股价哄抬者（邵新建和巫和懋，2009）。IPO 公司股权过度集中会导致权力架构的失衡，大股东拥有绝对的话语权，能够对公司进行操纵，导致资源配置效率的降低。进一步，本章控制了市场行情（Mean_Marketreturn）、市场波动（Sd_Marketreturn）两个可能影响新股定价效率的发行特征变量。市场环境的衡量使用公司在 IPO 前 20 个交易日内的市场累积收益率均值（Mean_Marketreturn），市场收益率的标准差（Sd_Marketreturn）作为 IPO 公司披露前风险感知的代理变量。上市公司更愿意在市场收益较高和市场波动较小的情况下发行股票。IPO 公司的首日收益率越高，抑价的可能性越小。

此外，依据中国证券业协会公布的承销商业务收入排名设计虚拟变量，将其作为承销商声誉（Top10）的衡量。如果 IPO 公司的承销商收入位列当年行业排名的前十位，赋值为 1，否则赋值为 0。承销商一定程度上提高了信息的透明度，缓解了信息不对称进而降低了 IPO 抑价；将新股发行数量与有效申购股数的比值作为投资者情绪（Lottery_Rate）的衡量。IPO 公司网上发行中签率和二级市场股票的受欢迎程度呈负相关，和 IPO 抑价程度负相关。本章模型均控制了行业固定效应与年份固定效应。

本章变量定义与说明见表 6.1。

表 6.1 变量定义与说明

变量分类	变量符号	变量定义与说明
被解释变量	Pe_IPO	IPO 市盈率，计算公式为：Pe_IPO = 发行价格/发行后每股收益
	UP	IPO 首日抑价率，计算公式为：$UP = (P_{i,2} - P_{i,1})/P_{i,1}$，其中 $P_{i,1}$ 和 $P_{i,2}$ 分别表示新股 i 的发行价和上市首日收盘价
解释变量	Neg_Meansim	风险信息披露质量，1 减去样本企业与其所在行业所有企业的招股说明书风险披露部分的文本相似度后取均值，本章的文本相似度均使用 ERNIE 模型计算
	Lntotal_risk	提取招股说明书"风险因素"章节中的总风险项数加 1 后取自然对数
	Risk2	招股说明书中数字字数占风险披露部分篇幅的比例

表6.1(续)

变量分类	变量符号	变量定义与说明
控制变量	Mean_Marketreturn	市场行情，市场收益率的均值
	Sd_Marketreturn	市场收益率的标准差
	PreIPO_Soe	股权性质，控股股东为国企为1，否则为0
	Lnasset	公司规模，年末总资产的自然对数
	Cfo_Asset	IPO当年经营性现金流净值与资产总额的比值
	Top10	承销商排名虚拟变量，若当年排名在前十则取1，否则取0
	Proportion	机构投资者占比
	Top1	股权集中度，第一大股东持股比例
	Lottery_Rate	网上发行中签率
	Growth	营业利润增长率
	Roe	股权收益率

6.3 实证结果与分析

6.3.1 描述性统计

文中涉及主要变量的描述性统计如表6.2所示。从表6.2中可以看出，IPO市盈率（Pe_IPO）的均值为32.59倍，标准差为17.89，表明注册制放开了发行市盈率的限制，新股发行通常表现为高市盈率，且不同行业上市公司的市盈率水平存在很大的差距；IPO抑价率（UP）的均值为46.1%，显著大于0，这证实了我国新股市场存在超额收益现象，进一步对比最大值为578.5%、最小值为-78.2%，说明新股在上市后也存在暴涨或者暴跌的两极分化局面。风险信息披露质量（Neg_Meansim）的均值为88.1%，标准差为5.86%，表明新股市场风险信息披露的同质化现象严重，不同企业间的风险信息披露差异较小。其余变量的描述性统计见表6.2，在此不再赘述。

表 6.2　主要变量描述性统计

变量	样本量	均值	标准差	最小值	最大值
Pe_IPO	2 435	32.59	17.89	6.670	131.5
UP	2 435	0.461	1.009	−0.782	5.785
Neg_Meansim	2 435	0.881	0.058 6	0.705	0.981
Lntotal_Risk	2 435	1.994	1.293	0	4.997
Risk2	2 435	0.036 4	0.016 5	0.012 8	0.107
Mean_Marketreturn_100	2 435	0.131	0.269	−0.736	1.328
Sd_Marketreturn	2 435	0.015 5	0.005 72	0.006 93	0.037 8
PreIPO_Soe	2 435	0.123	0.329	0	1
Lnasset	2 435	20.31	1.461	15.24	29.74
Cfo_Asset	2 435	0.108	0.117	−0.528	0.798
Top10	2 435	0.449	0.497	0	1
Proportion	2 435	31.80	32.50	0.006 60	100
Top1	2 435	0.397	0.166	0.095 2	0.870
Lottery_Rate	2 435	0.493	0.940	0.012 7	6.482
Growth	2 435	0.744	2.972	−2.291	20.26
Roe	2 435	0.233	0.131	−0.194	0.712

6.3.2　基本回归结果分析

为考察招股说明书风险信息披露质量是否会对新股发行定价产生影响，借鉴姚颐和赵梅（2016）的研究，分别选用 IPO 市盈率、IPO 当日抑价率两个指标衡量。进一步，本章运用 Stata 软件逐步将不同的控制变量引入 IPO 定价效率的影响因素模型进行回归拟合，并采用怀特异方差稳健标准误对异方差进行修正，实证分析了风险信息披露质量与新股发行定价效率之间的关系。

由表 6.3 中第（1）列可以看出，风险信息披露质量代理变量显著为正，表明在样本期间招股说明书风险信息披露质量（Neg_Meansim）的提升确实促使了 IPO 市盈率（Pe_IPO）的提高，风险信息披露质量对新股定价的影响是显著的。说明上市公司披露的异质性风险信息越多，市场参与者给予的信任度越高，因而给予高 IPO 市盈率。尤其在诚信缺失的资本市场，投资者更偏爱上市公司坦诚真实披露，而非套用模板的无差异披露。因此，投资者将风险信息披露视作一般公共信息，并不会认作上市公司未来潜在巨大威胁。风险信息为投资者提供了更多的增量信息，以便预测公司未来发展状况及准确评估公司价值，提高发行定价。

由表 6.3 中第（2）列可以看出，风险信息披露质量代理变量在任一模型中均显著为负，表明在样本期间招股说明书风险信息披露质量（Neg_Meansim）的提升确实促使了 IPO 抑价率（UP）的降低，即上市公司的风险信息披露质量越高，IPO 抑价率越低。说明上市公司披露的异质性风险信息越多，市场参与者获得的增量信息越多，投资者意见分歧越小，投资者理解与运用信息效率的提升对上市公司价值的评估自然更准确，新股首日抑价的概率越小，优化了资本市场定价机制。前述 H1、H2 均得到证实。

表 6.3　IPO 风险信息披露与市场反应

Variables	Pe_IPO	UP
	（1）	（2）
Neg_Meansim	9.697 **	−0.963 ***
	（2.00）	（−3.27）
Mean_Marketreturn_100	6.317 ***	−0.008
	（4.12）	（−0.09）
Sd_Marketreturn	16.052	−9.562 *
	（0.20）	（−1.92）
Preipo_Soe	0.240	0.149 **
	（0.25）	（2.53）
Lnasset	−3.147 ***	−0.086 ***
	（−11.38）	（−5.08）
Cfo_Asset	−0.954	−0.183
	（−0.38）	（−1.18）
Top10	3.447 ***	0.037
	（6.34）	（1.13）
Proportion	0.043 ***	−0.001
	（4.60）	（−1.40）

表6.3(续)

Variables	Pe_IPO	UP
	（1）	（2）
Top1	−1.460	−0.060
	（−0.82）	（−0.55）
Lottery_Rate	0.398	−0.023
	（1.09）	（−1.04）
Growth	0.197**	0.001
	（2.15）	（0.26）
Roe	−4.446*	−0.702***
	（−1.87）	（−4.84）
Constant	85.353***	3.405***
	（12.26）	（8.02）
Ind FE	YES	YES
Year FE	YES	YES
Observations	2 434	2 434
R−Squared	0.494	0.408

注：括号中为经异方差调整的 t 值，*** 、** 、* 分别表示估计参数在 1%、5%、10% 水平上显著。

6.3.3 稳健性检验

为确保文章结论的可靠性，在基准回归结果的基础上，还进行了一系列稳健性检验。

6.3.3.1 更换变量度量方式

考虑到不同上市公司的主营业务差别较大，很难确定统一的标准来衡量风险信息披露水平。从风险信息披露质量的评价指标来看，最直接的度量方式便是统计风险因素项数、字数、篇幅等定量指标，此类指标可以向投资者提供关于上市公司重大风险简明清晰的总结。

借鉴 Campbell et al.（2014）、Shabestari et al.（2020）的做法，采用招股说明书总风险项数（Lntotal_Risk）作为 IPO 风险信息披露质量的代理变量，总风险项数越多，表明上市公司风险信息披露越充分；此外，考虑数字字数作为一种直观定量信息（Liberti et al.，2019），投资者的信息处理成本较低（Engelberg，2009），能够降低信息不对称，进而可能影响新股定价效率，采用招股说明书中数字字数占风险披露篇幅比例（Risk2）作为 IPO 风险信息披露质量的代理变量，数字字数占风险因素章节的篇幅比例越大，则代表上市公司风险信息质量越高。本章将设置的两个指标总风险项数（Lntotal_Risk）、数字占风险披露篇幅比例（Risk2）分别作为解释变量，检验替代指标是否有效。本章重复模型（6.12）、模型（6.13）的回归，结果如表 6.4 所示，与前文主回归结果基本一致。

表 6.4　更换变量度量方式

变量	Pe_IPO	UP
	（1）	（2）
Lntotal_Risk	0.371^{*}	
	（1.70）	
Risk2		-2.399^{**}
		（-2.37）
Constant	93.231^{***}	2.715^{***}
	（16.23）	（7.70）
Controls	YES	YES
Ind FE	YES	YES
Year FE	YES	YES
Observations	2 434	2 434
R-Squared	0.494	0.407

注：括号中为经异方差调整的 t 值，***、**、* 分别表示估计参数在 1%、5%、10% 水平上显著，下同。

6.3.3.2　Heckman 二阶段模型

由于 IPO 发行价格受企业大股东及管理层的影响，样本可能存在自选择问题，我们采用 Heckman 二阶段模型对主回归结果再次进行检验，以缓解样本选择性偏差的内生性问题。在第一阶段，首先将样本按招股说明书风险信息质量（Neg_Meansim）高低分为两组，当上市公司 IPO 当年的招股说明书中风险信息质量大于行业平均值时，其为高风险信息质量组，反之为低风险信息质量组。若上市公司招股说明书中风险信息质量处于高的组则 Neg_Meansim 取 1，否则取 0，并选择股权性质（PreIPO_Soe）、公司规模（Lnasset）、IPO 当年经营性现金流净值与资产总额的比值（Cfo）作为解释变量，控制行业、年度固定效应，进行 Probit 回归；在第二阶段，将第一阶段计算得到的逆米尔斯比（IMR）带入模型（6.12）、模型（6.13）分别进行回归，检验样本选择偏差对原估计的影响，Heckman 二阶段模型的检验结果如表6.5所示。

表6.5的第（3）列 IMR 系数在5%水平上显著，说明样本企业的确存在样本选择偏差。在基准模型中加入逆米尔斯比率（IMR）后可以发现，IPO 风险信息质量（Neg_Meansim）与 IPO 市盈率（Pe_IPO）仍显著正相关，IPO 风险信息质量（Neg_Meansim）与 IPO 抑价率（UP）仍显著负相关。此表明在控制了样本自选择问题后，研究结论依然稳健。

表 6.5　Heckman 二阶段模型

变量	Neg_Meansimh	Pe_IPO	UP
	（1）	（2）	（3）
Neg_Meansim		11.027**	-0.925***
		(2.40)	(-3.10)
Mean_Marketreturn_100		6.696***	-0.002
		(4.61)	(-0.03)
Sd_Marketreturn		16.817	-8.563*
		(0.22)	(-1.71)
IMR		-9.419	1.359**
		(-1.04)	(2.32)
PreIPO_Soe	0.071	-0.014	0.188***
	(0.71)	(-0.01)	(3.01)
Lnasset	0.057**	-3.906***	-0.036
	(2.12)	(-8.25)	(-1.16)
Cfo	-0.393*	-3.189	-0.208
	(-1.67)	(-1.30)	(-1.31)
Top10		2.871***	0.039
		(5.51)	(1.16)
Proportion		0.042***	-0.001
		(4.78)	(-1.39)
Top1		-1.172	-0.083
		(-0.68)	(-0.74)

表6.5(续)

变量	Neg_Meansimh	Pe_IPO	UP
	（1）	（2）	（3）
Lottery_Rate		1.136***	−0.009
		（3.03）	（−0.37）
Growth		0.142	0.002
		（1.61）	（0.37）
Roe		−2.549	−0.744***
		（−1.11）	（−4.98）
Constant	−2.028**	114.959***	0.716
	（−2.43）	（5.85）	（0.56）
Ind FE	YES	YES	YES
Year FE	YES	YES	YES
Observations	2 363	2 363	2 363
R^2_A		0.517	0.402

6.3.4　进一步研究

6.3.4.1　机制检验

前文已经证实 IPO 公司风险信息披露对资本市场新股发行定价效率具有积极正向的影响，进一步我们探究风险信息披露如何作用于新股市场？

（1）风险信息披露、投资者异质信念与 IPO 市盈率

在资本市场中，风险信息属于前瞻性信息，其揭示的是对公司未来财务状况、行业竞争、发展运营可能面临的严重威胁（Ding，2016）。已有研究证实，信息披露质量的高低对于投资者的信息解读效率与投资收益判断具有重要影响（Tan et al.，2014），高质量的风险信息披露是投资者判断风险、合理估值、选择优质标的所必需的参考依据（Arnold et al.，2010）。相较于历史信息，投资者特别关注招股说明书中具有前瞻性的风险信息披露，且能够对 IPO 风险信息做出有效反应，识别出可能会影响 IPO 短期回报的潜在威胁（Grover and Bhullar，2021）。从行为金融学的视角出发，Miller（1977）率先提出异质信念，在此基础上，Hong 和 Stein（2007）将影响异质性信念形成的影响因素归纳为：渐进信息流、有限关

注、先验异质性三种。因此，风险信息披露质量影响投资者的关注点，低质量的信息披露会增加信息不对称，进而导致信息优势方会做出与信息劣势方不同的判断预期与投资决策，悲观者将股票卖给乐观者，投资者之间的意见分歧增大（冯来强 等，2017）。

本章借鉴 Goyenko et al.（2009）的研究设计度量投资者的意见分歧程度（Divergence），投资者异质信念的计算公式如下：

$$Divergence = \begin{cases} 2\sqrt{-cov(\Delta P_t, \Delta P_{t-1})}, & cov(\Delta P_t, \Delta P_{t-1}) < 0 \\ 0, & cov(\Delta P_t, \Delta P_{t-1}) \geq 0 \end{cases}$$

$$(6.14)$$

其中，P_t 为个股考虑现金红利再投资的日收益率，$cov(\Delta P_t, \Delta P_{t-1})$ 为个股考虑现金红利再投资的日收益率的一阶差分序列协方差。用模型（1）、（15）、（16）进行实证检验，以考察风险信息披露对投资者异质信念的影响，以及投资者异质信念对 IPO 发行市盈率的影响。

$$Divergence_{i,t} = \alpha_0 + \alpha_1 \times Neg\_Meansim_{i,t} + Controls + \gamma_i + \mu_t + \varepsilon_{i,t}$$

$$(6.15)$$

$$Pe\_IPO_{i,t} = \alpha_0 + \alpha_1 \times Neg\_Meansim_{i,t} + \alpha_2 \times Divergence_{i,t} + Controls + \gamma_i + \mu_t + \varepsilon_{i,t}$$

$$(6.16)$$

表 6.6 的第（2）、（3）列显示，Neg_Meansim 与 Divergence 在 5% 水平上显著负相关，Divergence 与 Pe_IPO 在 5% 水平上负相关，说明风险信息披露通过减少投资者异质信念进而提升 IPO 市盈率。因此，高质量风险信息披露有助于投资者产生同质预期、做出专业合理的价值判断，进而提高资本市场 IPO 市盈率，印证了理论分析和假设 H6.1。

表 6.6　风险信息披露、投资者异质信念与 IPO 市盈率

变量	Pe_IPO	Divergence	Pe_IPO
	（1）	（2）	（3）
Neg_Meansim	9.697 **	−0.036 **	9.101 *
	(2.00)	(−2.57)	(1.88)
Divergence	—	—	−16.460 **
			(−2.34)
Constant	85.079 ***	0.192 ***	82.272 ***
	(11.26)	(9.15)	(10.71)

表6.6(续)

变量	Pe_IPO	Divergence	Pe_IPO
	（1）	（2）	（3）
Controls	YES	YES	YES
Ind FE	YES	YES	YES
Year FE	YES	YES	YES
Observations	2 451	2 451	2 451
R-Squared	0.456	0.101	0.456

（2）风险信息披露、投资者异质信念与IPO抑价率

进一步，从行为金融学视角来解释新股上市首日的抑价现象。已有研究发现，上市公司的信息披露质量越差，则投资者异质信念越强烈（李维安 等，2012），投资者的有限理性推高了新股价格。随着证券市场风险信息披露质量越高，投资者逐渐回归理性，有效市场的股价自然向真实内在价值趋近（Ritter and Welch，2002）。

为考察风险信息披露对投资者异质信念的影响，以及投资者异质信念对IPO抑价率的影响，我们用模型（6.1）、模型（6.17）、模型（6.18）进行实证检验。

$$\text{Roll\_Y}_{i,t} = \alpha_0 + \alpha_1 \times \text{Neg\_Meansim}_{i,t} + \text{Controls} + \gamma_i + \mu_t + \varepsilon_{i,t}$$

（6.17）

$$\text{UP}_{i,t} = \alpha_0 + \alpha_1 \times \text{Neg\_Meansim}_{i,t} + \alpha_2 \times \text{Roll\_Y}_{i,t} + \text{Controls} + \gamma_i + \mu_t + \varepsilon_{i,t}$$

（6.18）

表6.6的第（2）、（3）列显示，Neg_Meansim 与 Divergence 在5%水平上显著负相关，Divergence 与 UP 在1%水平上显著正相关，说明风险信息披露通过减少投资者异质信念，进而降低了IPO抑价率。第（3）列投资者异质信念的系数显著为正表明中介效应成立，可解释风险信息披露的影响效应，是重要的作用渠道。因此，高质量的风险信息披露有助于投资者感知风险，投资者能够根据有效信息做出趋同的投资决策，投资者分歧度的缩减进而降低了IPO首日抑价率，印证了理论分析和假设 H6.2。

以上结果充分说明，IPO风险信息披露将通过影响投资者异质信念作用于新股定价市场，进而实证支持了风险信息披露质量提升，降低投资者异质信念，从而提高新股定价效率这一内在逻辑机制。具体如表6.7所示。

表 6.7　风险信息披露、投资者异质信念与 IPO 抑价率

变量	UP	Divergence	UP
	（1）	（2）	（3）
Neg_Meansim	−0.963 ***	−0.036 **	−0.842 ***
	（−3.27）	（−2.57）	（−2.89）
Divergence	—	—	3.332 ***
			（7.87）
Constant	3.405 ***	0.184 ***	2.791 ***
	（8.02）	（9.09）	（6.55）
Controls	YES	YES	YES
Ind FE	YES	YES	YES
Year FE	YES	YES	YES
Observations	2 434	2 434	2 434
R-squared	0.408	0.099	0.423

6.3.4.2　异质性分析

（1）信息不对称程度

考虑到上市公司与市场参与者的信息不对称程度在横截面上有所差异，而国内外大多数研究一致表明，信息不对称是 IPO 定价效率的重要影响因素（Ritter and Welch，2002；翁宵暐 等，2014）。因此本章从信息不对称的角度进行异质性分析。

新股对普通投资者而言是信息"黑箱"，其特殊性使信息不对称现象较为严重。在 IPO 高度信息不对称的环境下，投资者进行风险评估和投资决策不仅需要分析定量的财务数据，还要准确解读招股书中的文本措辞。一方面，盈余管理加大了资本市场中的信息不对称程度和逆向选择风险，即 IPO 公司的盈余管理行为导致新股定价与公司真实价值发生偏离，IPO 定价效率下降（Abad et al.，2018）；另一方面，盈余管理加剧了新股发行价的高估，且导致新股发行后长期表现弱势（Gao et al.，2015）。

鉴于此，本章采用分组检验的方法，进一步验证了信息不对称程度对风险信息披露与新股定价效率关系的影响。借鉴王化成等（2015）的做法，以修正 Jones 模型绝对值（Abs_disacc）衡量 IPO 公司的信息不对称程度，将信息不对称程度（Abs_disacc）高低作为分组变量，按照行业年份

将信息不对称程度以中位数分为高低两组，Abs_disacc2 = 1 组是修正 jones 绝对值低的组，用基准模型（6.1）、模型（6.2）进行分组回归。回归结果如表 6.8 所示，风险信息披露质量（Neg_Meansim）对 IPO 市盈率（Pe_IPO）的正向影响与风险信息披露质量（Neg_Meansim）对 IPO 抑价率（UP）的负向影响均在信息不对称程度低的组别更显著。这表明在信息不对称程度较低的情况下，风险信息披露能够补充增量信息，促进投资者理解上市公司运行情况，更准确地判断公司价值，提高 IPO 定价效率。

（2）机构投资者持股比例

考虑到上市公司机构投资者持股在横截面上有所差异，而风险信息披露对新股发行定价的影响，很大程度依赖于投资者的风险感知、信息处理能力，需要通过机构投资者等信息中介才能够反映到股价中。因此本章从机构投资者持股角度进行异质性分析，如表 6.8 所示。

机构投资者为参与主体的询价定价机制是新股发行的关键环节。且受到资金体量与持股动机的影响，机构投资者相较于个体投资者，往往拥有更专业的信息搜集、数据分析能力，有助于更好地对企业进行价值判断（丁慧 等，2018；谭劲松 等，2019）。已有研究表明，机构投资者持股比例与信息披露效率正向相关（DSouza et al.，2010），专业机构投资者持股能够显著提高股价信息含量，促进资本市场定价效率的提升，加速优胜劣汰的市场化进程（毕子男 等，2007；解维敏，2012）。

鉴于此，本章采用分组检验的方法，进一步验证了机构投资者持股比例对风险信息披露与新股定价效率关系的影响。将机构投资者持股（Proportion）高低作为分组变量，按照机构投资者持股比例中位数将样本分为高低两组，用基准模型（6.1）、模型（6.2）进行分组回归。回归结果如表 6.9 所示，风险信息披露质量（Neg_Meansim）对 IPO 市盈率（Pe_IPO）的正向影响与风险信息披露质量（Neg_Meansim）对 IPO 抑价率（UP）的负向影响均在机构投资者持股比例高的组别更显著。这表明机构投资者比中小投资者拥有更专业的信息解读能力，机构投资者持股越多、影响力越大，越容易将风险披露复杂文本中的有效信息传达给市场，从而对 IPO 定价进行合理估值，提高发行价格、优化资本市场秩序。

表 6.8 异质性分析——信息不对称程度

Variables	Pe_IPO		UP	
	（1）	（2）	（3）	（4）
	Abs_Disacc2＝1	Abs_Disacc2＝2	Abs_Disacc2＝1	Abs_Disacc2＝2
Neg_Meansim	13.731*	6.894	−1.146**	−0.769**
	（1.76）	（1.16）	（−2.31）	（−2.26）
Constant	57.863***	110.942***	3.990***	2.848***
	（5.44）	（12.15）	（5.88）	（5.46）
Controls	YES	YES	YES	YES
Ind FE	YES	YES	YES	YES
Year FE	YES	YES	YES	YES
N	1 212	1 220	1 212	1 220
R2_A	0.343	0.630	0.366	0.441

表 6.9 异质性分析——机构投资者持股比例

Variables	Pe_IPO		UP	
	（1）	（2）	（3）	（4）
	Proportion2＝1	Proportion2＝2	Proportion2＝1	Proportion2＝2
Neg_Meansim	5.091	13.719*	−0.957**	−1.084***
	5.091	13.719*	−0.957**	−1.084***
Constant	86.504***	95.831***	3.692***	3.404***
	（6.86）	（7.36）	（4.17）	（4.91）
Controls	YES	YES	YES	YES
Ind FE	YES	YES	YES	YES
Year FE	YES	YES	YES	YES
N	1 178	1 257	1 178	1 257
R2_A	0.531	0.462	0.451	0.342

6.3.4.3 拓展性研究

（1）长期市场表现

已有研究发现，新股存在长期弱势之谜（王睿 等，2017）。因国内资本市场并非完全有效的强势市场，新股上市初期，投资者的认购热情较为高涨，但随着信息不断披露，持乐观态度的投资者逐渐回归理性，对公司的预期与价值判断使其不愿长期持有而卖出股票，因此新股在较长一段时间内绩效表现平平（俞红海 等，2015）。那么风险信息披露水平对于 IPO 公司长期市场表现是否具有显著影响呢？能否缓解 IPO 股票长期弱势？

本章采用事件研究法中的累积异常收益率（CAR[①]）作为衡量新股上市后市场表现的指标。我们将 IPO 公司上市首日作为事件日（T_0），借鉴张光利等（2021）的文献，我们选择 ［0，3］、［0，60］、［0，100］ 作为窗口期基于市场模型计算的累积超额收益率，分别衡量 IPO 后短期、中期和长期的股票市场反应。为了进一步检验招股说明书风险信息披露水平对 IPO 公司长期市场表现的影响，构建以下回归模型：

$$CAR_{i,t} = \alpha_0 + \alpha_1 \times Neg\_Meansim_{i,t} + Controls + \gamma_i + \mu_t + \varepsilon_{i,t}$$

(6.19)

其中，被解释变量为股票市场反应（CAR），解释变量为风险信息披露质量的代理变量风险相似度（Neg_Meansim），结果如表 6.10 所示。表中（1）~（3）列说明风险相似度（Neg_Meansim）与 IPO 公司绩效（CAR）之间具有正相关关系，且以 CAR（0，60）CAR（0，100）衡量市场表现时通过了显著性检验。说明风险信息披露一定程度上可以帮助投资者对上市公司的未来成长性做出合理判断与理性预期，以满足非投机性长期投资需求。从长远发展视角，风险信息披露质量可以预示未来上市公司的长期市场表现。

表 6.10　拓展性研究——长期市场表现

变量	CAR（0，3）	CAR（0，60）	CAR（0，100）
	（1）	（2）	（3）
Neg_Meansim	0.015	0.133[**]	0.015[**]
	（0.29）	（2.20）	（2.58）
Constant	0.018	−0.043	−0.013
	（0.23）	（−0.50）	（−1.58）
Controls	YES	YES	YES

①　注释：CAR 为某个公司的股价的多日内异常收益之和，采取日度数据。CAR＝多日 AR_t 之和，单日异常收益率（AR_t）＝这一天该公司的股票日收益率（$R_{i,t}$）−基准市场收益率（$R_{m,t}$）。

表6.10(续)

变量	CAR (0, 3)	CAR (0, 60)	CAR (0, 100)
	(1)	(2)	(3)
Ind FE	YES	YES	YES
Year FE	YES	YES	YES
N	2 388	2 369	2 338
R2_A	0.059	0.046	0.031

（2）注册制改革的影响（PSM-DID）

考虑到注册制改革前上市的企业与注册制改革后上市的企业可能存在系统性差异，为了消除样本企业自身因素对实证结果的影响，本章以注册制试点为自然制度场景，使用倾向得分匹配（PSM）方法，进一步实证检验注册制改革对风险信息披露与新股定价效率关系的影响。

第一步，设定处理组（Treat）样本为注册制改革宣告后进行 IPO 的企业，控制组（Control）样本为注册制改革宣告前进行 IPO 的企业。第二步，采用 Logit 模型进行倾向评分，按照控制变量的 11 个指标，对样本企业是否受注册制改革影响进行最近邻一对一配对。PSM 匹配后的均衡性检验结果见表 6.11，各项变量在处理组和控制组之间分布均衡，无显著差异。进一步，设定模型如下：

$$Pe\_IPO_{i,t} = \alpha_0 + \alpha_1 \times DID * Neg\_Meansim_{i,t} + Controls + \gamma_i + \mu_t + \varepsilon_{i,t}$$

$$(6.20)$$

$$UP_{i,t} = \alpha_0 + \alpha_1 \times DID * Neg\_Meansim_{i,t} + Controls + \gamma_i + \mu_t + \varepsilon_{i,t}$$

$$(6.21)$$

其中，解释变量 $DID * Neg\_Meansim_{i,t} = Treat * Post * Neg\_Meansim$，设定有两个时期：DID=1，即处理组 Treat=1 为创业板企业且 Post=1 为注册制改革之后；DID=0，即其他情况。Treat=1 表示在处理组，Treat=0 表示在对照组；Post=1 表示注册制改革后，Post=0 表示注册制改革前。PSM 匹配后的回归结果如表 6.12 所示，表明注册制改革实施后，创业板 IPO 公司的风险信息披露质量与新股定价效率关系增强，提高 IPO 市盈率、显著降低 IPO 抑价率，与本章的 H1、H2 保持一致。

表 6.11　PSM 均衡性检验

变量	Unmatched/ Matched	Mean		%Bias	%Reduct ｜Bias｜	T test	
		Treated	Control			T	P>｜T｜
Mean_Marketreturn	U	0.154 07	0.129 18	9.5		2.15	0.032
	M	0.156 38	0.155 94	0.2	98.2	0.03	0.975
Sd_Marketreturn	U	0.015 04	0.015 11	−1.5		−0.33	0.744
	M	0.015	0.015 04	−0.9	40.1	−0.16	0.872
PreIPO_Soe	U	0.051 35	0.112 53	−22.4		−4.72	0
	M	0.053 6	0.054 58	−0.4	98.4	−0.08	0.935
Top1	U	0.366 46	0.409 93	−27.6		−6.00	0
	M	0.367 77	0.360 86	4.4	84.1	0.88	0.38
Lnasset	U	19.584	20.422	−81.6		−17.62	0
	M	19.652	19.683	−3	96.3	−0.70	0.486
Cfo_Asset	U	0.112 4	0.108 03	3.8		0.86	0.391
	M	0.111 08	0.108 14	2.5	32.6	0.45	0.653
Top10	U	0.429 73	0.458 81	−5.9		−1.30	0.194
	M	0.431 59	0.467 37	−7.2	−23	−1.35	0.176
Proportion	U	26.642	33.458	−22		−4.77	0
	M	27.104	27.045	0.2	99.1	0.04	0.970
Lottery_Rate	U	0.501 42	0.499 22	0.2		0.05	0.959
	M	0.481 86	0.405 87	8.3	−3 358.0	1.77	0.076
Growth	U	0.960 62	0.684 62	9		2.05	0.041
	M	0.932 28	0.988 84	−1.8	79.5	−0.32	0.745
Roe	U	0.254 01	0.227 08	20.4		4.60	0
	M	0.248 69	0.237 21	8.7	57.4｜	1.57	0.117

表 6.12　拓展性研究——注册制改革的影响

变量	Pe_IPO	UP
	（1）	（2）
DID_Neg_Meansim	21.917	−4.590***
	(1.04)	(−3.61)
DID	−18.514	5.211***
	(−1.01)	(4.68)
Treat_Neg_Meansim	30.707***	1.063
	(2.66)	(1.52)

表6.12(续)

变量	Pe_IPO	UP
	（1）	（2）
Post_Neg_Meansim	−3.644*	−0.203
	(−1.74)	(−1.61)
Treat	−27.924***	−1.066*
	(−2.75)	(−1.73)
Neg_Meansim	−6.258	−1.148***
	(−0.85)	(−2.58)
Constant	127.961***	4.528***
	(11.61)	(6.78)
Controls	YES	YES
Ind FE	YES	YES
Year FE	YES	YES
Observations	1 676	1 676
R−Squared	0.536	0.503

6.4　本章小结

随着市场化进程的加快，我国建立了以信息披露为核心、把选择权交由市场的新股上市制度，发行定价成为关键环节，上市公司估值的高低直接体现了市场参与者的认可程度。本章选取 2007—2022 年我国 A 股上市企业招股说明书为研究对象，首先，采用文本分析法构建风险信息披露质量的度量指标，实证检验了 IPO 风险信息披露水平与新股定价效率之间的关系。结果表明：招股说明书风险信息披露质量越高，即文本相似度越低，IPO 市盈率越高、IPO 首日抑价率越低，提升了新股市场的定价效率。其次，通过替换关键变量、Heckman 二阶段模型进行稳健性检验，上述结论仍然成立；从作用机制来看，风险信息披露质量通过降低投资者异质信念，提高 IPO 市盈率、降低 IPO 首日抑价；异质性分析表明，风险信息披露质量对 IPO 定价效率的影响在信息不对称程度低、机构投资者持股占比高的组别更为显著。此外，拓展性研究发现，风险信息披露质量越高，上市公司的长期市场表现越好；最后，为检验不同制度背景对 IPO 定价效率的影响效果是否存在差异，本章以注册制试点作为准自然实验场景，发现注册制改革的实施，使得创业板 IPO 公司的风险信息披露质量与新股定价效率关系强化，提高 IPO 市盈率、显著降低 IPO 首日抑价率。本章找到一种新的方式对异质性风险信息进行度量，研究结论从信息披露视角进一步丰富了 IPO 定价效率的相关研究，有助于上市公司提升风险信息披露水平，在提高金融资源配置效率、发展成熟有效的资本市场方面发挥着重要作用。

本章的边际贡献在于丰富了风险信息披露经济后果与 IPO 定价相关领域的研究。本章厘清了风险信息披露质量对新股定价效率的影响及其内在机理，充分论证"风险信息披露—投资者异质信念—新股定价效率"这一核心逻辑机制并进行实证检验，深化了风险信息披露质量参差引发经济后果的理解。

本章实证揭示了风险信息披露在一级市场新股发行定价中发挥着正向治理效应。研究结论对于上市公司、监管层、市场参与者三方具有重要意义，因此，本章提出以下建议：

第一，从监管部门的视角出发，目前我国 IPO 公司的风险信息披露环境亟待完善。应加强对风险信息披露的监管，有利于提升我国资本市场的信息价值与运行效率，为全面注册制保驾护航。此外，为更大程度发挥风险信息披露的积极作用，有必要针对我国国情出台风险信息披露的类别、形式、内容等制度规范，便于投资者有效决策，从而提高证券市场的定价效率，促进经济长期高质量发展。

第二，从发行人的视角出发，上市公司需要充分认识到风险信息披露在资本市场中的有效性，积极主动提升风险信息披露水平。一方面，风险信息具有缓解信息不对称的效用，有助于市场参与者明晰企业的业务活动与经营风险，削减处于信息劣势地位的投资者可能面临的逆向选择风险；另一方面，风险信息披露会影响投资者认购意愿，优质公司在遵循上市合规要求的基础上，可以采用高质量的信息披露区别于低质量公司以博取投资者的信任。尤其在注册制背景下，信息披露是市场化改革的重中之重，激励发行人进一步规范、清晰地披露自身风险因素，优化风险信息披露质量。

第三，从市场参与者的视角出发，本章证实了风险信息披露与新股定价效率以及IPO后长期市场表现之间存在显著相关关系，使得投资者在评估个股的投资价值时有据可依。进一步促进投资者提升信息处理能力、做出理性的价值判断，从而选择优质的投资标的、降低其未来收益的不确定性。

7 IPO 公司风险信息披露与新股破发

7.1 理论分析与研究假设

7.1.1 引言

随着科创板、创业板试点注册制改革相继平稳落地，北交所顺利运行，我国多层次资本市场已经基本形成，全面实行股票发行注册制势在必行。注册制是以市场化为导向，以充分信息披露为中心的运行机制（王小军和杜坤伦，2016）。伴随着 A 股注册制的稳步推进，导致短时间内我国资本市场新股密集上市，新股的发行定价进一步市场化，破发成为常态，打破了"新股不败"的神话。据 Wind 统计，2022 年 1 月初至 4 月底，科创板新上市的 37 只新股，其中有 29 只新股上市首日便遭遇破发，破发率为 78%；创业板迎来新股 48 只，破发数量为 26 只，破发率为 54%，引发理论界和实务界的关注。IPO 破发会影响上市公司、承销商和投资者三方的利益，如 IPO 破发会影响上市公司募集资金的情况和后续的再融资计划，进而制约上市公司的发展；会影响承销商的市场声誉，进而影响其市场业务；会影响投资者的信心，进而影响市场的活跃程度，最终导致股票市场低效率。因此，研究 IPO 破发现象具有较强的现实意义。

在核准制阶段，由于新股发行市盈率控制在 23 倍以内，与同行业已上市公司的估值存在一定的差距，因而通常存在新股发行的 IPO 抑价现象，对投资者来说打新意味着必赚钱，破发的上市公司数量非常少。而随着注册制的推行，放开了发行市盈率的限制，市场各方参与主体在利益驱动下进行博弈，新股发行通常表现为"三高"现象（高市盈率、高发行价、高超募资金），破发成为一种常态。因此，注册制为研究 IPO 破发的原因提供了一个天然的自然实验场景。关于 IPO 破发的原因，主要有以下几个方面：一是根据信息不对称理论，投资者相较于拟上市企业处于信息劣势地位，理性投资者做出逆向选择，根据掌握的上市公司平均质量判断新股发行价格，高估劣质企业而低估优质企业，导致市场定价效率下降，新股破发频现；二是根据投资者情绪理论，市场交易者存在异质性，当市场上非理性交易者对新股收益持盲目乐观态度时，便愿以较高发行价买入。投资者情绪具备相互传染性，易引发群体非理性决策（Shiller et al., 1984），新股便出现相对于内在价值的定价偏误（Cornelli et al., 2006；王澍雨和杨洋，2017）。从国内外对 IPO 破发原因分析的文献来看，信息披露是影响新股破发的一个重要因素。我国证券市场由核准制向注册制的转变，意味着证监会对发行人盈利能力的实质判断转换为对发行人充分信息披露的全面把关，将上市企业投资价值的判定权完全交由市场，因此信息披露是股票发行注册制改革的根本支撑和核心要求。提高信息披露水平能够提高公司的股票流动性，降低企业的资金成本（Diamond and Verrecchia, 1991），有利于市场资源配置效率的提升（Healy and Palepu, 2001）。因此，我们预计上市公司 IPO 信息披露能够影响新股破发。

招股说明书是新股首发过程重要的信息载体，是拟上市公司 IPO 时向公开潜在投资者进行信息披露、以消除非公众公司信息不对称的重要载体。招股说明书中的风险因素章节为上市公司可能存在的瑕疵，有利于投资者全面了解公司面临的风险，其风险信息披露水平影响着 IPO 市场的定价效率（Beatty and Welch, 1996；郝项超和苏之翔，2014；姚颐和赵梅，2016；李璇和白云霞，2021）。在注册制改革试点过程中，招股说明书信息披露水平相较核准制得到了一定程度的提升，但仍存在篇幅冗长、针对性不足、合规性信息过多、可读性不高等问题。目前关于风险信息披露的经济后果，学术界尚未得出一致结论：一方面，有效的信息披露能够减缓信息不对称，降低投资者信息获取成本（Campbell et al., 2014），提高分析师预测精度（Hope et al., 2016），提升资本市场定价效率（姚颐和赵梅，2016）；另一方面，本质负面的风险信息提示意味着公司不确定性较大会加剧投资者的恐慌情绪，"羊群效应"导致证券市场震荡加剧，交易效率下降（杨墨 等，2022）。已有研究从信息可读性（Arnold et al.,

2010；Asay et al.，2017）、披露语气（Brau et al.，2016；Azmi et al.，2020）、披露篇幅等多个视角对招股说明书风险信息披露影响 IPO 定价效率进行了探讨，而少有文献关注招股说明书风险信息披露对 IPO 破发现象的影响。在注册制改革使得信息披露的重要性大幅提升的背景下，根据以上分析我们有理由推断，招股说明书风险信息披露水平可能会影响新股破发。对此问题的探究对于风险信息的提供方、使用方、监管方均具有重要的现实意义，对优化招股说明书信息披露质量、提高资本市场定价效率具有重要的政策启示。

基于以上分析，本章以注册制改革的核心——信息披露为切入点，通过对招股说明书进行文本分析构建风险信息披露水平指标，以上市时间在2020—2022 年的科创板和创业板上市公司为样本，基于信息不对称与资源依赖理论等多种理论，从"数量""质量"两个维度探究招股说明书风险信息披露与 IPO 破发现象之间的关系。研究表明：①上市公司招股说明书风险信息披露数量与 IPO 破发负向相关，即风险信息披露篇幅越长，首日破发概率越低。②上市公司招股说明书风险信息披露质量与 IPO 破发负向相关，即异质性风险因素越多（风险信息披露相似度越低），首日破发概率越低。通过替换关键变量进行稳健性检验，上述结论仍然成立。异质性分析发现，招股说明书风险信息披露水平对 IPO 破发影响的程度会受到机构投资者持有比例、分析师跟踪的影响：风险披露篇幅比例越高时，机构持股发挥调节作用，显著降低 IPO 破发概率；风险相似度越高时，分析师跟踪起到调节作用，显著降低 IPO 破发概率。进一步从 IPO 公司风险披露项目、长期市场表现、定价效率等方面进行研究发现：招股说明书中财务风险、内控风险的披露，相较其他风险更能降低 IPO 破发概率；招股说明书风险披露质量越高，IPO 公司长期市场表现越好，市场评价越高；在市盈率低的组别，风险披露占总篇幅比例越大 IPO 破发概率越小，风险相似度越高 IPO 公司越容易破发；并将注册制试点作为准自然实验，发现注册制市场化会降低 IPO 破发概率，使得风险披露篇幅越大的企业破发天数越长、风险披露相似度越高的企业破发天数越短。

7.1.2 注册制下 IPO 破发

2018 年 11 月 5 日，习近平总书记在中国国际进口博览会开幕式上宣布在上海证券交易所设立科创板并试点注册制改革。2019 年 7 月 22 日，科创板迎来历史性时刻，首批 25 家公司上市。2020 年 6 月 12 日，中国证监会发布《创业板首次公开发行股票注册管理办法（试行）》等文件，创业板改革并试点注册制落地。2020 年 8 月 24 日，创业板正式开市交易，首批 18 家公司上市。股票发行注册制以信息披露为中心，重点把控证券发行人提供信息的透明度和有效性，由投资者自主判断公司价值。对于科创板、创业板来说，市场化定价机制使得高估值、高发行价的新股投资者"用脚投票"，出现上市首日即破发现象。统计显示，2022 年全年的 428 只新股中，高达 52.10% 均已出现破发。创业板、科创板的破发比例分别已达 50.33%、50%；而北交所更是以 67 只的数量让破发比例达到了 80.72%，成为年内的破发重灾区。表 7.1 为 2019—2022 年上市公司 IPO 破发情况统计。

表 7.1 上市公司 IPO 破发情况统计

年份	主板		创业板		科创板	
	上市公司数量	破发数量	上市公司数量	破发数量	上市公司数量	破发数量
2019	168	5	—	—	—	—
2020	150	3	57	2	130	13
2021	109	10	171	23	153	18
2022	—	—	11	7	9	6

7.1.3 研究假设

资本市场中信息大体可以分为：财务信息等标准定量的"硬信息"与市场评论等主观定性的"软信息"两大类。其中"软信息"常使用描述性的语言，难以量化，而招股说明书的风险因素章节主要是描述性文字，因此可以将风险信息视作"软信息"（Arnold et al.，2010）。一方面，"软信息"有助于市场参与者加深对公司业务活动的理解，投资者对公司的整体前景更加准确地评判（Campbell et al.，2014）；另一方面，"软信息"伴随一定的模糊性与主观色彩，需要投资者进一步解读（熊艳 等，2014），投资者对于"软信息"的处理成本通常会显著高于"硬信息"（Engelberg，2009）。

资源依赖理论认为，企业是受利益驱动的经济实体，逐利性使其在寻求合法合规的同时动态权衡信息披露的机会成本与收益（Pfeffer and Salancik，1978）。谢汉昌（2017）研究发现，风险披露能够降低不知情交易者信息获取成本，也可能引起市场消极悲观情绪。从消极视角来看，风险信息披露传递一定的负面色彩，更多的风险因素披露意味着高度的不确定性，公司披露风险信息会面临着高昂的成本，包括合规成本、资金成本、竞争劣势成本等，可能引致同业竞争对手争相模仿（Mbithi et al.，2020）；从积极视角来看，公司可以通过公开风险披露优化公司的风险管理，获得更便宜的资本成本（Ntim et al.，2013），同时降低投资者的信息搜寻成本，改善企业声誉和形象、增强投资者对公司的信心（Maksimovic and Pichler，2001），而投资者情绪是资产定价的重要影响因素（韩立岩和伍燕然，2007）。

基于信息不对称理论，市场参与者存在信息不对称的困扰，而信息披露是缓解信息不对称问题的关键（Kim and Verrecchia，1994）。为进一步保护处于信息劣势的投资者，新《证券法》增加自愿性信息披露规则作为强制信息披露规则的补充，鼓励拟上市公司自愿披露与投资者做出价值判断有关的信息。招股说明书披露风险因素数量越多，信息透明度越高，越能够真实反映上市公司的经营状况，一定程度缓解上市公司与投资者之间的信息不对称，向公众传递优质公司"真金不怕火炼"无惧审视监管的信号。且相较于个人投资者，机构投资者掌握着更强的风险感知能力、信息处理能力，更愿意深入分析上市公司的披露信息。因此对于机构投资者，风险因素章节更长篇幅的披露降低投资者预测成本，利于其更准确地预判拟上市公司真实价值与未来潜在风险（Heinle and Smith，2017）。

从发行人的视角，注册制背景下新《证券法》提高了信息披露的合规要求，风险信息披露所传达的信息对监管机构、发行人和投资者非常重要，充分风险披露是公司寻求长期战略发展的最佳选择（Mbithi et al.，2020）。从市场参与者的视角，在信息不对称的"柠檬市场"中，招股说明书风险因素章节篇幅占比越大，意味着发行人信息披露越充分，避免"报喜不报忧"的选择性披露，会引起更多分析师关注，提高分析师预测的准确度（Merkley，2011），也使得投资者从风险信息披露中获得增量信息（Campbell et al.，2014），对股价的评估越准确，资本市场定价效率越高，IPO 破发的可能性越小。

H7.1：上市公司招股说明书风险信息披露数量与 IPO 破发负向相关，即风险因素信息披露篇幅越长，首日破发概率越低。

根据证监会颁布的《公开发行证券的公司信息披露内容与格式准则第1号——招股说明书（2015 年修订）》，招股说明书属于强制性信息披露，其中风险因素章节要求针对发行人自身特点进行重大风险揭示。强制信息披露具有一定的规范性和可比性，但风险信息披露主要是以文字定性分析为主、数字定量信息占比较少，使得上述格式规则对风险因素信息披露的约束力有限，发行人仍然有一定的自主选择空间。因此，拟上市公司在风险信息披露时可能选择如实披露或者模糊、模板化披露（吴育辉和唐浩博，2021），通过把控差异化风险信息披露来调节信息含量，以期兼顾上市公司融资效率与投资者公平。Mbithi et al.（2020）从代理理论、资源依赖理论、信号理论、利益相关者理论、合法性理论和制度理论六种理论视角解释了风险信息披露行为。多视角均呈现出风险信息披露的某个方面，这证实了风险信息披露是一个无法使用单一理论解释的复杂现象。

基于委托代理理论，信息披露的根源在于代理问题，一方面由于所有权和控制权分离，受私人利益驱使的管理层同时对公司信息的把握更加全面（Jensen and Meckling，1976），易出现风险信息披露内容同质化现象；另一方面我国上市公司股权结构较为集中，对中小股东的保护较弱，股东自身对于信息披露的要求也较为宽松，因此主动披露异质性风险信息的可能性较低（李璇和白云霞，2021）。IPO 企业均缺少自愿高质量披露风险信息的动力，需要通过监督约束、激励机制缓解代理问题，进而产生代理成本。为降低代理成本，管理层作为理性经济人也会产生自愿高质量信息披露的动机，风险信息披露质量越高，越能缓解代理冲突。

基于资源依赖理论，提高公司的风险信息披露透明度能够收获一定的益处抵消披露成本（Pfeffer and Salancik，1978）。我国资本市场自愿性信息披露水平总体较低（马忠和吴翔宇，2007），因此优质的上市公司在满足最低合规要求的基础上，有意通过提供高质量的信息披露来区别于低质量公司，以赢取投资者信任（Merkl-Davies and Brennan，2007），证券市场陷入诚信危机时尤为明显（宋献中，2006）。研究发现公司核心竞争力的信息披露成本较低，同业竞争者无法通过异质性信息掌握核心科技，难以模仿和复制行业龙头。注册制下监管机构对信息披露的审查趋严，要求 IPO 企业为投资者提供更优质的风险信息。因此拟上市公司有动机提高信息披露质量，向外部传达某种信息，以表明其在证券市场上优于同业竞争者，从而吸引投资者并建立良好的社会声誉（Verrecchia，1983；Oliveira et al.，2013）。

信息不对称理论认为，当上市公司有针对性地披露异质性风险信息时，高质量信息披露可以减缓企业与投资者之间的信息不对称程度（Botosan，1997；Diamond and Verrecchia，1991），传递有效信息、与投资者建立信任（曾颖和陆正飞，2006），使有效风险信息披露的企业获得更高声誉和更低的融资成本（Ntim et al.，2013），分析师对基本面的评估也会更加准确，引发证券市场积极正向反应（Hope et al.，2016），从而改善资本市场运行效率。

从信号传递视角切入，标准化语句的样板文本信息披露，信息含量极低，并不会提供增量信息（Bloomfield，2008；Dyer et al.，2017）。已有研究发现，目前上市公司披露的风险信息多为应付监管要求的模板式披露、与其竞争对手相似度较高（Yen et al.，2016），投资者无法准确区分风险披露中包含的专有信息，信息处理成本大幅增加、对上市公司的估值更加困难（Loughran and McDonald，2013）。如果上市公司致力于提高信息披露质量、积极提供更多核心异质性信息，有利于增强投资者关注度，提振市场信心（宋献中，2006）。复制粘贴、套用模板的同质化内容越少，风险信息质量越高，对投资者来说是利好消息，股票能够以相对更合理的价格交易，资本市场定价效率提升（Healy and Palepu，2001）。

总之，自愿性信息披露是发行人、市场参与者、监管层多方共赢的选择，有利于资本市场定价效率实现帕累托改进（王雄元和王永，2006）。立足于一级发行市场，上市公司隐瞒风险可能会得到较高发行价，但如果投资者事后甄别出发行人粉饰经营状况、模板式披露，便可能出现投资者大量抛售、新股破发的窘境；反之，详细充分的高质量风险信息披露使得 IPO 公司发行定价更合理，缩减发行价与内在价值的偏离度，首日破发概率更低，即风险信息披露质量与其首日破发概率负向相关。

H7.2：上市公司招股说明书风险信息披露质量与 IPO 破发负向相关，即异质性风险因素越多（风险因素信息披露相似度越低），首日破发概率越低。

7.2 研究设计

7.2.1 样本选择

本章选取 2020—2022 年我国科创板、创业板上市公司的相关数据以及招股说明书（申报稿）作为研究样本。本章所用招股说明书（申报稿）文档运用爬虫程序从巨潮资讯网、上海证券交易所、深圳证券交易所网站获得，其他数据源于 CSMAR 数据库以及 Wind 数据库。剔除了上市公司中无法下载、数据不全的公司，经过以上处理，最终获得 531 个公司年样本。为了控制极端值对估计结果造成影响，对所有连续型数值变量在 1% 和 99% 水平上进行了缩尾处理。

7.2.2 模型构建与变量定义

为研究注册制背景下，招股说明书风险信息披露"数量"与"质量"对 IPO 破发现象的影响，本章构建了如下 Logit 模型：

$$\text{Break\_Dummy}_{i,t} = \alpha_0 + \alpha_1 \times \text{Risk}_{i,t} + \text{Controls} + \gamma_i + \mu_t + \varepsilon_{i,t}$$

$$(7.1)$$

$$\text{Break\_Dummy}_{i,t} = \alpha_0 + \alpha_1 \times \text{Mean\_Sim}_{i,t} + \text{Controls} + \gamma_i + \mu_t + \varepsilon_{i,t}$$

$$(7.2)$$

（1）被解释变量：Break_Dummy 为破发与否，即新股上市首日股价是否低于发行价格。如果股票发行上市当日就跌破发行价，虚拟变量取值为 1，反之为 0。

（2）解释变量：①Risk 为 IPO 公司的风险信息披露数量，采用招股说明书"风险因素"章节占总篇幅的比例衡量；②Mean_Sim 为 IPO 公司的风险信息披露质量，采用招股说明书风险信息披露的文本相似度衡量。借鉴 Brown and Tucker（2011）用文本相似度来衡量 MD&A 信息含量的做法，本章用样本企业与所在行业内所有企业的招股说明书风险信息披露文本进行文本相似度计算，并取均值，最终获得风险相似度。若风险相似度高则说明企业披露的行业同质化风险信息多，与企业相关的私有信息少，则风险信息披露质量较低。

具体做法，采用预训练模型 ERNIE（Sun et al.，2019）对文本相似度进行计算。目前文本相似度的计算中，运用较多的方法是词频经过 TF-IDF 算法的加权形成词频向量，然后计算词频向量间的余弦相似度，最终获得经营范围相似度（Hoberg and Phillips，2016）。上述基于词频的词向量忽略了上下文的语义信息（严红，2019），但是年报中对于经营范围的描述能够用关键词进行较好的概括，因此在计算经营范围相似度时不考虑上下文的语义信息也具有一定合理性。由于风险信息的披露相较于经营范围篇幅更长，内容和句式都相对复杂，且包含了更多的文本信息，如果用基于统计机器学习的算法对风险信息文本进行处理可能不能取得较好的效果，而预训练模型 ERNIE 不仅能将上下文语意融入词向量的形成过程中，并且借由知识增强的持续学习语义理解框架，能够捕捉到词汇、结构、语义等方面的知识。

在附录中我们对两种方法进行了比较与检验，最终采用 ERNIE 对招股说明书风险信息披露部分的文本相似度进行计算。在运用 ERNIE 前，为了对风险信息文本中的冗余信息进行过滤与处理，借鉴 Cardinaels et al.（2019）的做法先对风险信息文本运用 Textrank（Mihalcea and Tarau，2004）进行摘要抽取，然后对 Textrank 处理后的文本运用 ERNIE 进行文本相似度计算。

（3）控制变量：借鉴熊艳和杨晶（2017）的研究，本章加入了相应的控制变量，具体的变量定义与说明见表 7.2。本章模型均控制了个体固定效应与年份固定效应。

表 7.2　变量定义与说明

变量分类	变量符号	变量定义与说明
被解释变量	Break_Dummy	是否破发，虚拟变量，若新股上市首日股价低于发行价为 1，否则为 0
	Lnbreak_Datenumber	破发天数，定义上市后 3 个月内最早出现破发时间距上市日的间隔，并在该值加 1 后取自然对数为破发天数（Lnbreak_Datenumber = Ln（1 + break_Datenumber）），每个月按 30 天计算，若没有出现破发则该值为 90 天

表7.2(续)

变量分类	变量符号	变量定义与说明
解释变量	Risk	招股说明书"风险因素"章节占总篇幅的比例
	Risk2	招股说明书中数字字数占风险披露部分篇幅的比例
	Mean_Sim	样本企业与其所在行业所有企业的招股说明书风险披露部分的文本相似度后取均值,本章的文本相似度均使用 ERNIE 模型计算
	Ln 技术风险项目数	招股说明书"风险因素"章节中技术风险的项数加 1 后取自然对数
	Ln 经营风险项目数	招股说明书"风险因素"章节中经营风险的项数加 1 后取自然对数
	Ln 财务风险项目数	招股说明书"风险因素"章节中财务风险的项数加 1 后取自然对数
	Ln 内控风险项目数	招股说明书"风险因素"章节中内控风险的项数加 1 后取自然对数
	Ln 法律风险项目数	招股说明书"风险因素"章节中法律风险的项数加 1 后取自然对数
	Ln 其他风险项目数	招股说明书"风险因素"章节中除上述风险外的其他风险的项数加 1 后取自然对数
控制变量	Lncapsize	市值的自然对数
	Roa	净资产收益率,公司净利润与净资产的比
	Rank	中国证券业协会主承销商收入排名
	PE	市盈率,股票价格除以每股收益(每股收益,EPS)的比率
	Mb	市账率=市值/账面价值
	Lev	资产负债率,公司总负债与总资产的比

7.3 实证结果与分析

7.3.1 描述性统计

为了解科创板、创业板招股说明书风险信息披露水平,我们对样本公司招股说明书（申报稿）中风险信息数量、篇幅进行描述性统计。考虑样本公司在风险信息披露时分类的差异，本章根据风险因素来源人工划分为五个维度：技术风险、经营风险、财务风险、内控风险、法律风险，并将除上述风险外的公司异质性风险项目归为其他风险（詹雷和韩金石，2021）。如表7.3所示，在招股说明书披露的91项风险项目中，占比最多为经营风险，多达27项；其次是财务风险，达19项；而其他风险信息披露数量差异明显，拟上市公司平均披露1项其他风险信息；数字字数占风险披露相关篇幅的比重从1%到10%不等。

表7.3　招股说明书风险信息披露情况统计

变量	样本量	均值	标准差	最小值	最大值
总风险项目数	531	17.42	9.59	0.00	91.00
技术风险项目数	531	2.31	1.87	0.00	13.00
经营风险项目数	531	6.98	3.59	0.00	27.00
财务风险项目数	531	4.70	2.58	0.00	19.00
内控风险项目数	531	1.31	1.33	0.00	8.00
法律风险项目数	531	0.96	1.65	0.00	12.00
其他风险项目数	531	1.16	6.63	0.00	72.00
数字占风险篇幅比/%	531	0.03	0.02	0.01	0.13

此外，文中涉及主要变量的描述性统计如表7.4所示。从表7.4中可以看出，Break_dummy的均值为13%，表明超过10%的样本企业首日经历破发。Mean_Sim的均值为62.29%，标准差为9.348%，最大值为87.49%，最小值为27.99%，表明样本企业的风险信息披露相似度较高，整个市场风险信息披露同质化现象严重，不同企业间的差异较小。其余变量的描述性统计见表7.4，在此不再赘述。

表7.4　主要变量描述性统计

变量	样本量	均值	标准差	最小值	最大值
Break_dummy	531	0.130	0.336	0.000	1.000
Mean_sim/%	531	62.290	9.348	27.990	87.490
Lncapsize	531	11.190	0.808	9.777	13.540

表7.4(续)

变量	样本量	均值	标准差	最小值	最大值
Roa	531	0.058	0.472	−0.116	10.870
Rank	531	19.760	13.670	1.000	77.000
PE	531	71.880	67.280	−40.030	375.500
Mb	531	1.694	0.449	1.100	3.279
Lev	531	0.330	0.174	0.029	0.748

7.3.2 基本回归结果分析

本章分别考察了招股说明书风险信息披露"数量"与"质量"是否会对IPO企业破发产生影响，回归结果如表7.5所示。由表中前两列可知，招股说明书风险信息披露数量（Risk）与IPO破发概率（Break_Dummy）的回归系数显著为负，说明招股说明书中风险因素章节占总篇幅比例越大，投资者获得的增量信息越多，对公司价值的评估更准确，新股首日破发概率越小，即风险信息披露数量与IPO破发负向相关。

表7.5的后两列表明招股说明书风险相似度（Mean_Sim）与破发概率（Break_Dummy）显著正相关，即招股说明书风险披露文本相似度越高（异质性风险信息披露越少），信息不对称程度越高，投资者信息处理成本的提升以及风险厌恶情绪，容易引发市场恐慌情绪，新股首日破发概率越高，即风险信息披露质量与IPO破发负向相关，前述假设7.1、假设7.2均得到证实。

表7.5 风险信息披露与IPO破发

变量	Break_Dummy			
	（1）	（2）	（3）	（4）
Risk	−0.077***	−0.104**		
	（−2.68）	（−2.25）		
Mean_Sim			0.049***	0.049***
			−2.95	−2.64
Lncapsize		1.226***		1.121***
		−5.84		−5.32

表7.5(续)

变量	Break_Dummy			
	（1）	（2）	（3）	（4）
Roa		−0.225		−0.981
		（−0.57）		（−0.28）
Rank		−0.007		−0.006
		（−0.61）		（−0.47）
Pe		0		0
		（−0.05）		−0.03
Mb		−5.240***		−5.351***
		（−5.67）		（−5.73）
Lev		−3.978***		−4.032***
		（−3.44）		（−3.41）
Constant	−2.194***	−7.209***	−5.711***	−9.383***
	（−6.52）	（−2.63）	（−4.77）	（−2.96）
Observations	520	520	520	520
Stkcd FE	YES	YES	YES	YES
Year FE	YES	YES	YES	YES
Pseudo R2	0.207	0.438	0.207	0.435

注：由于控制了行业与年份，因此在 Logit 模型中若 y 在同一行业与年份中没有异质性则回归时此类样本将不参与；括号中为经异方差调整的 t 值，***、**、* 分别表示估计参数在 1%、5%、10% 水平上显著。

7.3.3　稳健性检验

考虑到变量选取的可靠性，进一步改变解释变量、被解释变量的衡量指标进行验证。

7.3.3.1　改变解释变量的度量方式

采用招股说明书总风险项数（Lntotal_Risk_Count）作为风险信息披露"数量"的代理变量，对"风险因素"章节中总风险的项数加 1 后取自然对数。总风险项数越多，表明招股说明书风险信息披露越充分；采用招股说明书中"数字占风险披露篇幅比例"（Risk2）作为风险信息披露"质量"的代理变量。数字字数占风险披露部分篇幅的占比越大，则风险信息质量越高。数字字数作为一种直观的"硬信息"（Liberti and Petersen，2019），投资者的信息处理成本较低（Engelberg，2009），能够降低信息不对称，进而可能影响新股定价效率。

本章将总风险项数（Lntotal_Risk_Count）、数字占风险披露篇幅比例（Risk2）分别作为解释变量，检验替代指标是否有效。回归结果如表 7.6 中第（1）列、第（2）列所示，与前文主回归结果基本一致。

7.3.3.2 改变被解释变量的度量方式

借鉴熊艳和杨晶（2017）的做法，我们将 IPO 破发现象的度量方式改为破发天数（Lnbreak_Datenumber），定义为新股发行上市后 3 个月内最早出现破发的时间距上市日的间隔，并且在该值加 1 后取自然对数［Lnbreak_Datenumber = Ln（1+break_Datenumber）］，每个月按 30 天计算，如果没有出现破发则该值为 90 天。回归结果如表 7.6 第（3）列、第（4）列所示，招股说明书风险信息披露数量、质量均与 IPO 破发负向相关，这表明风险信息披露更充分、更透明能够降低 IPO 破发概率，结论依然稳健。

表 7.6　稳健性检验

变量	Break_Dummy		Lnbreak_Datenumber	
	（1）	（2）	（3）	（4）
Lntotal_Risk_Count	−0.518**			
	（−2.15）			
Risk2		−0.415***		
		（−3.28）		
Risk			0.005	
			−1.1	
Mean_Sim				−0.008**
				（−2.21）
Lncapsize	1.208***	1.173***	−0.265***	−0.257***
	−6.07	−5.58	（−6.11）	（−5.94）
Roa	−0.351	−0.122	−0.001	0.016
	（−0.36）	（−0.55）	（−0.01）	−0.22
Rank	−0.004	−0.007	0.001	0.002
	（−0.34）	（−0.54）	−0.56	−0.63

表7.6(续)

变量	Break_Dummy		Lnbreak_Datenumber	
	(1)	(2)	(3)	(4)
Pe	0.001	0.001	0	0
	−0.29	−0.23	(−0.29)	(−0.31)
Mb	−5.278***	−5.514***	0.304***	0.302***
	(−5.56)	(−5.54)	−3.33	−3.34
Lev	−4.054***	−3.877***	0.29	0.313
	(−3.53)	(−3.12)	−1.41	−1.54
Constant	−6.112**	−5.564**	6.613***	7.041***
	(−2.01)	(−2.20)	(12.32)	(12.28)
Observations	520	520	531	531
Stkcd Fe	Yes	Yes	Yes	Yes
Year Fe	Yes	Yes	Yes	Yes
R−Squared	−	−	0.286	0.29
Pseudo R2	0.446	0.432	−	−

注：括号中为经异方差调整的 t 值，***、**、* 分别表示估计参数在1%、5%、10%水平上显著。

7.3.4 进一步研究

7.3.4.1 异质性分析

考虑到上市公司的分析师关注度以及机构投资者持股在横截面上有所差异，而招股说明书风险信息披露对于 IPO 破发的影响需要通过分析师、机构投资者等信息中介才能够反映到股价中，本章从以下两个角度进行异质性分析。

（1）分析师关注

如今 IPO 定价机制发生了重大变化，由核准制演变为定价权交给市场的注册制，分析师的新股首发询价报告在发行定价过程中扮演着更为重要的角色。分析师的信息收集与处理能力优于普通投资者，可以利用其掌握的专业知识对 IPO 公司进行全面分析、撰写研究报告，为投资者提供发行标的的盈利预测与估值分析（Ivkovic and Jegadeesh，2004）。已有研究发现，信息披露水平的提升使得分析师获得更多有价值的信息，同时降低信息搜集成本，有助于降低盈余预测的误差（Kim and Verrecchia，1994）。分析师作为信息中介，有助于部分信息披露反映到股价中，进而促进资本市场定价系统效率提升（张婷和张敦力，2020），且同质化信息披露越多更需要分析师深入挖掘和解读。

基于此，本章认为分析师能够发挥调节作用，通过专业性分析报告将招股说明书的深层信息传递给投资者，并将信息融入股价中，减缓信息不对称，降低 IPO 破发概率。为考察分析师跟踪数量是否会影响风险信息披露与 IPO 破发现象之间的关系，建立如下模型：

$$\text{Break\_Dummy}_{i, t} = \alpha_0 + \alpha_1 \times \text{Risk} * \text{Lnanaattention}_{i, t} + \text{Controls} + \gamma_i + \mu_t + \varepsilon_{i, t} \tag{7.3}$$

$$\text{Break\_Dummy}_{i, t} = \alpha_0 + \alpha_1 \times \text{Mean\_Sim} * \text{Lnanaattention}_{i, t} + \text{Controls} + \gamma_i + \mu_t + \varepsilon_{i, t} \tag{7.4}$$

其中，解释变量为风险占总篇幅比例与分析师关注的交乘项（Risk * Lnanaattention）、风险相似度与分析师关注的交乘项（Mean_Sim * Lnanaattention）。我们将对 IPO 公司做过评级的分析师人数取自然对数作为分析师关注度的代理变量。从表 7.7 第（1）列、第（3）列回归结果可知，分析师关注起到调节作用，分析师与风险篇幅占比、风险相似度的交互作用能够显著降低 IPO 破发概率。可以推断当招股说明书风险披露篇幅越长、风险披露相似度越高（异质性信息越少），便会包含更多有待分析却晦涩难懂、可读性不强的专业信息，此时分析师关注越多便能将专业信息解读给投资者，进而降低 IPO 破发概率。

（2）机构投资者持股

机构投资者为参与主体的询价定价机制是科创板、创业板 IPO 定价的关键环节。且机构投资者相较于个体投资者，往往拥有更强大的信息搜集、数据分析能力，有助于更好地对企业进行价值判断（丁慧 等，2018；谭劲松 等，2019）。已有研究表明，机构投资者持股比例与信息披露效率正向相关（DSouza et al.，2010）。专业机构投资者持股能够显著提高股价信息含量，提高资本市场定价效率，加速优胜劣汰的市场化进程（毕子男和孙珏，2007；解维敏，2012）。

鉴于此，本章认为机构投资者能够发挥调节作用，通过参与实地调研将公司深层信息传递给中小投资者（陈小林和孔东民，2012），减缓发行人与投资者之间的信息不对称，显著降低 IPO 破发概率。为考察机构投资者持股比例是否会影响风险信息披露与 IPO 破发现象之间的关系，建立如下模型：

$$\text{Break\_Dummy}_{i,\,t} = \alpha_0 + \alpha_1 \times \text{Risk} * \text{Sumindholdproportion}_{i,\,t} +$$
$$\text{Controls} + \gamma_i + \mu_t + \varepsilon_{i,\,t} \tag{7.5}$$

$$\text{Break\_Dummy}_{i,\,t} = \alpha_0 + \alpha_1 \times \text{Mean\_Sim} * \text{Sumindholdproportion}_{i,\,t} +$$
$$\text{Controls} + \gamma_i + \mu_t + \varepsilon_{i,\,t} \tag{7.6}$$

解释变量是风险占总篇幅比例与机构投资者持股交乘项（Risk * Sumindholdproportion）、

风险相似度与机构投资者持股的交乘项（Mean_Sim * Sumindholdproportion），我们将 IPO 公司机构投资者持股人数加总作为机构投资者持股的代理变量。从表 7.7 第（4）列看出，机构投资者持股能够发挥一定调节作用，显著降低 IPO 破发概率。由于机构自身拥有专业信息解读能力，可以推测当招股说明书风险项占总篇幅的比例越高时，机构投资者持股比例越高，则越容易将风险披露复杂文本中的有效信息传达给投资者，从而降低新股破发概率。

表 7.7　异质性分析

变量	Break_Dummy			
	（1）	（2）	（3）	（4）
Mean_Sim * Lnanaattention	−0.048*** (−2.85)	—	—	—
Mean_Sim * Sumindholdproportion	—	0.000 (0.01)	—	—
Risk * Lnanaattention	—	—	−0.081* (−1.90)	—
Risk * Sumindholdproportion	—	—	—	−0.003** (−2.53)
Mean_Sim	0.046** (2.44)	0.046** (2.30)	—	—
Risk	—	—	−0.113*** (−3.23)	−0.144*** (−3.71)
Lnanaattention	−0.304 (−1.13)	—	−0.563** (−2.26)	—

表7.7(续)

变量	Break_Dummy			
	(1)	(2)	(3)	(4)
Sumindholdproportion	—	−0.030***	—	−0.036***
		(−3.38)		(−4.29)
Lncapsize	1.327***	1.436***	1.507***	1.607***
	(5.65)	(6.02)	(5.93)	(6.08)
Roa	−2.547	−2.281	−1.257	−0.876
	(−0.73)	(−0.62)	(−0.37)	(−0.23)
Rank	−0.004	−0.012	−0.007	−0.014
	(−0.33)	(−0.89)	(−0.53)	(−1.04)
Pe	0.001	0.001	0.000	0.001
	(0.29)	(0.30)	(0.15)	(0.21)
Mb	−5.158***	−6.335***	−5.010***	−6.282***
	(−5.51)	(−5.72)	(−5.18)	(−5.57)
Lev	−3.802***	−4.191***	−3.940***	−4.220***
	(−3.10)	(−3.39)	(−3.27)	(−3.29)
Constant	−11.728***	−9.883***	−10.266***	−8.151**
	(−3.33)	(−2.97)	(−3.11)	(−2.54)
Observations	520	520	520	520
Ind FE	YES	YES	YES	YES
Year FE	YES	YES	YES	YES
Pseudo R2	0.451	0.465	0.448	0.478

注：括号中为经异方差调整的 t 值，***、**、* 分别表示估计参数在1%、5%、10%水平上显著。

7.3.4.2 拓展性研究

（1）风险信息披露项目与IPO破发

由表7.2对IPO公司风险披露项目分类统计发现，在招股说明书披露的所有风险项目中，占比最多的是经营风险，其次是财务风险，且不同风险类别间的数量差异较大。考虑到招股说明书风险披露项目数量存在差异，且稳健型检验已证实总风险项目数会对IPO破发产生显著负向影响，进一步从风险项目类别角度分析，考察不同的风险项目对于新股首发表现是否会产生显著影响呢？是否能缓解 IPO 破发现象？

　　根据上文对风险项目的分类，仍将招股说明书风险项目划分为技术风险、经营风险、财务风险、内控风险、法律风险、其他风险共计六大类，对招股说明书"风险因素"章节中每种风险项数加 1 后取自然对数，分别作为解释变量代入模型（7.1）进行回归，回归结果如表 7.8 所示。检验发现，风险项目的差异化披露在 IPO 破发现象中的作用与效果不同，第（3）列、第（4）列中财务风险与内控风险的披露相较于其他风险，更能显著降低 IPO 破发概率，新股定价对于财务信息、内部控制等风险信息的反应更为敏感。

表 7.8　风险信息披露项目与 IPO 破发

变量	Break_Dummy					
	（1）	（2）	（3）	（4）	（5）	（6）
Ln 技术风险项目数	−0.116 （−0.42）	—	—	—	—	—
Ln 经营风险项目数	—	−0.380 （−1.64）	—	—	—	—
Ln 财务风险项目数	—	—	−0.471* （−1.67）	—	—	—
Ln 内控风险项目数	—	—	—	−0.483* （−1.70）	—	—
Ln 法律风险项目数	—	—	—	—	−0.443 （−1.55）	—
Ln 其他风险项目数	—	—	—	—	—	−0.226 （−0.59）
Lncapsize	1.155*** （5.91）	1.166*** （6.05）	1.176*** （5.89）	1.176*** （5.85）	1.239*** （6.16）	1.146*** （5.70）
Roa	−0.355 （−0.30）	−0.349 （−0.46）	−0.272 （−0.40）	−0.364 （−0.32）	−0.364 （−0.28）	−0.279 （−0.43）
Rank	−0.006 （−0.49）	−0.004 （−0.36）	−0.006 （−0.51）	−0.006 （−0.49）	−0.005 （−0.39）	−0.006 （−0.47）
Pe	0.000 （0.06）	0.001 （0.19）	0.001 （0.22）	0.000 （0.03）	0.001 （0.26）	0.000 （0.02）
Mb	−5.296*** （−5.69）	−5.303*** （−5.71）	−5.265*** （−5.61）	−5.349*** （−5.71）	−5.365*** （−5.46）	−5.246*** （−5.62）
Lev	−4.140*** （−3.63）	−4.105*** （−3.57）	−3.894*** （−3.42）	−4.151*** （−3.57）	−4.069*** （−3.47）	−4.024*** （−3.48）

表7.8(续)

变量	Break_Dummy					
	(1)	(2)	(3)	(4)	(5)	(6)
Constant	−6.554**	−6.216**	−6.389**	−6.593**	−7.522***	−6.691**
	(−2.36)	(−2.27)	(−2.32)	(−2.39)	(−2.73)	(−2.38)
Observations	520	520	520	520	520	520
Stkcd FE	YES	YES	YES	YES	YES	YES
Year FE	YES	YES	YES	YES	YES	YES
Pseudo R2	0.420	0.428	0.427	0.427	0.423	0.421

注:括号中为经异方差调整的 t 值,***、**、* 分别表示估计参数在 1%、5%、10% 水平上显著。

(2) IPO 公司长期市场表现

已有研究发现,新股存在长期弱势之谜(Miller,1977;王睿 等,2017),因新股上市初期投资者情绪较为高涨,但随着信息不断披露,持乐观态度的投资者逐渐回归理性,对公司的预期与价值判断使其不愿长期持有而是卖出股票,因此新股在较长一段时间内绩效表现平平(俞红海等,2015)。那么风险信息披露水平对于 IPO 公司长期市场表现是否具有显著影响呢?能否缓解 IPO 股票长期弱势?

本章采用事件研究法中的累积异常收益率(CAR[①])和购买并持有异常收益率(BHAR[②])作为衡量企业长期绩效的指标。其中,CAR 是将 IPO 公司上市首日作为事件日(T0),选择 [0,3]、[0,20]、[0,90] 作为窗口期基于市场模型计算的累积超额收益率;BHAR 是 IPO 公司上市首日后 3 个交易日、20 个交易日、90 个交易日的异常购买并持有收益率,BHAR(0,3)、BHAR(0,20)和 BHAR(0,90)分别衡量 IPO 后短期、中期和长期的股票市场反应。

我们将样本按风险相似度高低分为三组,比较风险相似度最高组(Mean_Sim2h)与最低组(Mean_Sim2l)的 BHAR 均值和 CAR 均值的高低。通过表 7.9 可知,不论在何种观测期间内(上市后 3 个交易日、20 个

---

① 注:CAR 为某个公司的股价的多日内异常收益之和,采取日度数据。

CAR = 多日 AR_t 之和

单日异常收益率(AR_t)= 这一天该公司的股票日收益率(R_t)− 基准市场收益率(RM_t)。

② $BHAR_{i,t} = \Pi(1 + R_{i,t}) - \Pi(1 + R_{m,t})$

其中,$R_{i,t}$ 和 $R_{m,t}$ 分别表示个股 i 在 t 天的收益率、市场日回报率。

交易日、90 个交易日），风险相似度高的组别市场表现均弱于风险相似度低的组别，表明风险披露异质性越高的上市公司，市场评价越高。

表 7.9　IPO 公司长期市场表现

变量	Mean_Sim2l	Mean_Sim2h	Mean_Sim2h Vs Mean_Sim2l
	（1）	（2）	（3）
BHAR（0，3）	1.951	1.508	−0.443 **
	(1.773)	(1.493)	(0.174)
BHAR（0，20）	1.614	1.159	−0.454 ***
	(1.677)	(1.368)	(0.162)
BHAR（0，90）	1.559	1.071	−0.489 ***
	(1.771)	(1.435)	(0.171)
CAR（0，3）	2.011	1.563	−0.448 ***
	(1.721)	(1.404)	(0.166)
CAR（0，20）	0.815	0.618	−0.197 ***
	(0.727)	(0.581)	(0.070)
CAR（0，90）	0.189	0.153	−0.036 *
	(0.209)	(0.167)	(0.020)
Observations	186	185	371

注：括号中为经异方差调整的 t 值，*** 、** 、* 分别表示估计参数在 1%、5%、10% 水平上显著。

为了进一步检验招股说明书风险信息披露水平对 IPO 公司长期市场表现的影响，构建以下回归模型：

$$BHAR/CAR_{i,t} = \alpha_0 + \alpha_1 \times Mean\_Sim_{i,t} + Controls + \gamma_i + \mu_t + \varepsilon_{i,t}$$

(7.7)

其中，被解释变量为股票市场反应（BHAR/CAR），用可操纵性应计利润的绝对值衡量，解释变量为风险信息披露质量的代理变量风险相似度（Mean_Sim），回归结果如表 7.10 所示。表中第（1）~（3）列说明，不论在何种观测期内（上市后 3 个交易日、20 个交易日、90 个交易日），风险相似度（Mean_Sim）与 IPO 公司长期绩效（BHAR）均在 5% 显著性水平上负向相关。但研究结论随着研究模型的不同存在差异，第（4）~（6）列说明风险相似度（Mean_Sim）与 IPO 公司长期绩效（CAR）之间具有负相关关系，且以 CAR（0，3）、CAR（0，20）衡量 IPO 长期市场表现时通过了显著性检验。

表 7.10　风险信息披露与 IPO 公司长期市场表现

变量	BHAR (0, 3)	BHAR (0, 20)	BHAR (0, 90)	CAR (0, 3)	CAR (0, 20)	CAR (0, 90)
	（1）	（2）	（3）	（4）	（5）	（6）
Mean_Sim	−0.011**	−0.014**	−0.013**	−0.010*	−0.005**	−0.000
	（−2.14）	（−2.50）	（−2.22）	（−1.81）	（−2.04）	（−0.36）
Lncapsize	−0.718***	−0.548***	−0.519***	−0.814***	−0.326***	−0.076***
	（−11.26）	（−8.38）	（−7.22）	（−12.68）	（−11.71）	（−7.99）
Roa	−0.039	−0.016	0.004	−0.034	−0.022	−0.001
	（−0.38）	（−0.15）	（0.03）	（−0.33）	（−0.48）	（−0.09）
Rank	−0.008**	−0.005	−0.005	−0.007**	−0.003*	−0.000
	（−2.22）	（−1.43）	（−1.29）	（−2.01）	（−1.94）	（−0.64）
Mb	2.059***	2.070***	2.092***	1.757***	0.747***	0.172***
	（17.61）	（17.26）	（15.86）	（14.94）	（14.64）	（9.82）
Lev	1.485***	1.981***	2.047***	1.646***	0.719***	0.190***
	（4.95）	（6.44）	（6.05）	（5.45）	（5.49）	（4.24）
Constant	6.633***	4.329***	3.872***	8.107***	3.206***	0.698***
	（7.92）	（5.04）	（4.10）	（9.62）	（8.77）	（5.57）
Observations	531	531	531	531	531	531
R−Squared	0.526	0.480	0.434	0.502	0.481	0.294
Ind FE	YES	YES	YES	YES	YES	YES
Year FE	YES	YES	YES	YES	YES	YES
R2_A	0.509	0.461	0.414	0.485	0.463	0.270
F	83.38	70.13	57.58	73.42	67.64	30.27

注：括号中为经异方差调整的 t 值，***、**、* 分别表示估计参数在 1%、5%、10% 水平上显著。

（3）IPO 公司定价效率

科创板和创业板目前是我国股票市场破发的重灾区，这可能与注册制下新股首发时定价效率偏低（高市盈率）有关。高市盈率意味着高估值，当 IPO 公司发行市盈率高于同业平均水平，其股票价格就很可能存在泡沫，投资者在申购新股时需谨慎。近年来，注册制新股发行市盈率时常过高，因此相较过去更容易出现 IPO 破发现象，这是市场参与者"用脚投票"的结果。

考虑到 IPO 公司定价效率的差异，为考察 IPO 公司市盈率对风险信息披露水平与 IPO 破发关系是否具有影响，本章利用市盈率值（PE）高低作为分组变量，用模型（7.1）和模型（7.2）对风险占总篇幅比例、风险相似度进行分组回归。回归结果如表 7.11 所示，其中市盈率低的组（PE2＝0）风险相似度越高越容易破发，而风险披露占总篇幅的比例越大破发概率越小[1]。

表 7.11 IPO 公司定价效率（控制行业与年份）

变量	Break_Dummy			
	PE2＝0	PE2＝1	PE2＝0	PE2＝1
	（1）	（2）	（3）	（4）
Mean_Sim	0.150 ***	0.088	—	—
	（2.61）	（0.89）		
Risk	—	—	−0.283 **	0.012
			（−2.00）	（0.10）
Lncapsize	−16.508 **	−29.209	−16.893 **	−20.811
	（−2.05）	（−1.53）	（−2.08）	（−1.57）
Roa	1.509 **	3.116 *	2.090 ***	2.719 **
	（2.54）	（1.84）	（3.33）	（2.00）
Rank	−6.516	−31.222	−0.299	−22.059
	（−0.77）	（−1.11）	（−0.03）	（−0.89）
Mb	−0.048	−0.079	−0.024	−0.033
	（−1.60）	（−0.84）	（−0.91）	（−0.51）
Lev	−6.331 **	−3.518	−3.652	−3.859
	（−2.43）	（−1.39）	（−1.48）	（−1.50）
_Cons	−3.973	−9.347	−3.128	−8.138
	（−1.53）	（−1.51）	（−1.20）	（−1.43）

[1] 由于控制了行业和年份导致很多样本的破发率（Break_dummy）值在同一年份且同一行业不变，因此造成参与回归的数量变小。为缓解这一问题，我们在下面进行了不控制样本行业与年份的回归，表 7.9 回归结果与表 7.8 回归结果保持一致。

表7.11(续)

变量	Break_Dummy			
	PE2 = 0	PE2 = 1	PE2 = 0	PE2 = 1
	（1）	（2）	（3）	（4）
Ind	Yes	Yes	Yes	Yes
Year	Yes	Yes	Yes	Yes
N	124	63	124	63
Pseudo R2	0.544	0.523	0.604	0.495

注：括号中为经异方差调整的 t 值，***、**、* 分别表示估计参数在 1%、5%、10% 水平上显著。

表 7.12　IPO 公司定价效率（未控制行业与年份）

变量	Break_Dummy			
	PE2 = 0	PE2 = 1	PE2 = 0	PE2 = 1
	（1）	（2）	（3）	（4）
Mean_Sim	0.049**	0.006	—	—
	（2.43）	（0.19）		
Risk	—	—	−0.094*	−0.152
			（−1.88）	（−1.37）
Lncapsize	0.996***	1.244***	1.080***	1.434***
	（4.48）	（3.04）	（4.81）	（3.20）
Roa	−0.369	−5.615	−0.202	−6.901
	（−0.35）	（−0.75）	（−0.28）	（−0.91）
Rank	−0.026*	0.049*	−0.023	0.051*
	（−1.70）	（1.89）	（−1.59）	（1.93）
Mb	−4.192***	−6.213***	−3.853***	−6.359***
	（−3.53）	（−3.53）	（−3.22）	（−3.50）
Lev	−3.067***	−7.093***	−2.901**	−7.142***
	（−2.60）	（−3.41）	（−2.43）	（−3.36）
_Cons	−8.474**	−5.969	−6.509**	−6.981
	（−2.41）	（−1.05）	（−1.96）	（−1.24）
Ind	No	No	No	No

表7.12(续)

变量	Break_Dummy			
	PE2 = 0	PE2 = 1	PE2 = 0	PE2 = 1
	(1)	(2)	(3)	(4)
Year	No	No	No	No
N	267	265	267	265
Pseudo R2	0.295	0.43	0.297	0.444

注：括号中为经异方差调整的 t 值，***、**、* 分别表示估计参数在 1%、5%、10% 水平上显著。

(4) DID

考虑到不同板块的上市公司受注册制改革的影响程度存在差异，为避免内生性问题，本章以注册制试点为准自然实验场景，使用双重差分法（DID）进行实证检验。设定处理组为（Treat）样本为 2017—2022 年的创业板企业，对照组（Control）设定为 2017—2022 年的非创业板且剔除科创板后的企业，最终获得 1 025 个公司样本，其中实验组样本个数为 239，控制组样本个数为 786。

设定模型如下：

$$Break\_Dummy_{i,t} = \alpha_0 + \alpha_1 \times DID_{i,t} + Controls + \gamma_i + \mu_t + \varepsilon_{i,t} \tag{7.8}$$

$$Lnbreak\_date\_number_{i,t} = \alpha_0 + \alpha_1 \times DID_{i,t} + Controls + \gamma_i + \mu_t + \varepsilon_{i,t} \tag{7.9}$$

$$Break\_Dummy_{i,t} = \alpha_0 + \alpha_1 \times Mean\_sim_{i,t} + Controls + \gamma_i + \mu_t + \varepsilon_{i,t} \tag{7.10}$$

$$Lnbreak\_date\_number_{i,t} = \alpha_0 + \alpha_1 \times DID_{i,t} + Controls + \gamma_i + \mu_t + \varepsilon_{i,t} \tag{7.11}$$

$$Break\_Dummy_{i,t} = \alpha_0 + \alpha_1 \times DID * Risk_{i,t} + \alpha_2 \times Risk_{i,t} + Controls + \gamma_i + \mu_t + \varepsilon_{i,t} \tag{7.12}$$

$$Lnbreak\_date\_number_{i,t} = \alpha_0 + \alpha_1 \times DID * Risk_{i,t} + \alpha_2 \times Risk_{i,t} + Controls + \gamma_i + \mu_t + \varepsilon_{i,t} \tag{7.13}$$

其中，DID = Time * Treat，Time 设定为虚拟变量，若时间大于等于注册制试点时间为 1，否则为 0。表 7.13 第（1）列说明市场化会降低 IPO 企业破发的可能，第（4）列说明市场化会使得风险相似度越高的上市公司破发天数越短，第（6）列说明市场化会使得风险披露占总篇幅的比例越高的上市公司破发天数越长。

表 7.13　DID

变量	Break_Dummy	Lnbreak_Date_Number3	Break_Dummy	Lnbreak_Date_Number3	Break_Dummy	Lnbreak_Date_Number3
	（1）	（2）	（3）	（4）	（5）	（6）
DID	−2.218 **	−0.130	−7.170 **	0.613 ***	−1.675 *	−0.204 *
	（−2.38）	（−1.26）	（−2.03）	（2.84）	（−1.76）	（−1.92）
DID * Mean_Sim	—	—	0.077	−0.012 ***	—	—
			（1.56）	（−3.91）		
Mean_Sim	—	—	0.028	−0.000	—	—
			（1.19）	（−0.43）		
DID * Risk	—	—	—	—	−0.095	0.011 ***
					（−1.29）	（3.06）
Risk	—	—	—	—	−0.003	−0.000
					（−0.08）	（−0.22）
Treat	4.356 ***	0.428	4.542 ***	0.464 *	4.292 ***	0.468 *
	（4.09）	（1.53）	（4.37）	（1.66）	（3.92）	（1.68）
Lncapsize	0.000	−0.000	0.000	−0.000	0.000	−0.000
	（0.37）	（−0.32）	（0.03）	（−0.30）	（0.29）	（−0.26）
Roa	10.096 *	−1.312 ***	9.621 *	−1.241 ***	11.942 **	−1.372 ***
	（1.83）	（−3.75）	（1.69）	（−3.57）	（2.38）	（−3.94）
Rank	−0.006	0.000	−0.010	0.000	−0.008	0.000
	（−0.45）	（0.54）	（−0.62）	（0.50）	（−0.55）	（0.55）
Pe	−0.031 **	0.000	−0.030 **	0.000	−0.033 **	0.000
	（−2.04）	（0.77）	（−1.98）	（0.73）	（−2.01）	（0.92）
Mb	−5.160 ***	0.068 *	−5.439 ***	0.064 *	−4.969 ***	0.061
	（−3.89）	（1.75）	（−3.85）	（1.65）	（−3.74）	（1.56）
Lev	−3.152 ***	0.029	−3.695 ***	0.028	−2.823 **	0.009
	（−2.59）	（0.37）	（−2.86）	（0.36）	（−2.23）	（0.11）

变量	Break_ Dummy	Lnbreak_ Date_ Number3	Break_ Dummy	Lnbreak_ Date_ Number3	Break_ Dummy	Lnbreak_ Date_ Number3
	（1）	（2）	（3）	（4）	（5）	（6）
Constant	10.868 ***	4.478 ***	10.715 ***	4.509 ***	10.932 ***	4.505 ***
	（4.40）	（47.65）	（3.30）	（38.65）	（4.43）	（47.93）
Observations	636	1 025	636	1 025	636	1 025
Ind FE	Yes	Yes	Yes	Yes	Yes	Yes
Year FE	Yes	Yes	Yes	Yes	Yes	Yes
Pseudo R2	0.423	—	0.446	—	0.439	—
R2_A	—	0.267	—	0.276	—	0.278

注：括号中为经异方差调整的 t 值，***、**、* 分别表示估计参数在 1%、5%、10%水平上显著。

7.4　本章小结

本章选取 2020—2022 年科创板、创业板上市企业招股说明书为研究对象，实证检验了招股说明书风险信息披露水平与 IPO 破发现象的关系。实证研究结果表明，招股说明书风险信息披露质量与 IPO 破发负向相关，即风险因素信息披露相似度越高，异质性风险因素披露越少，首日破发概率越高；招股说明书风险信息披露数量与 IPO 破发负向相关，即风险信息披露篇幅越长，首日破发概率越低。为检验变量选取的有效性，改变关键变量进行稳健性检验，将风险信息披露数量的代理变量替换为总风险项数（Lntotal_Risk）、风险信息披露质量的代理变量替换为数字占风险篇幅比例（Risk2），将 IPO 破发的代理变量替换为破发天数（Lnbreak_Datenumber），上述结论仍然成立。

异质性分析发现，招股说明书风险信息披露水平对 IPO 破发影响的程度会受到机构投资者持有比例、分析师跟踪的影响：风险项占总篇幅的比例越高时，机构持股发挥调节作用，显著降低 IPO 破发概率；风险相似度越高时，分析师跟踪起到调节作用，显著降低 IPO 破发概率。进一步研究发现，招股说明书风险因素章节披露财务风险、内控风险比其他风险更能降低 IPO 破发概率；招股说明书风险披露质量越高，IPO 公司长期市场表现越好，市场评价越高；市盈率低的组别、风险披露占总篇幅比例越大，IPO 破发概率越小，风险相似度越高 IPO 公司越容易破发；最后将注册制试点作为准自然实验，发现注册制市场化会降低 IPO 企业破发的可能，使得风险披露篇幅越大的企业破发天数越长、风险披露相似度越高的企业破发天数越短。

本章的边际贡献体现在：

首先，以新股破发为切入点，从招股说明书风险信息披露"数量"与"质量"两个角度进行文本分析，考察风险信息披露与 IPO 破发现象的关系，为风险信息披露质量负向影响 IPO 破发的经济现象提供了证据，充实了关于 IPO 定价效率的相关研究。

其次，从现实意义出发，本章研究结论说明股票价格具有信息含量，有助于打破投资者打新稳赚的惯性思维，提高证券市场资源配置效率。为新股投资策略提供新的思路，也为监管层健全相关法律法规提供了重要依据，同时有助于提高招股说明书信息披露水平，为全面实行股票发行注册制提供经验证据。

8 IPO 公司风险信息披露与股票市场反应

8.1 理论分析与研究假设

8.1.1 引言

由于上市前 IPO 企业的公开信息较少，没有在公开市场上公布过业绩记录（Certo et al., 2009），投资者将招股说明书视为缓解信息不对称性、判断股票价值、降低投资风险和做出投资决策的重要参考（Bhabra and Pettway, 2003; Abdou and Dicle, 2007）。其中风险信息是招股说明书的重要部分，有效的风险信息披露有助于引导市场资源合理配置，提高资本市场运行效率。以科创板为例，证监会要求发行人披露以下风险因素：技术风险、经营风险、内控风险、财务风险、法律风险、发行失败风险、尚未盈利或存在累计未弥补亏损的风险、特别表决权股份或类似公司治理特殊安排的风险等几个维度。

然而，一种观点认为，风险信息披露本身可能只是出于强制性要求的披露，因此并不能够提供具有决策有用性的信息。长期以来对财务报告的批评都是缺乏对公司风险和不确定性的有用披露（Schr and Elliott, 1998）。Linsley and Shrives（2005）的研究也发现样本公司并没有提供与公司所面临的风险相关的有助于投资者做出决策的信息。具有信息含量的风险信息的披露很少，相当大比例的风险披露只是对风险政策的一般性陈述。其原因之一可能是风险信息披露会产生专有成本，向竞争对手提供了具有潜在价值的信息。其次，由于风险信息披露中包含大量前瞻性信息，如果董事会成员不能恰当地进行风险信息披露，则有可能面临被起诉的风险。因此，企业更倾向于披露不具有决策有用性的风险信息。Dobler（2008）也运用廉价交谈理论，对这一现象进行了解释。由于在进行风险信息披露时，管理层具有很高的自由裁量权。因此，他们天然地具有隐藏部分信息的动机（Verrecchia，2001）。廉价交谈理论认为，在约束力以及成本很低的情况下信息披露是很难具有信息含量的（Crawford and Sobel，1982）。

但是，目前学术界比较主流的观点是，风险信息披露为投资者提供了具有决策有用性的信息。在招股说明书中披露的高质量信息会带来更高的IPO定价，并且最大限度地减少定价误差（Hanley and Hoberg，2010）。IPO招股说明书中的风险披露在投资者投资决策中也发挥着关键作用（Arnold et al.，2010）。一方面是由于IPO企业在法律上有义务遵守IPO招股说明书中的事实和数据。提供所有必要的信息，这些信息有关公司的过去、运作模式、所有权结构的细节和投资和现金流风险（Bhabra and Pettway，2003）。在资本市场监管机构制定的规则的指导下，向潜在投资者提供适当和准确的信息。而且更全面的招股书信息也有助于提高价格的一致性。另一方面，它还有助于缓解内部利益相关者和潜在投资者之间的信息不对称（McGuinness，2019）。Heinle and Smith（2017）在对风险信息披露的价格效应的研究中，构建了一个理论模型，经模型推导发现公司现金流风险的不确定性导致了股价方差水平的提升、方差水平的提升，意味着股价中包含的不确定性溢价随之升高，而风险信息披露能够通过降低不确定性溢价，从而降低公司的资金成本。Hope et al.（2016）的研究为Heinle and Smith（2017）的理论模型提供了实证研究证据，Hope et al.（2016）构建了风险信息披露的特异性指标，研究发现风险信息披露异质性越高，分析师预测的价格偏差越小，这说明更具有异质性的风险信息披露能够增强分析师对风险的理解。并且投资者对风险因素披露中包含的信息也做出了回应，表明风险披露的特异性水平确实会影响投资者和分析师对风险的评估。

然而，对于IPO风险信息披露质量是如何影响企业会计业绩的，过往研究中鲜有对这一问题的直接探讨。主要是从企业声誉建设以及吸引投资两方面展开的。企业的声誉是其最宝贵的资产之一。高质量的风险信息披露可以增强企业的声誉，使其在投资者、债权人和其他利益相关者中建立信任（Healy and Palepu，2001）。当企业公开、透明地披露其风险时，它表明了对公众的责任和对透明度的承诺，从而增强了其在市场中的声誉（Clarkson et al., 1999）。而高质量的风险信息披露可以吸引更多的投资。当投资者了解企业的风险状况和风险管理策略时，他们更可能对企业进行投资，从而为企业提供更多的资本，促进其业务扩张和增长（Botosan, 1997）。

本章认为，IPO 风险信息披露质量能够提升企业会计业绩表现。由于高质量 IPO 风险信息披露能够促进企业进行更好的风险管理，并且有利于外部监管。具体而言，异质性风险信息披露为企业管理层、董事会和其他决策者提供了有关企业风险状况的重要信息。这有助于他们更好地识别、评估和管理风险，从而提高企业的业绩和竞争力（Linsley and Shrives, 2006；Cox, 2001）。当企业公开、透明地披露其风险时，它可以更好地控制和缓解这些风险。这不仅可以降低企业的风险敞口，还可以提高企业的风险管理效率和效果，从而提高其会计业绩（Skinner, 1997；Field et al., 2005）。并且，高质量的风险信息披露可以帮助企业满足监管机构的要求。这有助于保护企业的声誉和市场地位，从而提高其业绩和股东回报（Leuz and Verrecchia, 2000；Botosan and Plumlee, 2002）。当企业公开、透明地披露其风险时，它可以避免潜在的法律纠纷和罚款。这有助于降低企业的法律风险，从而提高其会计业绩（Lang and Lundholm, 1996；Healy and Palepu, 2001）。

同时，对于 IPO 风险信息披露质量是否会影响企业长期股价表现，以及如何产生影响的，在过往的研究中鲜有探讨。我们认为 IPO 风险信息披露质量会对企业长期股价表现产生积极影响。主要源于以下两个作用渠道：

一方面，从缓解信息不对称的角度而言，企业通过披露异质性风险信息提升了股票定价效率，从而保障了长期股价回报。具体而言，投资者可能会认为，愿意公开讨论其异质性风险的公司更加诚实和透明，因此更值得信任（姚颐和赵梅，2016）。这种信任可以提高投资者的信心，可能会带来更高的股票长期收益。

另一方面，从缓解非系统性风险的角度出发，企业披露异质性风险信息的行为降低了其自身的非系统性风险，从而提高了长期股价回报。具体而言，披露异质性风险信息可以表明公司有效的风险管理策略。这可能会让投资者认为公司有能力应对未来可能出现的问题，从而对公司的前景有更积极的看法，可能会提高股票长期股价表现；并且，风险披露是监管要求的一部分。证监会要求企业在进行 IPO 时，需要在招股说明书中详细披露公司可能面临的重要风险。这些风险包括市场风险、经营风险、财务风险等。企业能够满足这些要求，表明其合规性较高，可以避免因违反监管规定而产生的潜在负面影响。对于投资者来说，公司的合规性是一个重要的考虑因素。如果一家公司不能满足监管机构的风险披露要求，那么这家公司可能会面临罚款、监管审查，甚至可能被暂停交易。这些都是投资者不愿看到的，因为这些因素可能会对公司的股价产生负面影响。因此，公司能够满足风险披露要求，可能会降低投资者对公司可能面临的合规风险的担忧，从而可能提高股票长期股价表现。

考察 IPO 风险信息披露质量对企业长期股价表现以及会计业绩表现的影响时，本章沿用本书对 IPO 风险信息披露的质量的度量方式。以 2007—2021 年 A 股 IPO 的公司为样本，以"1"减风险信息披露相似度作为风险信息披露异质性的代理变量，检验 IPO 过程中风险信息披露异质性是否能够影响企业的长期股价表现。研究发现，风险信息披露异质性越高，企业的长期股价表现越好。因此，我们继续检验了造成这一现象的两个渠道：①信息不对称渠道。由于风险信息披露异质性越高信息含量越高，使得企业股票误定价的程度降低，从而赢得投资者信心，获得更好的长期股价表现。②非系统性风险。风险信息披露异质性越高，一方面，使得投资者认为企业能够较好地应对未来的风险，另一方面也使得企业信息披露更符合监管规范，一定程度上降低了企业的非系统性风险，从而使得企业获得更高的长期股价回报。

8.1.2 理论分析与假设提出

IPO 风险信息披露质量能够促进企业长期会计业绩表现。风险信息披露是企业管理层、董事会和其他决策者了解企业风险状况的关键途径。这些信息为他们提供了一个明确的框架，帮助他们更好地识别、评估和管理风险。例如，Huang and Li（2011）和 Bao and Datta（2014）通过算法识别了多种风险因素，如"税务风险""投资风险"和"财产风险"。这种风险识别为企业提供了一个更全面的风险视图，从而使他们能够更好地制定策略，提高企业的业绩和竞争力（Linsley and Shrives，2006；Cox，2001）。当企业公开、透明地披露其风险时，它可以更好地控制和缓解这些风险。

这种透明度不仅可以降低企业的风险敞口，还可以提高企业的风险管理效率和效果。例如，Campbell et al.（2014）通过内容分析识别了五类风险，包括财务、诉讼、税务、其他系统性和其他特有风险。这种风险分类为企业提供了一个明确的框架，帮助他们更好地控制和缓解风险，从而提高其会计业绩（Skinner, 1997；Field et al., 2005）。

高质量的风险信息披露可以帮助企业满足监管机构的要求。这种披露不仅可以避免潜在的法律纠纷，还可以增强企业的市场声誉。例如，IPO招股说明书作为一份法律文件，确保了所有适当和准确的信息都提供给了潜在的投资者。这有助于保护企业的声誉和市场地位，从而提高其业绩和股东回报（Leuz and Verrecchia, 2000；Botosan and Plumlee, 2002）。当企业公开、透明地披露其风险时，它可以避免潜在的法律纠纷和罚款。这种透明度有助于降低企业的法律风险，从而提高其会计业绩。例如，IPO招股说明书作为一份法律文件，为公司、投资者和承销商提供了保障，确保了所有适当和准确的信息都提供给了潜在的投资者。这有助于降低企业的法律风险，从而提高其会计业绩（Lang and Lundholm, 1996；Healy and Palepu, 2001）。

综上所述，IPO风险信息披露质量对于企业的风险管理和外部监管至关重要。这不仅有助于企业更好地识别、评估和管理风险，还可以满足监管要求，避免潜在的法律纠纷，从而提高企业的会计业绩。

因此，我们提出本章的假设8.1：

H8.1：IPO风险信息披露异质性越高，企业会计业绩表现越好。

我们需要理解IPO风险信息披露的重要性。IPO风险信息披露是企业向公众披露的关于其业务、财务状况、市场环境以及其他潜在风险的信息。这些信息对于投资者来说是非常重要的，因为它们可以帮助投资者更好地理解企业的运营状况和潜在风险，从而做出更明智的投资决策。因此，风险信息披露的信息含量对于企业的长期股价表现有着重要影响（Abdou and Dicle, 2007）。

风险信息披露的异质性与企业的长期股价表现之间存在着正相关关系（Agathee et al., 2012）。这是因为，异质性越高的风险信息披露可以增加市场的信息透明度，减少信息不对称，从而降低投资者的不确定性和投资风险（Bhabra and Pettway, 2003）。这将有助于提高企业的市场信誉，吸引更多的投资者，从而提高企业的股价（Bakar and Uzaki, 2014）。已有大量的文献支持这一观点。例如，Abdou and Dicle（2007）在他们的研究中发现，风险因素披露对 IPO 估值有重要影响。Agathee et al.（2012）的研究也表明，风险披露对 IPO 折价有显著影响。此外，Bhabra and Pettway（2003）的研究发现，IPO 招股说明书中的信息，包括风险因素披露，对 IPO 的短期和长期表现都有重要影响。

风险信息披露的异质性程度对于 IPO 的短期表现也有重要影响（Balatbat et al.，2004）。一方面，具有高信息含量的风险信息披露可以帮助投资者更准确地评估企业的价值，从而减少 IPO 的发行抑价，提高 IPO 的首日收益（Beatty and Ritter，1986）。另一方面，高质量的风险信息披露也可以减少 IPO 后的股价波动，提高企业的股价稳定性 Beatty and Welch，1996。这些都将有助于提高企业的长期股价表现（Booth and Smith，1986）。

总而言之，IPO 风险信息披露异质性越高，企业长期股价表现越好，主要是因为高质量的风险信息披露可以增加市场的信息透明度，降低投资者的不确定性和投资风险，提高企业的市场信誉，吸引更多的投资者，从而提高企业的股价（Carter et al.，1998）。同时，高质量的风险信息披露也可以帮助投资者更准确地评估企业的价值，减少 IPO 的发行抑价，提高 IPO 的首日收益，减少 IPO 后的股价波动，提高企业的股价稳定性（Chemmanur and Fulghieri，1999）。然而，企业在进行 IPO 时，还需要关注其他各种影响股价表现的因素，以实现长期的股价增长（Clarkson and Merkley，1994）。

综上所述，我们提出本章的假设 8.2：

H8.2：IPO 风险信息披露异质性越高，企业长期股价表现越好。

8.2 研究设计

8.2.1 样本选取

本章选取 2007—2021 年我国 A 股上市公司的相关数据以及招股说明书作为研究样本。本章所用招股说明书文档是通过运用爬虫技术从巨潮资讯网、上海证券交易所、深圳证券交易所等网站抓取获得，并用 Python 对 PDF 文档解析获得风险因素披露信息，公司财务数据等其他数据源于 CS-MAR 数据库以及 Wind 数据库，在实证研究中我们剔除了金融类上市公司、

ST 公司以及数据不全的样本。经过以上处理，最终获得 2 503 个公司——
年度样本。为了避免极端值对估计结果造成影响，我们对所有连续型数值
变量在 1% 和 99% 水平上进行了缩尾处理。

8.2.2 模型设计与变量定义

为研究 IPO 风险信息披露异质性对企业会计业绩表现的影响，本章构
建了如下模型：

$$Netincomegr_{i,t} = \alpha_0 + \alpha_1 \times Neg\_Meansim_{i,t} + Controls + \gamma_i + \mu_t + \varepsilon_{i,t}$$
$$(8.1)$$

为研究 IPO 风险信息披露异质性对企业长期股价表现的影响，本章构
建了如下模型：

$$Performance2_{i,t} = \alpha_0 + \alpha_1 \times Neg\_Meansim_{i,t} + Controls + \gamma_i + \mu_t + \varepsilon_{i,t}$$
$$(8.2)$$

（1）被解释变量

Netincomegr 为 IPO 企业会计业绩表现，我们用净利润增长率进行
度量。

BHAR 为 IPO 企业长期股价表现。为计算 BHAR，我首先借鉴 Ritter
（1991）的做法，计算企业 t 月的异常股价回报：

$$AR_{i,t} = R_t - R_{m,t} \qquad (8.3)$$

其中 R_t 为考虑现金分红以及股利分红后的股票月收益率，$R_{m,t}$ 为企业所属
板块的市场月收益率。然后根据模型（8.3）计算 IPO 十二个月后的
BHAR：

$$BHAR_{i,i+K} = \Pi_K(1 + AR_{i+K}) - 1 \qquad (8.4)$$

（2）解释变量

Neg_Meansim 为 IPO 公司的风险信息披露异质性，采用招股说明书风
险信息披露的文本相似度衡量。参考 Brown and Tucker（2011）用文本相
似度来衡量 MD&A 的信息含量，本章用 IPO 风险信息披露异质性衡量风险
信息披露的质量，IPO 风险信息披露异质性的具体计算步骤如下：首先将
样本企业与同行业内所有其他企业分别进行配对，然后计算每两家配对企
业风险信息披露的相似度，最后对得到的配对企业的信息披露相似度取平
均值，获得样本企业的行业风险信息披露相似度，用来度量企业风险信息
披露异质性指标。若样本企业的行业风险信息披露相似度低，则说明企业

披露的行业同质化风险信息少，与企业更相关的私有信息多，则风险信息披露异质性更高，风险信息披露质量较高。

本章采用预训练模型 ERNIE（Yu and Shuohuan，2019）对文本相似度进行计算。目前文本相似度的计算中运用得比较多的方法是用词频经过 TF-IDF算法的加权形成词频向量，然后计算词频向量间的余弦相似度，最终获得文本相似度（Hoberg，2016）。上述基于词频的词向量忽略了上下文的语义信息（严红，2019），由于风险信息的披露相较于经营范围篇幅大，内容和句式都相对复杂，并且包含了更多的文本信息，因此如果用传统基于统计机器学习的算法对风险信息文本进行处理可能不能取得较好的效果，而预训练模型不仅能将上下文语意融入词向量的形成过程中，并且借由知识增强的持续学习语义理解框架，ERNIE 模型能够捕捉到词汇、结构、语义等方面的知识。因此本章采用 ERNIE 模型对招股说明书风险信息披露部分的文本相似度进行计算，在运用 ERNIE 模型前，为了对风险信息文本中的冗余信息进行过滤与处理，我们借鉴 Cardinaels（2019）的做法先对风险信息文本运用 textrank（Mihalcea，2004）进行摘要抽取。

（3）控制变量

借鉴姚颐和赵梅（2016）、Giannetti et al.（2014）的研究，本章加入了相应的控制变量，具体的变量定义与说明见表8.1。本章模型均控制了行业固定效应与年份固定效应。

表8.1　变量定义

变量分类	变量符号	变量定义与说明
被解释变量	Netincomegr	净利润增长率 =（本年度净利润−上一年度净利润）/上一年度净利润
	BHAR	长期股价回报
解释变量	Neg_Meansim	风险信息披露异质性，1-样本企业与其所在行业所有企业的招股说明书风险披露部分的文本相似度后取均值，本章的文本相似度均使用 ERNIE 模型计算

表8.1(续)

变量分类	变量符号	变量定义与说明
控制变量	Mean_Marketreturn	市场行情，周市场收益率的均值
	Sd_Marketreturn	市场收益率的标准差
	Soe	股权性质
	Lnasset	公司规模，总资产的自然对数
	Cfo	IPO当年经营性现金流净值与资产总额的比值
	Top10	承销商声誉，如果IPO当年承销商排名为前十则Top10=1
	Lottery_rate	中签率
	Growth	可持续增长率：净资产收益率*收益留存率/(1-净资产收益率*收益留存率)
	Proportion	机构投资者占比
	Top1	第一大股东持股比例
	Roe	行业调整后权益资本收益率，使用营业利润/上一年所有者权益总额-(同年度行业其他公司营业利润除以上一年资产总额之商的行业中位数)衡量
	Riskrate	风险占总篇幅比例
	Numrate	数字占风险篇幅比例
	Lntotalrisk	风险信息披露风险总项数的自然对数

8.3 实证结果与分析

8.3.1 描述性统计

表8.2为本章的主要变量描述性统计。BHAR的均值为-0.046，方差为0.543，与孙淑伟等（2022）的数据一致，风险信息披露特质性（Neg_meansim）的均值为0.881。其他变量的统计值也处于合理范围之内。

表 8.2　描述性统计

变量	观测数量	均值	标准差	最小值	最大值
Netincomegr	2 410	0.030	0.522	−2.426	1.934
Bhar_Year	2 410	−0.046	0.543	−1.587	2.988
Neg_Meansim	2 410	0.881	0.057	0.705	0.978
Top10	2 410	0.464	0.499	0.000	1.000
Proportion	2 410	31.710	32.540	0.007	100.000
Mean_Marketreturn	2 410	0.001	0.003	−0.004	0.012
Sd_Marketreturn	2 410	0.015	0.006	0.007	0.035
Preipo_Soe	2 410	0.121	0.326	0.000	1.000
Lnasset	2 410	20.310	1.416	17.750	26.190
Top1	2 410	0.395	0.166	0.096	0.873
Lottery_Rate	2 410	0.458	0.894	0.013	6.160
Growth	2 410	0.338	0.312	−0.221	2.023
Roe	2 410	0.225	0.137	−0.200	0.700
Cfo_Asset	2 410	0.158	0.425	−3.523	6.158
Lntotalrisk	2 410	14.900	19.230	1.000	121.000
Riskrate	2 410	0.036	0.016	0.013	0.094
Numrate	2 410	0.059	0.086	0.010	0.479

8.3.2　基本回归结果分析

（1）特质性风险信息披露与会计业绩表现

表 8.3 报告了模型（1）的回归结果。列（1）是单变量回归，只包含风险信息披露特质性（Neg_Meansim）一个变量，第（2）列在前者的基础上添加了其他控制变量，第（3）列在第（2）列的基础上对行业和年份固定效应进行了控制。结果显示，在不添加其他控制变量的情形下，回归（1）风险信息披露特质性（Neg_Meansim）的回归系数显著为正，初步说明风险信息披露特质性越高，IPO 企业会计业绩表现越好。并且，随着其他控制变量以及行业和年份固定效应的加入，列（2）、列（3）的调整的 Adj R^2 水平显著提升，说明列（2）、列（3）的拟合效果优于列（1）。也即含有其他控制变量以及行业和年份固定效应的模型更能反映样本特征。

表 8.3 特质性风险信息披露对会计业绩表现的回归结果

变量	Netincomegr		
	（1）	（2）	（3）
Neg_meansim	0.556***	0.452**	0.477**
	（3.00）	（2.26）	（2.29）
Mean_marketreturn	—	1.260	−2.246
		（0.31）	（−0.37）
Sd_marketreturn	—	7.853***	2.311
		（4.03）	（0.71）
Soe	—	0.028	0.026
		（0.75）	（0.67）
Lnasset	—	0.028***	0.020*
		（3.20）	（1.83）
Cfo	—	0.142***	0.144***
		（5.62）	（5.62）
Top10	—	−0.012	−0.010
		（−0.56）	（−0.47）
Proportion	—	−0.000	−0.001*
		（−1.17）	（−1.77）
Top1	—	−0.032	−0.005
		（−0.47）	（−0.06）
Lottery_rate	—	−0.014	−0.009
		（−1.14）	（−0.56）
Growth	—	0.107	0.109
		（1.40）	（1.42）
Roe	—	−0.397**	−0.444**
		（−2.23）	（−2.46）
Riskrate	—	0.072	0.011
		（0.40）	（0.06）
Numrate	—	0.951	0.965
		（1.24）	（1.24）

变量	Netincomegr		
	（1）	（2）	（3）
Lntotalrisk	—	-0.001^{**}	-0.001^{*}
		(-2.03)	(-1.66)
Constant	-0.460^{***}	-1.014^{***}	-0.783^{***}
	(-2.81)	(-4.03)	(-2.81)
Observations	2 410	2 410	2 410
Industry	NO	NO	yes
Year	NO	NO	yes
Adj R^2	0.003	0.026	0.048

注：括号中为 t 值，***、**、*分别表示估计参数在 1%、5%、10%水平上显著，下同。

（2）特质性风险信息披露与长期股价表现

表 8.4 报告了模型（1）的回归结果。列（1）是单变量回归，只包含风险信息披露特质性（Neg_Meansim）一个变量，第（2）列在前者的基础上添加了其他控制变量，第（3）列在第（2）列的基础上对行业和年份固定效应进行了控制。结果显示，在不添加其他控制变量的情形下，回归（1）风险信息披露特质性（Neg_Meansim）的回归系数显著为正，初步说明风险信息披露特质性越高，IPO 企业长期股价表现越好。并且，随着其他控制变量以及行业和年份固定效应的加入，列（2）、列（3）的调整的 Adj R^2 水平显著提升，说明列（2）、列（3）的拟合效果优于列（1）。也即含有其他控制变量以及行业和年份固定效应的模型更能反映样本特征。

表 8.4　特质性风险信息披露对 BHAR 的回归结果

变量	BHAR		
	（1）	（2）	（3）
Neg_meansim	0.550^{***}	0.620^{***}	0.594^{***}
	（2.85）	（2.97）	（2.87）
Mean_marketreturn	—	15.897^{***}	5.724
		（3.77）	（0.96）

变量	BHAR		
	（1）	（2）	（3）
Sd_marketreturn	—	8.540***	6.769**
		(4.20)	(2.09)
Soe	—	−0.000	0.037
		(−0.00)	(0.97)
Lnasset	—	−0.026***	−0.027**
		(−2.86)	(−2.47)
Cfo	—	0.030	0.040
		(1.14)	(1.58)
Top10	—	−0.011	−0.008
		(−0.49)	(−0.39)
Proportion	—	0.001	−0.000
		(1.48)	(−0.19)
Top1	—	−0.027	0.041
		(−0.37)	(0.58)
Lottery_rate	—	0.007	−0.004
		(0.57)	(−0.23)
Growth	—	0.162**	0.208***
		(2.02)	(2.74)
Roe	—	−0.463**	−0.624***
		(−2.49)	(−3.49)
Riskrate	—	0.007	0.025
		(0.04)	(0.14)
Numrate	—	−0.697	0.138
		(−0.87)	(0.18)
Lntotalrisk	—	−0.002**	−0.001**
		(−2.09)	(−1.96)
Constant	−0.531***	−0.124	−0.065
	(−3.11)	(−0.47)	(−0.24)
Observations	2 410	2 410	2 410

表8.4(续)

变量	BHAR		
	（1）	（2）	（3）
Industry	NO	NO	yes
Year	NO	NO	yes
Adj R2	0.003	0.022	0.135

注：括号中为 t 值，***、**、* 分别表示估计参数在1%、5%、10%水平上显著，下同。

8.3.3 稳健性检验

8.3.3.1 更换会计业绩度量方式

为检验本章主要回归结果的稳健性，本书采用了替代解释变量的方法，具体是将衡量会计业绩表现的代理变量从净利润增长率（Netincomegr）替换为营业利润增长率（Incomegr）。

关于替代变量法进行稳健性检验，文献中有一定的讨论和应用。Easton and Sommers（2003）在研究股票回报率与账面价值增长率之间的关系时，就采用了净利润增长率和销售收入增长率作为替代变量进行了稳健性检验。结果表明，使用不同的业绩增长变量并不改变股票回报率与账面价值增长率之间的正相关关系。王明行和史俊杰（2020）在检验信息披露对证券分析师预测的影响时，也使用了净利润率和总资产报酬率两个替代变量来重复主要回归，结果一致性表明了稳健性。

营业利润与净利润作为企业盈利能力的两个核心指标，都能够很好反映企业的经营业绩。

首先，从概念上来说，营业利润计算了企业从经营活动中所产生的利润，即销售收入减去运营成本后得到的余额，它反映了企业的经营能力。而净利润除了经营利润外，还考虑了营业外收支、所得税等因素，更多地反映了企业的净赚取能力。其次，从含义上来说，营业利润关注企业核心业务的盈利水平，不受融资、投资等次要活动的影响；而净利润则既包含了经营利润，也考虑了企业的全面经营状况，是企业最终获得的可分配利润。最后，从稳定性上，营业利润更多地受企业经营决策的影响，而净利润还会受到财务政策、会计政策选择的影响，稍微更为波动。综合来说，营业利润增长率与净利润增长率都能合理反映企业业绩，但侧重点略有不同。考虑到本书关注企业经营活动的效率，营业利润增长率是一个更为合适的替代变量。

为了验证结果的稳健性，如表8.5所示，笔者分别以营业利润增长率和净利润增长率为被解释变量，考察了特质性风险信息披露与企业业绩之间的关系。营业利润增长率的模型同样得到了显著的正相关结果。这表明，与净利润增长率作为解释变量时一致，当使用营业利润增长率作为业绩变量时，特质性风险信息披露与企业业绩之间的正向关系同样显著。本章主要发现不因业绩的代理变量而改变，表明了模型稳健性。

本书通过采用替代解释变量的方法，检验了主要回归结果的稳健性，提高了研究的可信度。与选取单一的业绩指标相比，考虑多个替代指标可以使结果更具普适性，不依赖于某一特定变量。当然，会计业绩表现是个多维的概念，未来研究可以考虑采用反映经营效率与盈利能力等多个方面的指标，构建综合的业绩评价体系，为模型的稳健性提供更多支撑。

表8.5　特质性风险信息披露对会计业绩表现的回归结果

变量	Incomegr		
	（1）	（2）	（3）
Neg_meansim	0.641 ***	0.500 **	0.506 **
	（3.18）	（2.30）	（2.24）
Mean_marketreturn	—	−0.644	−2.449
		（−0.15）	（−0.37）
Sd_marketreturn	—	8.173 ***	2.685
		（3.86）	（0.76）
Soe	—	0.029	0.026
		（0.73）	（0.62）
Lnasset	—	0.030 ***	0.024 **
		（3.15）	（2.01）
Cfo	—	0.156 ***	0.158 ***
		（5.68）	（5.67）
Top10	—	−0.014	−0.011
		（−0.60）	（−0.47）
Proportion	—	−0.000	−0.001 *
		（−1.17）	（−1.79）

表8.5(续)

变量	Incomegr		
	（1）	（2）	（3）
Top1	—	-0.027	-0.015
		(-0.36)	(-0.20)
Lottery_rate	—	-0.025*	-0.016
		(-1.87)	(-0.92)
Growth	—	0.072	0.079
		(0.86)	(0.95)
Roe	—	-0.290	-0.358*
		(-1.50)	(-1.83)
Riskrate	—	0.117	0.056
		(0.60)	(0.28)
Numrate	—	1.114	1.106
		(1.33)	(1.31)
Lntotalrisk	—	-0.002**	-0.001
		(-1.99)	(-1.54)
Constant	-0.542***	-1.122***	-0.909***
	(-3.05)	(-4.10)	(-3.01)
Observations	2 410	2 410	2 410
Industry	NO	NO	YES
Year	NO	NO	YES
Adj R^2	0.003	0.026	0.052

8.3.3.2 Heckman 二阶段

为检验样本选择性问题是否影响了本章主要回归结果，我们采用了 Heckman 二阶段回归模型进行了稳健性检验。

在 Heckman 模型的第一阶段，将是否属于特质性风险信息披露水平较高的样本组作为被解释变量，并回归了一系列可能影响企业进行信息披露的因变量，包括公司规模、企业成长性、机构股比例等（Biddle et al.，2009）。这些变量反映了管理层进行信息披露的倾向。第一阶段回归结果得到了对应的参数估计。

然后计算了每一观测的逆米尔斯比率（IMR），即第一阶段回归的误差项，这反映了样本选择的严重程度。如果逆米尔斯比率系数不显著，则说明样本选择偏差不严重。笔者将逆米尔斯比率项加入第二阶段模型中，以控制样本选择问题。

第二阶段回归了特质性风险信息披露对企业业绩的影响。估计结果显示，逆米尔斯比率系数不显著，表明样本选择偏差不严重。在控制了第一阶段的选择倾向后，特质性风险信息披露与企业业绩之间的关系依然显著。该稳健性检验支持了本章主要论点。

采用 Heckman 模型（如表8.6所示）可以有效解决经济学中常见的样本选择偏差问题。当企业选择进行信息披露时，采用该模型控制这一选择的内生性，可以得到更准确的关系估计（Lennox et al.，2012）。相比于传统 OLS 回归，它通过两阶段回归提高了参数估计的一致性。本书运用 Heckman 模型拓展了主要回归分析，检验了样本选择是否驱动结果。不显著的逆米尔斯比率表明样本选择影响有限，增加了结果的可信度。当然，第一阶段模型的设置还有改进空间，这需要进一步启发可能影响信息披露选择性的因素。

表 8.6　Heckman 二阶段模型

变量	Neg_meansimh	Netincomegr
	（1）	（2）
Neg_meansim	—	0.480**
		(2.43)
Mean_marketreturn	7.682	−4.827
	(0.50)	(−0.78)
Sd_marketreturn	−5.521	3.925
	(−0.67)	(1.15)
Soe	−0.124	0.068
	(−1.23)	(1.17)
Lnasset	−0.088***	0.050
	(−3.11)	(1.61)
Cfo	−0.071	0.166***
	(−1.06)	(4.08)

变量	Neg_meansimh	Netincomegr
	（1）	（2）
Top10	0.039	−0.023
	（0.71）	（−0.96）
Proportion	0.002*	−0.001*
	（1.71）	（−1.84）
Top1	−0.151	0.043
	（−0.82）	（0.51）
Lottery_rate	0.061	−0.028
	（1.52）	（−1.18）
Growth	0.008	0.107
	（0.04）	（1.27）
Roe	0.255	−0.525**
	（0.56）	（−2.40）
Riskrate	—	0.004
		（0.02）
Numrate	—	0.944
		（1.18）
Lntotalrisk	—	−0.001*
		（−1.67）
imr	—	−0.496
		（−1.07）
Constant	3.577***	−1.549*
	（4.77）	（−1.96）
Observations	2 410	2 410
Industry	YES	YES
Year	YES	YES
Pseudo R^2/Adj R^2	0.068	0.067

8.3.3.3 PSM

为提高主要回归结果的可靠性，本节还采用了 PSM 方法来检验可能存在的样本选择性偏差。具体而言，构建一个 Logit 模型来预测企业进行特质性风险信息披露的可能性，根据企业特征计算出了各个样本的 Propensity Score。然后尝试采用了四种不同的匹配方法，以期找到最优的匹配算法。这四种算法分别是：①最近邻匹配（Nearest Neighbor Matching）。这是最简单的匹配方法，通过为每个处理组样本找到最接近的控制组样本来进行匹配。②卡尺匹配（Caliper Matching）。该方法限制了匹配过程中两者 Propensity Score 差值的最大值。③卡尺最近邻匹配（Caliper and Nearest Neighbor Matching）。这是上述两种方法的混合，既要控制 Score 差值，又要找到最近距离的匹配对象。④核匹配（Kernel Matching）。该方法使用置信区间作为匹配范围，不仅使用具有最接近 SCORE 的控制组，还会使用与 Score 相近的其他观测值，来构建相似的控制组和处理组。

匹配后，我们比较了各组观测在协变量均值上的差异。结果显示，卡尺最近邻匹配和核匹配方法能很好地平衡两组特征。而最近邻匹配和卡尺匹配存在一定的匹配质量问题。综合考虑后，我们选取了卡尺最近邻匹配和核匹配的样本来进行稳健性检验。主要回归结果经匹配样本验证后仍显著，这支持了模型的稳健性。

PSM 方法为回归分析前提高了样本的质量，增强了结果的可信度（Shipman et al.，2017）。匹配方法的选择对平衡效果有重要影响，需要尝试多种模型来选择最优方案。本书应用了 PSM 进行了稳健性检验，提高了主要发现的说服力，如表 8.7 所示。

表 8.7 不同匹配方式下的倾向得分匹配平衡性检验

变量	Unmatched / Matched	最近邻匹配 （P>|t|） （1:1 匹配）	卡尺匹配 （P>|t|） （1:1 匹配）	卡尺最近 邻匹配 （P>|t|）	核匹配 （P>|t|）
Mean_marketreturn	U	0.672	0.672	0.672	0.672
	M	0.111	0.384	0.950	0.906
Sd_marketreturn	U	0.000	0.000	0.000	0.000
	M	0.291	0.003	0.960	0.618

表8.7(续)

变量	Unmatched / Matched	最近邻匹配 （P>|t|） （1:1匹配）	卡尺匹配 （P>|t|） （1:1匹配）	卡尺最近 邻匹配 （P>|t|）	核匹配 （P>|t|）
Soe	U	0.081	0.081	0.081	0.081
	M	0.845	0.077	0.204	0.393
Lnasset	U	0.335	0.335	0.335	0.335
	M	0.929	0.721	0.653	0.996
Cfo	U	0.478	0.478	0.478	0.478
	M	0.976	0.559	0.532	0.625
Top10	U	0.153	0.153	0.153	0.153
	M	0.903	0.381	0.699	0.953
Proportion	U	0.283	0.283	0.283	0.283
	M	0.087	0.996	0.912	0.629
Top1	U	0.213	0.213	0.213	0.213
	M	0.855	0.176	0.781	0.704
Lottery_rate	U	0.888	0.888	0.888	0.888
	M	0.643	0.895	0.653	0.745
Growth	U	0.797	0.797	0.797	0.797
	M	0.808	0.880	0.736	0.775
Roe	U	0.680	0.680	0.680	0.680
	M	0.337	0.660	0.892	0.972
Riskrate	U	0.000	0.000	0.000	0.000
	M	0.003	0.000	0.008	0.011
Numrate	U	0.000	0.000	0.000	0.000
	M	0.266	0.019	0.443	0.648
Lntotalrisk	U	0.000	0.000	0.000	0.000
	M	0.170	0.154	0.370	0.531

在采用卡尺最近邻匹配和核匹配算法得到平衡的样本后，我们在这两个PSM样本上分别重复了主要的回归分析。PSM样本回归结果如表8.8所

示，在控制变量的影响后，特质性风险信息披露对 BHAR 以及会计业绩之间的关系依然显著。根据文献，如果回归结果在不同样本上稳健，则可以增加对检验的稳健性（Lennox et al.，2012）。PSM 匹配后的样本回归分析结果与原始样本一致，说明主要发现不受样本选择偏差的影响，具有稳健性。

除了参数估计外，在 PSM 样本上的检验也表明，所包含的控制变量的系数估计也大体保持稳定。这同样证明匹配过程确实改善了样本的可比性，提高了最终结果的可信度（Li，2013）。

综上，PSM 方法拓展了本章的稳健性检验。主要发现可通过不同样本估计得以复制，使结论更具普适性，为理论提供了强有力的验证。

表 8.8　特质性风险信息披露对 BHAR 以及会计业绩的回归结果

变量	BHAR		Netincomegr	
	卡尺最近邻匹配	核匹配	卡尺最近邻匹配	核匹配
Neg_meansim	0.573 ***	0.559 ***	0.393 *	0.420 **
	（2.77）	（2.66）	（1.89）	（2.00）
Mean_marketreturn	4.836	4.744	−1.869	−4.483
	（0.81）	（0.76）	（−0.31）	（−0.72）
Sd_marketreturn	6.386 **	7.158 **	2.549	1.101
	（1.97）	（2.13）	（0.78）	（0.33）
Soe	0.020	0.028	0.032	0.036
	（0.52）	（0.69）	（0.83）	（0.89）
Lnasset	−0.025 **	−0.029 **	0.023 **	0.026 **
	（−2.30）	（−2.53）	（2.09）	（2.24）
Cfo	0.051 **	0.048 *	0.147 ***	0.150 ***
	（1.97）	（1.83）	（5.67）	（5.73）
Top10	−0.014	−0.017	−0.015	−0.007
	（−0.65）	（−0.76）	（−0.69）	（−0.33）
Proportion	−0.000	0.000	−0.001	−0.000
	（−0.09）	（0.12）	（−1.40）	（−1.26）
Top1	0.044	0.035	−0.031	−0.073
	（0.62）	（0.48）	（−0.44）	（−0.99）

表8.8(续)

变量	BHAR		Netincomegr	
	卡尺最近邻匹配	核匹配	卡尺最近邻匹配	核匹配
Lottery_rate	−0.007	−0.010	−0.011	−0.013
	(−0.42)	(−0.59)	(−0.72)	(−0.78)
Growth	0.213***	0.194**	0.097	0.080
	(2.81)	(2.40)	(1.23)	(1.00)
Roe	−0.622***	−0.597***	−0.419**	−0.415**
	(−3.48)	(−3.17)	(−2.25)	(−2.21)
Riskrate	0.029	0.200	0.118	0.242
	(0.16)	(0.91)	(0.61)	(1.10)
Numrate	0.211	−0.062	0.805	0.614
	(0.27)	(−0.08)	(1.03)	(0.76)
Lntotalrisk	−0.001*	−0.001	−0.001*	−0.002*
	(−1.87)	(−1.63)	(−1.84)	(−1.77)
Constant	−0.079	0.011	−0.764***	−0.791***
	(−0.29)	(0.04)	(−2.74)	(−2.77)
Observations	2 373	2 282	2 373	2 282
Industry	YES	YES	YES	YES
Year	YES	YES	YES	YES
Adj R2	0.135	0.138	0.046	0.048

8.3.3.4 工具变量法

借鉴王雄元和高曦（2018）的做法，利用工具变量法缓解内生性问题。本章在计算 IPO 风险信息披露特质性时采用除本企业外同行业所有企业的风险信息披露特质性的均值（Mean_Neg_meansim）作为工具变量。Campbell（2014）的研究发现同行业的信息披露可能会影响本企业的信息披露，但同行业企业信息披露并不会对本企业的长期股价表现（BHAR）产生影响，因此本章选取的工具变量符合要求。在表 8.9 的回归结果中可以看到，除本企业外同行业所有企业的风险信息披露特质性的均值（Mean_Neg_meansim）在列（1）单变量回归中，在 1% 的显著性水平上为正，并且在加入其他控制变量以及对行业年度固定效应进行控制后，调整的（Adj R^2）逐步增加，说明主回归的结果具有稳健性。

表 8.9　同行业特质性风险信息披露均值对 BHAR 的回归结果

变量	BHAR		
	（1）	（2）	（3）
Mean_Neg_meansim	1.762***	0.910*	1.391*
	（3.46）	（1.66）	（1.70）
Mean_marketreturn	—	14.814***	3.707
		（3.65）	（0.65）
Sd_marketreturn	—	6.085***	0.812
		（2.99）	（0.26）
Soe	—	0.010	0.033
		（0.26）	（0.88）
Lnasset	—	−0.025***	−0.026**
		（−2.82）	（−2.51）
Cfo	—	0.030	0.041*
		（1.21）	（1.70）
Top10	—	−0.002	0.007
		（−0.09）	（0.36）
Proportion	—	0.000	−0.000
		（1.03）	（−0.47）
Top1	—	0.036	0.096
		（0.52）	（1.40）
Lottery_rate	—	0.006	−0.004
		（0.49）	（−0.24）
Growth	—	0.164**	0.209***
		（2.12）	（2.85）
Roe	—	−0.460**	−0.614***
		（−2.57）	（−3.58）
Riskrate	—	0.074	0.065
		（0.42）	（0.39）
Numrate	—	−0.082	0.544
		（−0.11）	（0.73）

变量	BHAR		
	（1）	（2）	（3）
Lntotalrisk	—	−0.002**	−0.001**
		（−2.20）	（−2.00）
Constant	−1.602***	−0.419	−0.739
	（−3.57）	（−0.78）	（−0.97）
Observations	2 490	2 490	2 490
Industry	NO	NO	YES
Year	NO	NO	YES
Adj R²	0.004	0.016	0.132

8.3.3.5 日历时间法

事件研究法是一种研究方法，主要用于检测特定事件如何影响公司或市场的表现。

一方面，这种方法的优点在于其定向性和可定制性，使其能够精确捕捉特定事件的影响，并允许研究者选择特定的事件窗口进行分析。此外，事件研究法的适用范围广泛，可以用于研究各种类型的事件，如并购、财务报告公布、政策变动等。然而，这种方法也有一些局限性，如需要大量的数据，可能存在忽视其他同时发生的事件的影响的偏差，以及结果可能受到模型设定（如事件窗口的选择、预期收益率模型等）的影响。

另一方面，日历时间法是另一种研究方法，它考虑了时间因素，特别适合研究需要长期才能显现效果的事件。与事件研究法相比，日历时间法只需要每天的市场数据，数据获取相对简单。此外，由于使用了较长的时间窗口，其结果通常更稳健，不容易受到个别事件的影响。然而，日历时间法也有其缺点，如可能忽视事件在短期内的影响，缺乏针对特定事件的精确分析能力，以及其结果可能受到市场总体趋势和周期性变动的影响。

由于两种方法各有优缺点，而我们在主回归中采用了事件研究法，为了保证结果的稳健性我们采用日历时间法进行检验。借鉴张学勇等（2017）的做法，具体如下：

我们首先按照每年 IPO 公司的风险信息披露特质性（Neg_Meansim）的高低将当年所有 IPO 企业分为五组，并且构造这样一个投资组合，每年等权买入 IPO 公司的风险信息披露特质性最高的股票样本（Neg_Meansim5 = 5），并且卖出 IPO 公司的风险信息披露特质性最低的股票样本（Neg_Meansim5 = 1）。接着，计算这个投资组合在每年的等权平均收益并用 Fama-French 三因素模型进行回归，得到的截距项即平均年度异常收益率。

在表 8.10 的回归结果中我们可以看到 IPO 公司的风险信息披露特质性最低的股票样本（Neg_Meansim5 = 1）的截距项（ALPHA）显著为负，并且随着风险信息披露特质性的提高，截距项（ALPHA）的值逐步提升，最终在对冲组合中截距项（ALPHA）值显著为正。说明在 2007—2021 年卖出 IPO 公司的风险信息披露特质性最低的股票样本（Neg_Meansim5 = 1），买入 IPO 公司的风险信息披露特质性最高的股票样本（Neg_Meansim5 = 5）能够获得正回报。

表 8.10 日历时间法下特质性风险信息披露与长期股价表现

变量	Fama-French 三因子模型					
	neg_meansim5 = 1	neg_meansim5 = 2	neg_meansim5 = 3	neg_meansim5 = 4	neg_meansim5 = 5	hedge_return
ALPHA	-0.047**	-0.007	-0.026	0.019	0.024	0.035*
	(-2.28)	(-0.25)	(-0.88)	(0.59)	(0.79)	(1.95)
RMRF	-1.105	-0.669	-1.106	0.490	-0.728	0.221
	(-1.52)	(-0.72)	(-1.06)	(0.44)	(-0.68)	(0.34)
SMB	4.641***	4.085***	4.618***	3.865**	1.325	-1.769*
	(3.88)	(2.66)	(2.70)	(2.10)	(0.75)	(-1.67)
HML	2.335	-0.762	0.381	0.107	-2.611	-2.462
	(1.26)	(-0.32)	(0.14)	(0.04)	(-0.97)	(-1.51)
Observations	506	501	497	501	485	991
Adj R2	0.030	0.020	0.017	0.008	0.002	0.000

8.3.4 进一步研究

8.3.4.1 机制检验

（1）IPO 特质性风险信息披露、非系统性风险与会计业绩表现

在 IPO 过程中，风险信息披露是一个至关重要的环节，它对企业的会计业绩表现产生深远的影响。特质性风险信息披露不仅能够提供关于企业风险状况的重要信息，从而帮助企业管理层、董事会和其他决策者更好地识别、评估和管理风险，而且还能够满足外部监管机构的要求，降低企业的法律风险，提高其会计业绩。

首先，从文献中可以看到，风险信息披露在 IPO 过程中起到了至关重要的作用。例如，Falconieri and Tastan（2018）指出，更全面的招股说明书信息有助于提高价格的一致性，因为详尽的招股说明书反映了更高的出价，并减少了折价的可能性。此外，Arnold et al.（2010）也指出，风险信息披露在制定投资者的投资决策中起到了关键作用。这些研究都强调了风险信息披露对 IPO 的影响。

其次，风险管理是企业成功的关键。有效的风险管理不仅可以帮助企业识别和评估潜在的风险，还可以制定策略来应对这些风险，从而提高企业的业绩和竞争力。例如，Yang et al.（2018）发现，高审计费用的企业往往伴随着较高风险。这意味着，企业需要通过有效的风险管理来降低其风险敞口，从而减少审计费用。此外，Zeghal and El Aoun（2016）的研究也表明，美国最大的银行在金融危机期间增加了企业风险管理（ERM）的披露。这些研究都表明，有效的风险管理对企业的业绩和竞争力至关重要。

最后，外部监管也是影响企业会计业绩表现的一个重要因素。高质量的风险信息披露可以帮助企业满足监管机构的要求，从而保护企业的声誉和市场地位。例如，Hope et al.（2016）指出，企业可能会避免披露可能对其职业生涯产生负面影响的风险信息。但是，当企业公开、透明地披露其风险时，它可以避免潜在的法律纠纷和罚款，从而降低企业的法律风险。

综上所述，IPO 特质性风险信息披露能够提升企业会计业绩表现。其作用渠道是由于 IPO 特质性风险信息披露能够促进企业进行更好的风险管理，并且利于外部监管。因此，IPO 特质性风险信息披露通过降低企业非系统性风险，从而使得企业能够提升企业会计业绩表现。

本章借鉴 Goyenko et al.（2009）、张宏亮等（2018）的研究设计，利用股价崩盘指标（Ncskew_Mdeq）度量非系统性风险，我们用模型（8.1）、模型（8.5）和模型（8.6）进行实证检验，以考察 IPO 特质性风险信息披露对非系统性风险的影响，以及非系统性风险的中介效应。

$$Ncskew\_Mdeq_{i,t} = \alpha_0 + \alpha_1 \times Neg\_Meansim_{i,t} +$$
$$Controls + \gamma_i + \mu_t + \varepsilon_{i,t} \qquad (8.5)$$
$$Netincomegr_{i,t} = \alpha_0 + \alpha_1 \times Neg\_Meansim_{i,t} +$$
$$\alpha_2 \times Ncskew\_Mdeq_{i,t} + Controls + \gamma_i + \mu_t + \varepsilon_{i,t} \qquad (8.6)$$

其中，模型（8.5）的被解释变量为非系统性风险（Ncskew_Mdeq），解释变量为 IPO 特质性风险信息披露（Neg_Meansim）。表 8.11 回归结果的（1）、（2）列表明，风险信息披露质量（Neg_Meansim）通过降低非系统性风险（Ncskew_Mdeq），提升上市公司会计业绩表现。说明 IPO 特质性风险信息披露能够帮助企业管理层、董事会和其他决策者更好地识别、评估和管理风险，而且还能够满足外部监管机构的要求，降低企业的法律风险，提高其会计业绩。

表 8.11　IPO 特质性风险信息披露、非系统性风险与会计业绩表现

变量	Ncskew_Mdeq	Netincomegr
	（1）	（2）
Neg_meansim	−0.585**	0.554 4***
	（−2.29）	（2.69）
Ncskew_Mdeq	—	−0.055 1***
		（−3.32）
Mean_marketreturn	2.919	6.042 1
	（0.39）	（1.01）
Sd_marketreturn	−1.493	6.702 4**
	（−0.37）	（2.07）
Soe	−0.072	0.034 6
	（−1.51）	（0.91）
Lnasset	−0.015	−0.028 6***
	（−1.12）	（−2.62）

变量	Ncskew_Mdeq	Netincomegr
	（1）	（2）
Cfo	0.075**	0.043 9*
	（2.37）	（1.73）
Top10	-0.018	-0.007 5
	（-0.69）	（-0.35）
Proportion	-0.000	-0.000 1
	（-1.08）	（-0.33）
Top1	-0.139	0.034 8
	（-1.59）	（0.49）
Lottery_rate	0.034*	-0.001 9
	（1.75）	（-0.12）
Growth	-0.033	0.202 2***
	（-0.36）	（2.66）
Roe	0.039	-0.612 2***
	（0.18）	（-3.43）
Riskrate	0.077	-0.162 9
	（0.41）	（-1.07）
Numrate	0.327	0.206 7
	（0.34）	（0.27）
Lntotalrisk	0.515	-0.029 3
	（1.51）	（-0.11）
Constant	-0.585**	0.554 4***
	（-2.29）	（2.69）
Observations	2 410	2 410
Industry	YES	YES
Year	YES	YES
Adj R^2	0.014 7	0.048 0
Z-score	-2.914***	—

（2）IPO 特质性风险信息披露、非系统性风险与股价长期表现

企业披露特质性风险信息的行为对其长期股价表现具有重要意义。首先，这种披露行为可以表明公司具有有效的风险管理策略。如 Grover and Bhullar（2021）在其研究中指出，风险披露在 IPO 招股说明书中起到了关键作用，有助于减少信息不对称，从而为投资者提供了更加全面和准确的信息。这种信息的提供可能会让投资者认为公司有能力应对未来可能出现的问题，从而对公司的前景有更积极的看法。

其次，风险披露是监管要求的一部分。证监会要求企业在进行 IPO 时，需要在招股说明书中详细披露公司可能面临的重要风险。这些风险包括市场风险、经营风险、财务风险等。这一点在 Isiaka（2021）的研究中也得到了证实，他指出，自 2005 年以来，美国证券交易委员会（SEC）已经要求大型公司在其 10-K 报告的 Item 1A 中披露风险因素 2。企业能够满足这些要求，表明其合规性较高，可以避免因违反监管规定而产生的潜在负面影响。

此外，风险披露还与企业的风险管理策略密切相关。披露特质性风险信息可以降低企业的非系统性风险，从而提高长期股价回报。这种披露行为可能会让投资者认为公司有能力应对未来可能出现的问题，从而对公司的前景有更积极的看法。

总之，企业披露特质性风险信息对其长期股价表现具有积极影响。这种披露行为不仅可以提高企业的合规性，还可以为投资者提供更加全面和准确的信息，从而增强其对企业的信心。

结合以上分析，我们可以得出结论：企业披露特质性风险信息是其风险管理策略的重要组成部分，这种披露行为不仅可以提高企业的合规性，还可以为投资者提供更加全面和准确的信息，从而增强其对企业的信心，进而可能提高股票长期股价表现。

本章借鉴 Goyenko et al.（2009）、张宏亮等（2018）的研究设计，利用股价崩盘指标（Ncskew＿Mdeq）度量非系统性风险，我们用模型（8.1）、模型（8.7）和模型（8.8）进行实证检验，以考察 IPO 特质性风险信息披露对非系统性风险的影响，以及非系统性风险的中介效应。

$$\text{Ncskew\_Mdeq}_{i,t} = \alpha_0 + \alpha_1 \times \text{Neg\_Meansim}_{i,t} + \text{Controls} + \gamma_i + \mu_t + \varepsilon_{i,t}$$

$$(8.7)$$

$$BHAR_{i,t} = \alpha_0 + \alpha_1 \times Neg\_Meansim_{i,t} + \alpha_2 \times Ncskew\_Mdeq_{i,t} +$$
$$Controls + \gamma_i + \mu_t + \varepsilon_{i,t} \qquad (8.8)$$

其中，模型（8.7）的被解释变量为非系统性风险（Ncskew_Mdeq），解释变量为 IPO 特质性风险信息披露（Neg_Meansim）。表 8.12 回归结果的（1）、（2）列表明，风险信息披露质量（Neg_Meansim）通过降低非系统性风险（Ncskew_Mdeq），提升上市公司长期股价表现。

表 8.12　IPO 特质性风险信息披露、非系统性风险与长期股价表现

变量	Ncskew_Mdeq	BHAR
	（1）	（2）
Neg_meansim	−0.587**	0.561 5***
	（−2.30）	（2.72）
Ncskew_Mdeq	—	−0.054 8***
		（−3.30）
Mean_marketreturn	2.970	5.887 1
	（0.40）	（0.98）
Sd_marketreturn	−1.488	6.687 0**
	（−0.37）	（2.07）
Soe	−0.071	0.033 3
	（−1.50）	（0.87）
Lnasset	−0.015	−0.027 9**
	（−1.14）	（−2.55）
Cfo	0.075**	0.044 2*
	（2.37）	（1.74）
Top10	−0.018	−0.009 4
	（−0.67）	（−0.43）
Proportion	−0.000	−0.000 1
	（−1.09）	（−0.26）
Top1	−0.139	0.033 3
	（−1.58）	（0.47）
Lottery_rate	0.034*	−0.001 7
	（1.75）	（−0.11）

表8.12(续)

变量	Ncskew_Mdeq	BHAR
	（1）	（2）
Growth	−0.035	0.206 2***
	（−0.37）	（2.72）
Roe	0.042	−0.622 1***
	（0.19）	（−3.48）
Riskrate	0.014	0.025 7
	（0.06）	（0.14）
Numrate	0.344	0.157 2
	（0.36）	（0.20）
Lntotalrisk	0.000	−0.001 4*
	（0.52）	（−1.93）
Constant	0.518	−0.036 7
	（1.51）	（−0.13）
Observations	2 410	2 410
Industry	YES	YES
Year	YES	YES
Adj R²	0.015	0.138
Z−score	2.016**	—

（3） IPO 特质性风险信息披露、误定价与股价长期表现

在资本市场中，信息不对称是一个长期存在的问题，它可能导致资本成本上升和投资效率下降。为了缓解这种信息不对称，企业可能会选择披露更多的信息，特别是与其特质性风险相关的信息。特质性风险是指与特定企业相关的风险，与市场风险相对。这种风险是企业特有的，不能通过多元化投资组合来消除。

首先，从缓解信息不对称的角度看，企业通过披露特质性风险信息可以提高股票定价效率。这是因为，当投资者对企业的特质性风险有了更清晰地了解，他们可以更准确地评估企业的价值，从而使股票价格更接近其真实价值（Campbell et al.，2014；Chiu et al.，2018）。这种定价效率的提高可以降低股票的误定价程度。

此外，当企业愿意公开讨论其特质性风险时，投资者可能会认为这些公司更加诚实和透明，因此更值得信任（姚颐和赵梅，2016）。这种信任可以提高投资者的信心，可能会带来更高的股票长期收益。这与 Hope et al.（2016）的研究结果相吻合，他们发现 RFDs（风险因子披露）与股票回报之间存在正相关关系。

然而，披露特质性风险信息并不总是对企业有利。例如，过多的信息可能会导致信息过载，使投资者难以处理和解释这些信息（Li，2008）。此外，如果企业披露的风险信息被市场解读为负面信息，那么它可能会对股票价格产生短期的负面影响（Filzen，2015）。

尽管如此，从长期角度看，披露特质性风险信息对企业是有益的。首先，这可以帮助企业获得更低的资本成本。Heinle et al.（2018）的研究发现，RFDs 可以通过降低风险溢价来降低资本成本。此外，当企业提供更多关于其特质性风险的信息时，它可以帮助投资者做出更好的投资决策，从而提高市场效率。总的来说，企业通过披露特质性风险信息可以降低股票的误定价程度，从而保障了长期股价回报。这不仅可以帮助企业获得更低的资本成本，还可以增强投资者的信心和信任。

本章借鉴 Goyenko et al.（2009）、何德旭等（2022）的研究设计，利用股票误定价指标（misprice_cross、misprice_time）度量股价误定价程度，我们用模型（8.1）、模型（8.9）和模型（8.10）进行实证检验，以考察 IPO 特质性风险信息披露对非系统性风险的影响，以及非系统性风险的中介效应。

$$\text{Misprice}_{i,t}=\alpha_0+\alpha_1\times\text{Neg\_Meansim}_{i,t}+\text{Controls}+\gamma_i+\mu_t+\varepsilon_{i,t} \quad (8.9)$$

$$\text{BHAR}_{i,t}=\alpha_0+\alpha_1\times\text{Neg\_Meansim}_{i,t}+\alpha_2\times\text{Misprice}_{i,t}+\text{Controls}+\gamma_i+\mu_t+\varepsilon_{i,t}$$

$$(8.10)$$

其中，模型（8.9）的被解释变量为股票误定价程度（misprice_cross、misprice_time），解释变量为 IPO 特质性风险信息披露（Neg_Meansim）。表 8.13 回归结果的（1）、（2）列表明，风险信息披露质量（Neg_Meansim）通过降低非系统性风险（Ncskew_Mdeq），提升上市公司长期股价表现。

表 8.13　IPO 特质性风险信息披露、股票误定价与长期股价表现

变量	Misprice_Cross	BHAR	Misprice_Time	BHAR
	（1）	（3）	（2）	（4）
Neg_meansim	−0.267 ***	0.551 ***	−0.043 *	0.601 ***
	（−2.87）	（2.67）	（−1.89）	（2.91）
Misprice_Cross	—	−0.159 ***	—	—
		（−3.50）		
Misprice_Time	—	—	—	0.183
				（0.97）
Mean_marketreturn	−2.197	5.375	8.895 ***	4.098
	（−0.81）	（0.90）	（13.55）	（0.66）
Sd_marketreturn	4.447 ***	7.476 **	1.029 ***	6.580 **
	（3.04）	（2.31）	（2.90）	（2.03）
Soe	0.018	0.040	0.004	0.037
	（1.04）	（1.05）	（0.88）	（0.95）
Lnasset	−0.013 ***	−0.029 ***	−0.007 ***	−0.026 **
	（−2.65）	（−2.66）	（−5.50）	（−2.34）
Cfo	0.055 ***	0.049 *	−0.003	0.041
	（4.82）	（1.92）	（−1.04）	（1.60）
Top10	0.034 ***	−0.003	0.002	−0.009
	（3.48）	（−0.14）	（1.05）	（−0.41）
Proportion	0.000 **	−0.000	−0.000	−0.000
	（2.10）	（−0.04）	（−0.82）	（−0.17）
Top1	0.123 ***	0.060	0.010	0.039
	（3.82）	（0.85）	（1.34）	（0.55）
Lottery_rate	0.025 ***	0.000	0.006 ***	−0.005
	（3.48）	（0.02）	（3.30）	（−0.29）
Growth	0.142 ***	0.231 ***	−0.003	0.209 ***
	（4.13）	（3.03）	（−0.40）	（2.74）
Roe	−0.331 ***	−0.677 ***	−0.006	−0.623 ***
	（−4.10）	（−3.78）	（−0.33）	（−3.48）

变量	Misprice_Cross	BHAR	Misprice_Time	BHAR
	（1）	（3）	（2）	（4）
Riskrate	−0.009	0.023	0.003	0.024
	（−0.11）	（0.13）	（0.14）	（0.14）
Numrate	−0.462	0.065	−0.121	0.160
	（−1.33）	（0.08）	（−1.43）	（0.21）
Lntotalrisk	0.000	−0.001*	0.000	−0.001**
	（0.87）	（−1.91）	（0.99）	（−1.98）
Constant	0.098	−0.049	0.172***	−0.097
	（0.79）	（−0.18）	（5.68）	（−0.35）
Observations	2 410	2 410	2 410	2 410
Industry	YES	YES	YES	YES
Year	YES	YES	YES	YES
Adj R^2	0.211	0.139	0.309	0.135
Z−score	2.243**	−2.706***	—	—

8.3.4.2 拓展性研究

（1）IPO 风险信息披露数量与业绩长期表现

在资本市场中，企业的信息披露行为一直是学术界和实践界关注的焦点。特别是，风险信息披露作为企业信息披露的重要组成部分，其对投资者决策的影响尤为显著。然而，风险信息披露的质量和数量是否都具有同样的信息含量，以及它们如何影响企业的会计业绩表现，仍然是一个有待深入探讨的问题。

风险信息披露的质量，或称为异质性，是指企业披露的风险信息的详细程度、准确性。从理论上讲，高质量的风险信息披露应该能够为投资者提供更准确、更及时的信息，从而帮助他们做出更好的投资决策（Wei et al., 2019; Beatty et al., 2019）。实证研究也发现，风险信息披露的质量与企业的会计业绩表现显著正相关（Heinle et al., 2018; Hope et al., 2016）。这意味着，企业进行高质量的风险信息披露可能是为了展现其良好的业绩和前景。

然而，风险信息披露的数量，与企业的会计业绩表现之间的关系则更为复杂。一方面，更多的风险信息披露可能意味着企业面临更多的风险，这可能对其业绩产生负面影响（Skinner, 1997; Field et al., 2005）。另一方面，企业可能会选择进行更多的风险信息披露，以满足监管要求或避免潜在的法律纠纷（Leuz and Verrecchia, 2000; Botosan and Plumlee, 2002）。但是，如果企业进行更多的风险信息披露是为了误导投资者，那么这种行为可能会对其业绩产生负面影响（Lang and Lundholm, 1996; Healy and Palepu, 2001）。

我们将模型（8.1）的被解释变量更换为风险信息披露的总项目数，并对其加 1 后取自然对数（lntotalrisk），与企业的会计业绩表现显著负相关（Chiu et al., 2018; Tsai et al., 2016）。这意味着，企业进行更多的风险信息披露可能是为了误导投资者，而不是为了展现其良好的业绩和前景。这与之前的研究结果相吻合，即企业可能会选择进行更多的风险信息披露，以满足监管要求或避免潜在的法律纠纷，但这种行为可能会对其业绩产生负面影响。

总的来说，风险信息披露的质量和数量对企业的会计业绩表现有不同的影响，如表 8.14 所示。高质量的风险信息披露可能会带来正面的效果，而过多的风险信息披露可能会带来负面的效果。因此，企业在进行风险信息披露时，不仅要关注其数量，还要关注其质量。

表 8.14　IPO 风险信息披露数量与业绩长期表现

变量	Netincomegr		
	（1）	（2）	（3）
Neg_meansim	−0.001	−0.001**	−0.001
	（−1.24）	（−2.02）	（−1.62）
Mean_marketreturn	—	1.127	−2.644
		（0.28）	（−0.44）
Sd_marketreturn	—	8.260***	2.441
		（4.26）	（0.75）
Soe	—	0.033	0.029
		（0.89）	（0.76）
Lnasset	—	0.028***	0.022**
		（3.18）	（2.01）

表8.14(续)

变量	Netincomegr		
	(1)	(2)	(3)
Cfo	—	0.143***	0.145***
		(5.66)	(5.66)
Top10	—	-0.012	-0.010
		(-0.57)	(-0.48)
Proportion	—	-0.000	-0.001*
		(-1.26)	(-1.87)
Top1	—	-0.028	-0.003
		(-0.41)	(-0.04)
Lottery_rate	—	-0.014	-0.010
		(-1.16)	(-0.63)
Growth	—	0.104	0.106
		(1.36)	(1.39)
Roe	—	-0.389**	-0.439**
		(-2.18)	(-2.43)
Riskrate	—	0.168	0.111
		(0.95)	(0.62)
Numrate	—	1.100	1.106
		(1.43)	(1.43)
Constant	0.040***	-0.632***	-0.416*
	(2.96)	(-3.39)	(-1.82)
Observations	2 410	2 410	2 410
Industry	NO	NO	YES
Year	NO	NO	YES
Adj R^2	0.000	0.025	0.046

（2）IPO 特质性风险信息披露在注册制与非注册制下对长期股价表现的影响

在资本市场的发展历程中，IPO 风险信息披露的质量和特质性始终是一个核心议题。随着市场的日益成熟和国际化，注册制的引入成为一个重要的转折点，它不仅改变了 IPO 的审批流程，更重要的是，它为市场带来了更高的效率。注册制是资本市场中的一种新型上市制度，它的核心理念是"以信息披露为中心"。在传统的审批制下，企业上市需要经过复杂的审批流程，而在注册制下，只要企业的信息披露满足了相关的法规要求，它就可以进行公开发行。这种制度的引入大大简化了 IPO 的流程，提高了市场的效率（Zhang and Zheng，2021）。在注册制下，证券监管机构的职责是对申报文件的信息披露合规性进行审查，而不是对企业的经营状况和未来前景进行评估。这意味着，市场的效率得到了进一步的提高，因为所有的公开信息都会迅速地被市场消化，并反映在股价中（Lowry et al.，2020）。

注册制作为一种新型的上市制度，在国际上已经得到了广泛应用。例如，美国、英国等地都采用了证券发行的注册制。这些国家和地区的经验表明，注册制可以有效地提高市场的效率，促进资本市场的健康发展（Zhang and Zheng，2021）。在这些国家和地区，注册制的引入都伴随着一系列的市场改革措施，例如提高信息披露的标准，加强对上市公司的监管，以及加大对违法违规行为的处罚力度。这些措施都是为了确保注册制能够在一个有效、透明和公正的市场环境中得到有效地实施（Grover and Bhullar，2021）。

为检验 IPO 风险信息披露数量在注册制与非注册制下对长期股价表现的影响，我们将注册制实行前后的样本分为两组，回归结果如表 8.15 所示，在非注册制的组别（zhuce = 0）IPO 风险信息披露特质性越高则股票长期股价表现越好，然而在注册制的子样本中则没有发现这一现象，这有可能是由于，在注册制下，市场的有效性得到了进一步的提高，高质量的风险信息披露在发行之初就已经被市场消化，这可能解释了为什么在注册制下，IPO 风险信息披露与长期股价表现的关系不那么显著（Isiaka，2022）。此外，美国 SEC 的实践也证明了信息披露的重要性。SEC 在 IPO 发行审查中的主要目标是确保发行人为投资者提供了与决策相关的重要信息。这进一步强调了高质量的风险信息披露对于保护投资者的重要性（Grover and Bhullar，2021）。

表 8.15　IPO 风险信息披露数量在注册制与非注册制下对长期股价表现的影响

变量	BHAR	
	zhuce = 0	zhuce = 1
Neg_meansim	0.703***	−0.454
	(3.06)	(−0.91)
Mean_marketreturn	2.781	52.463**
	(0.44)	(2.45)
Sd_marketreturn	6.839**	13.774
	(2.00)	(1.21)
Soe	0.063	−0.062
	(1.48)	(−0.69)
Lnasset	−0.043***	0.018
	(−3.40)	(0.73)
Cfo	0.021	0.071**
	(0.59)	(1.98)
Top10	0.000	0.007
	(0.01)	(0.15)
Proportion	−0.000	0.001
	(−0.53)	(1.14)
Top1	0.125	−0.301*
	(1.56)	(−1.93)
Lottery_rate	−0.000	−1.139
	(−0.00)	(−0.89)
Growth	0.294***	0.179
	(2.93)	(1.39)
Roe	−0.893***	−0.433*
	(−3.51)	(−1.68)
Riskrate	−0.119	0.631
	(−0.58)	(1.64)
Numrate	0.581	0.028
	(0.64)	(0.02)

变量	BHAR	
	zhuce = 0	zhuce = 1
Lntotalrisk	−0.001	−0.005**
	（−1.04）	（−2.48）
Constant	0.179	−0.193
	（0.57）	（−0.28）
Observations	2 410	2 410
Industry	YES	YES
Year	YES	YES
Adj R²	0.147	0.056 0
P−Value	3.85**	

8.4　本章小结

本章通过实证研究检验了 IPO 风险信息披露质量对企业长期股价表现和会计业绩的影响。主要结论如下：第一，IPO 风险信息披露质量能显著提升企业会计业绩。具体而言，风险信息披露异质性越高，企业净利润增长率越高。这主要是因为高质量 IPO 风险信息披露可以帮助企业更好地识别、评估和管理风险，提高风险管理水平，从而提高业绩。此外，高质量 IPO 风险信息披露还可以帮助企业遵守监管要求，降低法律纠纷风险，进而提升业绩。第二，IPO 风险信息披露质量对企业长期股价表现也有显著正向影响。风险信息披露异质性越高，企业的买持异常收益率（BHAR）越高。这主要是通过降低信息不对称和非系统性风险两个渠道实现的。一方面，高质量 IPO 风险信息披露提高了股票定价效率，降低了误定价风险，赢得了投资者信任；另一方面，高质量 IPO 风险信息披露表明企业具有应对风险的能力，遵守监管要求，从而降低非系统性风险，提高长期股价表现。第三，进一步检验发现，在非注册制时期，IPO 风险信息披露质量对长期股价表现的正向影响更加显著；而在注册制实施后，这种影响变得不显著。这可能是因为，注册制下的审批重心转向信息披露合规性，股价能够更快反映信息，从而减弱了风险信息披露的长期影响。第四，关于风险信息披露数量对企业业绩的影响，发现风险信息总项目越多，企业净利润增长率越低。这表明过度披露风险信息可能反映企业面临更多负面风险，对业绩产生负面影响。风险信息披露时不仅要提高异质性，还需兼顾信息量适度。

本章可能的贡献主要来自以下几个方面：首先，厘清 IPO 风险信息披露质量如何对长期股价表现产生影响。过往的研究中鲜有对长期股价表现的影响渠道的探讨，本章分别从"信息不对称"以及"非系统风险"两个角度，丰富了长期股价表现领域的研究。其次，过往的研究中鲜有对 IPO 风险信息披露质量对企业会计业绩产生影响的直接证据，本章从"非系统风险"渠道，解析了 IPO 风险信息披露质量对企业会计业绩产生影响的作用渠道。

本章的研究结论对于证券市场的监管和企业的信息披露决策都有重要启示：第一，监管部门应继续促进有异质性的风险信息披露。本章结果表明，这不仅使企业本身获益，也有利于资本配置效率的提高。具体做法可以是细化风险信息披露指引，鼓励企业披露更多异质性信息。第二，企业应提高风险信息披露的异质性。这需要关注两点：一是披露更多企业特有而非标准化的风险信息；二是适度披露信息量，避免过多风险披露反而传递负面信号。第三，投资者应注重风险信息披露的质量而非数量。本章结果显示，异质性高的风险信息披露才真正提升了企业价值，而过度披露反而对企业有负面影响。投资决策时应关注信息的实质价值。第四，本章采用了文本分析等创新方法度量风险信息披露异质性，得到了验证预期假说的结论，表明这些新方法为研究无结构化信息提供了可能。后续研究可以继续应用这些方法开展定量分析。

本章存在一些局限。首先，未能区分不同类型风险信息对企业业绩和价值的差异影响。第二，仅考察了 IPO 时的风险披露，未研究持续披露的效应。第三，未能探究产生影响的具体内在机制。这些问题有待未来研究进一步深入。总体而言，本章研究了 IPO 风险信息披露质量对企业长期业绩和价值的影响，验证了正向效应的存在，并初步探讨了作用机制，为证券市场的风险信息监管和公司信息披露决策提供了依据。

9 结论、启示与未来展望

9.1 主要结论

  本书分别从 IPO 公司特质性风险信息披露对上市公司盈余管理、新股发行效率、新股破发和长期股价表现的影响方面进行了探讨，通过文本分析方法提炼出招股说明书中的风险信息披露特质性，并检验其对资本市场多个环节的影响，从而丰富了风险信息披露与 IPO 定价的相关文献。

  IPO 公司招股说明书中风险信息披露越具特质性，反映公司真实情况的负面与敏感信息越多，这有助于降低公司与投资者之间在风险认知方面的信息不对称，让投资者更准确地评估公司价值，但风险信息过度披露也意味着投资者的预期非理性，管理层需要对财务报告进行适当盈余管理来纠正这种偏差。具体而言，异质性风险信息披露越充分的公司更倾向出于非机会主义动机进行盈余管理。一方面，充分披露能够对管理层起到约束作用，激发管理层通过盈余管理传递公司经营的真实信息的"好动机"，尤其对于分析师关注度较高和机构投资者占比较低的企业；另一方面，管理层通过非机会主义盈余管理将有关未来公司盈利预期的私人信息传递给市场，减轻过度 IPO 风险披露的不利影响，向投资者传递公司未来盈利能力的乐观预期，增强投资者对公司 IPO 定价和未来盈余的信心，以弥补 IPO 风险信息过度披露产生的不利影响，合理引导市场预期。

  IPO 公司招股说明书中风险信息披露越具特质性，可以降低信息壁垒、传递公司私有信息，减少投资者意见分歧，赢得投资者的认可与关注，因此风险信息披露越具特质性，IPO 公司的市盈率越高，首日抑价率越低。具体来看，特质性风险披露可以为投资者提供更丰富的信息，降低投资者异议，有助于投资者更准确判断公司价值，提高估价的一致性。此外，公司主动披露特殊风险也传递了诚信积极的信号，可以提升公司声誉，吸引投资者关注，促使投资者给予公司更高的估值。这表明，风险信息披露不仅影响管理层行为，也会改变公司的市场形象，影响 IPO 的定价，是适应市场化改革、应对监管要求的策略性行为。

IPO 公司招股说明书中风险信息披露越具特质性，说明发行人信息披露越充分，会引起更多分析师关注，提高分析师预测的准确度，也使得投资者从风险信息披露中获得增量信息，资本市场定价效率越高，IPO 破发的可能性越小，因此风险信息披露越具特质性，首日破发概率越低。具体来看，上市公司隐瞒风险可能会得到较高发行价，但如果投资者事后甄别出发行人粉饰经营状况、模板式披露，便可能出现投资者大量抛售、新股破发的窘境；反之详细充分的高质量风险信息披露使得 IPO 公司发行定价更合理，缩减发行价与内在价值的偏离度，首日破发概率更低。这表明，特质性风险信息披露不仅关系到新股发行效率，也影响到新股上市后的股价破发。

IPO 公司招股说明书中风险信息披露越具特质性，可以降低信息不对称、提高公司声誉、增加投资者信任、降低非系统性风险，因此风险信息披露越具特质性，公司的长期股价表现也越好。一方面，特质性风险披露使投资者更了解公司面临的各种特殊风险，感知到公司蕴含的信息透明度更高、可投资性更强，这增加了投资者对公司未来发展的信心，提高了公司长期回报；另一方面，主动披露特殊风险也传递了公司内控与风险管理能力较强的积极信号，降低了公司面临各类风险的可能性，减少了公司特质性不确定性，让公司的股价长期表现更趋于稳定。这说明，风险披露不仅影响短期 IPO 定价，也会改善公司长远的股东回报。

综上所述，这四个部分构建了一个较为完整的逻辑链条，证明了特质性风险信息披露可以影响公司上市前后多个方面的表现，包括上市前的盈余管理动机、新股发行效率、上市后的新股破发情况和长期股价。这一系列研究为风险信息披露与资本市场研究领域提供了新的视角与切入点，也为监管实践提供了有益的借鉴，具有重要的学术价值和应用意义。

9.2 政策启示

根据上述研究结论和分析，我们可以得出以下几点政策启示：

第一，监管机构需要进一步完善公司 IPO 风险信息披露制度和法律机制，提高发行审核效率。考虑到我国直接融资比例远低于境外发达资本市场，注册制改革也呈现出起步晚、效率低、机制不够完善的特征，投资者对信息披露依赖性较强，如果上市公司披露的信息不可靠，那么投资人将面临很大的风险。一方面增强对企业的内外部监管，促进管理层进行高质量的信息披露，允许 IPO 风险信息披露质量高的企业通过盈余管理弥补潜在不利后果，降低信息不对称性；另一方面，积极引导投资者理性面对风险，正确认识到风险收益的对称性，推动中国资本市场健康良性发展。

第二，完善法律制度设计，为企业进行真实而非模板化的特质性风险信息披露提供一定的法律保护，以平衡企业信息披露与承担法律风险之间的关系。具体来说，可以借鉴美国"安全港"条款的相关规定，对企业进行真实、准确、特质性的风险预警信息披露给予适当法律豁免。同时，建立漏报风险的举报奖励机制，鼓励各方监督企业风险信息披露的真实性。此外，建立科学合理的证据规则，防止企业面临无端诉讼。让符合标准的风险披露获得法律保护，有助于形成企业进行特质性风险披露的良性循环。

第三，监管部门可以加强监管指导，发布相关监管意见，推动上市公司进行真实、具体而非模板化的特质性风险信息披露，提高信息披露的针对性和决策有用性。监管层面可以设立风险披露评价体系，对不同企业的风险信息披露情况进行评级。同时，建立示范目录，提供不同行业、类型企业进行特质性风险披露的参考实例。此外，采取适当的审批决策，对模板化披露风险信息的企业申报材料采取更严格审核，督促其提高信息披露质量。这些举措既彰显监管红线，也可引导企业主动进行高质量特质性风险披露。

第四，可以适当发挥承销商在新股发行中的监管职能，通过承销商声誉机制督促其履行信息披露监管职责，但不应过度依赖承销商的监管作用，需要与政府监管形成合力。具体来说，监管部门可以建立承销商评价体系，其中风险信息披露质量是一个重要指标。同时，针对存在问题的承销商实施纪律处分，以督促其切实履行尽职调查义务。但政府监管应还是发挥主导作用，通过持续监测、事中事后监管来全面评估企业披露风险信息的真实性和特质性，防止过度依赖承销商履职。

9.3　研究局限与未来展望

尽管研究从多个角度验证了 IPO 特质性风险信息披露的积极作用，但研究还存在一些局限，需要进一步完善：

第一，研究侧重从文本特征的角度分析风险信息披露的特质性，使用相似度算法评估信息披露的模板化程度，但没有考虑披露语气、措辞方式、披露长度等风险信息披露的其他特征。后续研究可以综合运用自然语言处理、内容分析等更丰富的文本分析方法，从多角度检验风险信息披露的质量。

第二，研究主要采用了定量分析方法，使用文本特征、财务指标作为代理变量，分析了特质性风险信息披露对后续效应的影响，但缺乏对企业进行特质性风险信息披露背后的动机和战略考量的定性研究。后续研究可以通过深度访谈、个案研究等定性方法，更全面地梳理公司选择进行特质性风险披露的考量。

第三，研究并没有区分操作风险、商业风险、财务风险等不同类型的风险信息，而是将风险信息作为整体进行了分析。但不同类型风险信息对研究结论的影响可能存在差异。后续研究可以根据风险的来源、性质、影响等方面对风险进行分类，考察不同风险信息对结论的差异影响。

基于上述研究结论与局限，后续研究可以从以下几个方向拓展：

第一，利用更丰富的文本分析方法考察风险信息披露的其他特征，如情感分析等方法分析风险披露的语气正负向，评估风险披露对公司形象的影响；采用内容分析等方法识别不同类型风险词频差异，判断企业风险偏好。这些可以使风险信息披露质量度量更全面丰富。

第二，扩大样本范围，进行国际比较，检验新兴市场与欧美成熟市场是否在风险信息披露效应上存在差异。这可以检验不同市场规则环境下，企业进行特质性风险披露的动机以及效果是否存在差异。如果结果发现成熟市场企业更有动力进行特质性风险披露，那么新兴市场可以借鉴其监管措施的有效设计。

第三，采用定性研究方法，通过访谈、个案研究等更深入地分析企业进行特质性风险信息披露的动机考量，识别影响企业披露决策的组织因素。这可以更全面地理解企业面临的利弊权衡，有助于设计调节机制。

第四，区分不同类型的风险信息，考察操作风险、商业风险等不同风险信息对研究结论的差异影响。这可以识别出对企业和资本市场影响最大的风险类型，有助于监管部门制定针对性风险信息披露政策。

第五，设计不同的机制来降低企业进行风险信息披露后面临的法律风险，如设置适当的信息披露法律豁免范围，引入信息披露保险等方式分散风险，降低企业风险信息披露后可能面临的高额罚款。这些机制的设计与检验可为改善监管环境提供工具。

参考文献

[1] 毕子男, 孙珏. 机构投资者对 IPO 定价效率的影响分析 [J]. 证券市场导报, 2007 (4): 23-27.

[2] 蔡宁. 风险投资逐名动机与上市公司盈余管理 [J]. 会计研究, 2015 (5): 20-27, 94.

[3] 曾颖, 陆正飞. 信息披露质量与股权融资成本 [J]. 经济研究, 2006 (2): 69-79, 91.

[4] 陈鹏程, 周孝华. 媒体情绪与 IPO 市场表现: 询价制下的理论与实证 [J]. 管理评论, 2016, 28 (7): 22-30. DOI: 10.14120/j. cnki. cn11-5057/f. 2016.07.003.

[5] 陈小林, 孔东民. 机构投资者信息搜寻、公开信息透明度与私有信息套利 [J]. 南开管理评论, 2012, 15 (1): 113-122.

[6] 丁方飞, 陈智宇, 李苏, 等. 关键审计事项披露与非机会主义盈余管理: 基于两种盈余管理方式转换视角的研究 [J]. 审计与经济研究, 2021, 36 (5): 35-46.

[7] 丁慧, 吕长江, 陈运佳. 投资者信息能力: 意见分歧与股价崩盘风险: 来自社交媒体上证 e 互动的证据 [J]. 管理世界, 2018, 34 (9): 161-171.

[8] 龚启辉, 吴联生, 王亚平. 两类盈余管理之间的部分替代 [J]. 经济研究, 2015, 50 (6): 175-188, 192.

[9] 韩立岩, 伍燕然. 投资者情绪与 IPOs 之谜: 抑价或者溢价 [J]. 管理世界, 2007 (3): 51-61.

[10] 郝项超, 苏之翔. 重大风险提示可以降低 IPO 抑价吗?: 基于文本分析法的经验证据 [J]. 财经研究, 2014, 40 (5): 42-53.

[11] 胡志颖, 周璐, 刘亚莉. 风险投资, 联合差异和创业板 IPO 公司会计信息质量 [J]. 会计研究, 2012, 7: 48-56.

［12］黄梅. IPO 公司盈余管理动因的理论解释 ［J］. 会计之友，2012（21）：72-75.

［13］解维敏. 机构投资者对资本市场定价效率的影响研究：基于股价同步性的实证检验 ［J］. 价格理论与实践，2012（9）：74-75.

［14］金鹏伟. 注册制下中日证券发行审核制度的比较与启示 ［J］. 南方金融，1-14.

［15］李璇，白云霞. IPO 公司风险信息披露及其对 IPO 抑价的影响：基于中国赴美上市公司和国内 A 股的经验证据 ［J］. 管理评论，2021，33（7）：29-42.

［16］李增福，郑友环. 避税动因的盈余管理方式比较：基于应计项目操控和真实活动操控的研究 ［J］. 财经研究，2010，36（6）：80-89.

［17］林牧，何为，余剑峰，等. 公募基金改善了市场定价效率吗？：持股基金质量与股票收益 ［J］. 金融研究，2023（4）：149-167.

［18］林舒，魏明海. 中国 A 股发行公司首次公开募股过程中的盈利管理 ［J］. 中国会计与财务研究，2000，2（2）：87-130.

［19］吕祥友，孙永文，种莉萍. 新股发行风险信息披露的趋势分析 ［J］. 宏观经济研究，2015（1）：144-151，159.

［20］马忠，吴翔宇. 金字塔结构对自愿性信息披露程度的影响：来自家族控股上市公司的经验验证 ［J］. 会计研究，2007（1）：44-50，92-93.

［21］倪敏，黄世忠. 非机会主义动机盈余管理：内涵分析与实证研究述评 ［J］. 审计与经济研究，2014，29（1）：58-67.

［22］牛高鸣，姚长青，高影繁，等. 一种上市企业风险披露量化方法 ［J］. 情报理论与实践，2020，43（5）：150-155.

［23］牛建波，吴超，李胜楠. 机构投资者类型、股权特征和自愿性信息披露 ［J］. 管理评论，2013，25（3）：48-59.

［24］潘越，吴超鹏，史晓康. 社会资本、法律保护与 IPO 盈余管理 ［J］. 会计研究，2010（5）：62-67，95.

［25］宋力，张明尧. 问询函监管、会计信息质量与分析师盈余预测 ［J］. 沈阳工业大学学报（社会科学版），2022，15（4）：350-357.

［26］宋献中. 论企业核心能力信息的自愿披露 ［J］. 会计研究，2006（2）：47-52，97.

[27] 谭劲松，林雨晨，张京心. 机构投资者的信息功能与权益资本成本：基于机构投资者调研行为的证据 [J]. 财务研究，2019 (3)：3-17.

[28] 王福胜，王也，刘仕煜. 网络媒体报道对盈余管理的影响研究：基于投资者异常关注视角的考察 [J]. 南开管理评论，2021，24 (5)：116-129.

[29] 王睿，曹超，常盼盼. 上市首日破发股票长期表现更差吗？[J]. 财经理论与实践，2017，38 (6)：59-63，77.

[30] 王澍雨，杨洋. 中国创业板 IPO 定价效率研究：基于 IPO 破发的视角 [J]. 宏观经济研究，2017 (7)：95-103.

[31] 王小军，杜坤伦. 资本市场化改革与信息披露制度完善：新三板及我国场外市场信息披露制度建设 [J]. 财经科学，2016 (5)：41-51.

[32] 王雄元，高曦，何捷. 年报风险信息披露与审计费用：基于文本余弦相似度视角 [J]. 审计研究，2018 (5)：98-104.

[33] 王雄元，高曦. 年报风险披露与权益资本成本 [J]. 金融研究，2018，451 (1)：174-190.

[34] 王雄元，李岩琼，肖忞. 年报风险信息披露有助于提高分析师预测准确度吗？[J]. 会计研究，2017 (10)：37-43.

[35] 王雄元，王永. 上市公司信息披露策略的理论基础 [J]. 审计与经济研究，2006 (2)：84-87.

[36] 吴育辉，唐浩博. 风险信息披露能预测债券违约风险吗？：来自债券募集说明书的经验证据 [J]. 财务研究，2021 (5)：15-28.

[37] 谢汉昌. IPO 破发、投资者情绪与市场反应：基于中国 A 股市场的经验研究 [J]. 商业研究，2017 (10)：48-55.

[38] 熊艳，李常青，魏志华. 媒体报道与 IPO 定价效率：基于信息不对称与行为金融视角 [J]. 世界经济，2014，37 (5)：135-160.

[39] 熊艳，杨晶. 媒体监督与 IPO 业绩变脸：甄别、传导还是治理 [J]. 财贸经济，2017，38 (6)：66-79.

[40] 徐浩萍，陈超. 会计盈余质量，新股定价与长期绩效：来自中国 IPO 市场发行制度改革后的证据 [J]. 管理世界，2009 (8)：25-38.

[41] 薛爽，王禹. 科创板 IPO 审核问询有助于新股定价吗？[J]. 财经研究，2022，48 (1)：138-153.

[42] 严红. 词向量发展综述 [J]. 现代计算机（专业版），2019

(8)：50-52.

[43] 杨墨，董大勇，徐永安. 风险信息披露与股票流动性：基于中国A股上市公司年报文本分析 [J]. 系统管理学报，2022，31（4）：794-810.

[44] 姚颐，赵梅. 中国式风险披露、披露水平与市场反应 [J]. 经济研究，2016，51（7）：158-172.

[45] 易珩，马琪琪，章惟一. 基于语义分析方法的创业板风险信息披露研究 [J]. 商业会计，2019（2）：74-77.

[46] 于团叶，张逸伦，宋晓满. 自愿性信息披露程度及其影响因素研究：以我国创业板公司为例 [J]. 审计与经济研究，2013，28（2）：68-78.

[47] 俞红海，李心丹，耿子扬. 投资者情绪、意见分歧与中国股市IPO之谜 [J]. 管理科学学报，2015，18（3）：78-89.

[48] 詹雷，韩金石. 注册制下风险因素信息披露改善了吗?：基于首批25家科创板上市企业的分析 [J]. 中国注册会计师，2021（7）：39-45，3.

[49] 张继勋，屈小兰. 管理层风险提示信息，诚信度与投资者决策：项实验证据 [J]. 证券市场导报，2011（9）：51-56.

[50] 张淑惠，周美琼，吴雪勤. 年报文本风险信息披露与股价同步性 [J]. 现代财经（天津财经大学学报），2021，41（2）：62-78.

[51] 张婷，张敦力. 或有事项信息披露能降低股价同步性吗? [J]. 中南财经政法大学学报，2020（3）：3-13，158.

[52] 张婷婷，李延喜，曾伟强. 媒体关注下上市公司盈余管理行为的差异研究：一种治理盈余管理的新途径 [J]. 管理评论，2018，30（2）：25-41.

[53] ABRAHAM S, COX P. Analysing the determinants of narrative risk information in UK FTSE 100 annual reports [J]. The British accounting review, 2007, 39 (3)：227-248.

[54] ABUKARI K, VIJAY J. Long Term PerformanceAnd Predictability of Initial Public Offerings (Ipos) [C] //FMA Annual Meeting Program. 2011：176-190.

[55] AGGARWAL R K, KRIGMAN L, WOMACK K L. Strategic IPO underpricing, information momentum, and lockup expiration selling [J]. Journal of

financial economics, 2002, 66（1）：105-137.

［56］AHARONY J, LEE C W J, WONG T J. Financial packaging of IPO firms in China ［J］. Journal of accounting research, 2000, 38（1）：103-126.

［57］AHMAD-ZALUKI N A, CAMPBELL K, GOODACRE A. The long run share price performance of malaysian initial public offerings（Ipos）［J］. Journal of business finance & accounting, 2007, 34（1-2）：78-110.

［58］AKERLOF G A. The market for" lemons"：Quality uncertainty and the market mechanism ［M］//Uncertainty in economics. Academic Press, 1978：235-251.

［59］AKHTARUDDIN M, HOSSAIN M. Investment opportunity set, ownership control and voluntary disclosures in Malaysia ［J］. Joaag, 2008, 3（2）：25-39.

［60］ALLEN FRANKLIN, GERALD R. FAULHABER. Signaling by underpricing in the IPO market ［J］. Journal of financial economics. 1989, 23（2）：303-323.

［61］ARNOLD T, FISHE R P H, NORTH D. The effects of ambiguous information on initial and subsequent IPO returns ［J］. Financial management, 2010, 39（4）：1497-1519.

［62］AZMI SHABESTARI M, MOFFITT K, SARATH B. Did the banking sector foresee the financial crisis? Evidence from risk factor disclosures ［J］. Review of quantitative finance and accounting, 2020, 55（2）：647-669.

［63］BAKAR N B A, UZAKI K. The impact of underwriter reputation and risk factors on the degree of initial public offering underpricing：Evidence from Shariah-Compliant companies ［J］. IAFOR journal of business & management, 2014, 1（1）：1-16.

［64］BALAKRISHNAN K, BARTOV E. Analysts use of qualitative earnings information：Evidence from the IPO prospectus' risk factors section ［J］. New York university, 2011：1-64.

［65］BAO Y, DATTA A. Simultaneously discovering and quantifying risk types from textual risk disclosures ［J］. Management science, 2014, 60（6）：1371-1391.

［66］BARON, DAVID P. A model of the semand for investment banking advising and distribution services for new issues [J]. Journal of finance, 1982, 37 (4): 955~976.

[67] BARTON J, SIMKO P J. The balance sheet as an earnings management constraint [J]. The accounting review, 2002, 77 (s-1): 1-27.

[68] BEATTY A, CHENG L, ZHANG H. Are risk factor disclosures still relevant? Evidence from market reactions to risk factor disclosures before and after the financial crisis [J]. Contemporary accounting research, 2019, 36 (2): 805-838.

[69] BEATTY R P, WELCH I. Issuer expenses and legal liability in initial public offerings [J]. The journal of law and economics, 1996, 39 (2): 545-602.

[70] BELGHITAR Y, DIXON R. Do venture capitalists reduce underpricing and underperformance of IPOs? [J]. Applied financial economics, 2012, 22 (1): 33-44.

[71] BHABRA H S, PETTWAY R H. IPO prospectus information and subsequent performance [J]. Financial review, 2003, 38 (3): 369-397.

[72] BIRD R, YEUNG D C. Institutional ownership and IPO performance: Australian evidence [C] //Financial Management Association Annual Meeting. Financial Management Association, 2010 (6): 1-24.

[73] BLOOMFIELD R. Discussion of "Annual report readability, current earnings, and earnings persistence" [J]. Journal of accounting and economics, 2008, 45 (2-3): 248-252

[74] BOOTH J R, CHUA L. Ownership dispersion, costly information, and IPO underpricing [J]. Journal of financial economics, 1996, 41 (2): 291-310.

[75] BOTOSAN CA. Disclosure level and the cost of equity capital [J]. Accounting Review, 1997: 323-349.

[76] BRAHMANA R K, TAN M Y, YOU H W. Corporate environmental disclosure and earning management [J]. International journal of green economics, 2018, 12 (3-4): 308-321.

[77] BRAU J C, CICON J, MCQUEENG. Soft Strategic Information and IPO underpricing [J]. Journal of behavioral finance, 2016, 17 (1): 1-17.

[78] BRAU J C, LI M, SHI J. Do Secondary shares in the IPO process have a negative effect on aftermarket performance? [J]. Journal of banking & finance, 2007, 31 (9): 2612-2631.

[79] BROWN S V, TIAN X, WU TUCKER J. The spillover effect of SEC comment letters on qualitative corporate disclosure: Evidence from the risk factor disclosure [J]. Contemporary accounting research, 2018, 35 (2): 622-656.

[80] BROWN S V, TUCKER J W. Large-sample evidence on firms year-over-year MD&A modifications [J]. Journal of accounting research, 2011, 49 (2): 309-346.

[81] BURGSTAHLER D C, HAIL L, LEUZ C. The importance of reporting incentives: Earnings management in European private and public firms [J]. The accounting review, 2006, 81 (5): 983-1016.

[82] CAMPBELL J L, CECCHINI M, CIANCI A M, et al. Tax-related mandatory risk factor disclosures, future profitability, and stock returns [J]. Review of accounting studies, 2019, 24 (1): 264-308.

[83] CAMPBELL J L, CHEN H, DHALIWAL D S, et al. The information content of mandatory risk factor disclosures in corporate filings [J]. Review of accounting studies, 2014, 19: 396-455.

[84] CARDINAELS E, HOLLANDER S, WHITE B J. Automatic summarization of earnings releases: Attributes and effects on investors' judgments [J]. Review of accounting studies, 2019, 24 (3): 860-890.

[85] CARTER R B, DARK F H, SINGH A K. Underwriter reputation, initial returns, and the long-run performance of IPO stocks [J]. The journal of finance, 1998, 53 (1): 285-311.

[86] CHAHINE S, FILATOTCHEV I. The effects of information disclosure and board independence on IPO discount [J]. Journal of small business management, 2008, 46 (2): 219-241.

[87] CHENG W, CHEUNG Y L, PO K. A note on the intraday patterns of initial public offerings: Evidence from Hong Kong [J]. Journal of business finance & accounting, 2004, 31 (5-6): 837-860.

[88] CHIU T T, GUAN Y, KIM J B. The effect of risk factor disclosures on the pricing of credit default swaps [J]. Contemporary accounting research,

2018, 35（4）：2191-2224.

[89] CHIU T T, KIM J B, WANG Z. Customers risk factor disclosures and suppliers' investment efficiency [J]. Contemporary accounting research, 2019, 36（2）：773-804.

[90] COHEN D A, DEY A, LYS T Z. Real and accrual-based earnings management in the pre-and post-Sarbanes-Oxley periods [J]. The accounting review, 2008, 83（3）：757-787.

[91] COMISKEY E, MULFORD C. The financial numbers game：detecting creative accounting practices [J]. Aufl., Hoboken：John Wiley & Sons, 2002.

[92] CONNELLY B L, CERTO S T, IRELAND R D, et al. Signaling theory：a review and assessment [J]. Journal of management, 2011, 37（1）：39-67.

[93] CORNELLI F, GOLDREICH D, LJUNGQVIST A. Investor sentiment and pre-IPO markets [J]. The journal of finance, 2006, 61（3）：1187-1216.

[94] CRAWFORD V P, SOBEL J. Strategic information transmission [J]. Econometrica：journal of the econometric society, 1982：1431-1451.

[95] DECHOW P M, SKINNER D J. Earnings management：Reconciling the views of accounting academics, practitioners, and regulators [J]. Accounting horizons, 2000, 14（2）：235-250.

[96] DEROUICHE I, MANITA R, MUESSIG A. Risk disclosure and firm operational efficiency [J]. Annals of operations research, 2021, 297：115-145.

[97] DEUMES R. Corporate risk reporting：A content analysis of narrative risk disclosures in prospectuses [J]. The journal of business communication (1973), 2008, 45（2）：120-157.

[98] DIAMOND D W, VERRECCHIA RE. Disclosure, liquidity, and the cost of capital [J]. The journal of finance, 1991, 46（4）：1325-1359.

[99] DIMAGGIO P J, POWELL W W. The iron cage revisited：Institutional isomorphism and collective rationality in organizational fields [J]. American sociological review, 1983：147-160.

[100] DING R. Disclosure of downside risk and investors´ use of qualitative information：Evidence from the ipo prospectus´s risk factor section [J]. International review of finance, 2016, 16（1）：73-126.

［101］DOBLER M. Incentives for risk reporting—a discretionary disclosure and cheap talk approach ［J］. The international journal of accounting, 2008, 43（2）: 184-206.

［102］D´SOUZA J M, RAMESH K, SHEN M. The interdependence between institutional ownership and information dissemination by data aggregators ［J］. The accounting review, 2010, 85（1）: 159-193.

［103］DUCHARME L L, MALATESTA P H, SEFCIK S E. Earnings management, stock issues, and shareholder lawsuits ［J］. Journal of financial economics, 2004, 71（1）: 27-49.

［104］DYER T, LANG M, STICE-LAWRENCE L. The evolution of 10-K textual disclosure: Evidence from latent dirichlet allocation ［J］. Journal of accounting and economics, 2017, 64（2-3）: 221-245.

［105］ELAMER A A, NTIM C G, ABDOU H A, et al. The impact of multi-layer governance on bank risk disclosure in emerging markets: The case of Middle East and North Africa ［C］//Accounting Forum. Routledge, 2019, 43（2）: 246-281.

［106］ENGELEN P J, VAN ESSEN M. Underpricing of IPOs: Firm, issue and country-specific characteristics ［J］. Journal of banking & finance, 2010, 34（8）: 1958-1969.

［107］FILZEN J J. The information content of risk factor disclosures in quarterly reports ［J］. Accounting horizons, 2015, 29（4）: 887-916.

［108］FRANCIS J R, KHURANA I K, PEREIRA R. Disclosure incentives and effects on cost of capital around the world ［J］. The accounting review, 2005, 80（4）: 1125-1162.

［109］FRIEDLAN J M. Accounting choices of issuers of initial public offerings ［J］. Contemporary accounting research, 1994, 11（1）: 1-31.

［110］GARBADE, K. D., SILBER W. L. Price movements and price discovery in futures and cash markets ［J］. The review of economics and statistics, 1983, 65（2）, 289-297.

［111］FILZEN J, MCBRAYER G, SHANNON K. Risk Factor Disclosures: Do Managers and Markets Speak the Same Language? ［J］. Accounting Horizons, 2023, 37（2）: 67-83.

[112] GAULIN M P. Risk fact or fiction: The information content of risk factor disclosures [D]. Rice university, 2017.

[113] GOLDSTEIN I, YANG L. Information disclosure in financial markets [J]. Annual review of financial economics, 2017, 9: 101-125.

[114] GOMPERS P A, LERNER J. The really long-run performance of initial public offerings: The pre-nasdaq evidence [J]. The Journal Of Finance, 2003, 58 (4): 1355-1392.

[115] GONZALO J, GRANGER C. Estimation of common long-memory components in cointegrated systems [J]. Journal of business & economic statistics, 1995, 13 (1), 27-35.

[116] GRAHAM J R, HARVEY C R, RAJGOPAL S. The economic implications of corporate financial reporting [J]. Journal of accounting and economics, 2005, 40 (1-3): 3-73.

[117] GRINBLATT M, HWANG C Y. Signaling and the pricing of new issues [J]. Journal of finance, 1989, 44 (2) 393~420.

[118] GROSSMAN S J, HART O D. Disclosure laws and takeover bids [J]. The journal of finance, 1980, 35 (2): 323-334.

[119] GUMANTI T A, LESTARI A R, MANAN S S A. Underpricing and number of risk factors of initial public offerings in Indonesia [J]. Business: theory and practice, 2017, 18: 178-185.

[120] GUNNY K A. The relation between earnings management using real activities manipulation and future performance: Evidence from meeting earnings benchmarks [J]. Contemporary accounting research, 2010, 27 (3): 855-888.

[121] GUO R J, LEV B, SHI C. Explaining the short-and long-term IPO anomalies in the US by R&D [J]. Journal of business finance & accounting, 2006, 33 (3-4): 550-579.

[122] HAND J R M, SKANTZ T R. The economic determinants of accounting choices: The unique case of equity carve-outs under SAB 51 [J]. Journal of accounting and economics, 1997, 24 (2): 175-203.

[123] HANIFFA R M, COOKE T E. Culture, corporate governance and disclosure in malaysian corporations [J]. Abacus, 2002, 38 (3): 317-349.

[124] HANLEY K W, HOBERG G. The information content of IPO pro-

spectuses [J]. The review of financial studies, 2010, 23 (7): 2821-2864.

[125] HASBROUCK J. One security, many markets: Determining the contributions to price discovery [J]. The journal of finance, 1995, 50 (4), 1175 -1199.

[126] HEALY P M, PALEPU K G. Information asymmetry, corporate disclosure, and the capital markets: A review of the empirical disclosure literature [J]. Journal of accounting and economics, 2001, 31 (1-3): 405-440.

[127] HEALY P M, PALEPU K G. The effect of firms´ financial disclosure strategies on stock prices [J]. Accounting horizons, 1993, 7 (1): 1-11.

[128] HEINLE M S, SMITH K C. A theory of risk disclosure [J]. Review of accounting studies, 2017, 22: 1459-1491.

[129] HENRY E, LEONE A J. Measuring qualitative information in capital markets research: Comparison of alternative methodologies to measure disclosure tone [J]. The accounting review, 2016, 91 (1): 153-178.

[130] HILL P, SHORT H. Risk disclosures on the second tier markets of the london stock exchange [J]. Accounting & finance, 2009, 49 (4): 753-780.

[131] HIRSHLEIFER J. Liquidity, uncertainty and the accumulation of information [M]. Western management science Institute, University of California, 1971.

[132] HOBERG G, PHILLIPS G. Text-based network industries and endogenous product differentiation [J]. Journal of political economy, 2016, 124 (5): 1423-1465.

[133] HOLTHAUSEN R W. Accounting method choice: Opportunistic behavior, efficient contracting, and information perspectives [J]. Journal of accounting and economics, 1990, 12 (1-3): 207-218.

[134] HOPE O K, HU D, LU H. The benefits of specific risk-factor disclosures [J]. Review of accounting studies, 2016, 21 (4): 1005-1045.

[135] HOUSTON J F, LIN C, LIU S, et al. Litigation risk and voluntary disclosure: Evidence from legal changes [J]. The accounting review, 2019, 94 (5): 247-272.

[136] HUANG K W, LI Z. A multilabel text classification algorithm for la-

beling risk factors in SEC form 10-K [J]. ACM transactions on management information systems (TMIS), 2011, 2 (3): 1-19.

[137] HUSSEIN M, ZHOU Z, DENG Q. Does risk disclosure in prospectus matter in ChiNext IPOs initial underpricing? [J]. Review of quantitative finance and accounting, 2020, 54: 957-979.

[138] DEROUICHE I, MANITA R, MUESSIG A. Risk disclosure and firm operational efficiency [J]. Annals of operations research, 2020, 297 (prepublish) : 1-31.

[139] ISIAKA A S. Risk factor disclosures: A review and directions for future research [J]. Accounting perspectives, 2021, 20 (4): 583-615.

[140] ISIAKA A. Literature Review and Research Opportunities on Risk Factor Disclosures [J]. Working Paper, 2018: 1-47.

[141] ISRAELSEN R D, YONKER S E. Key human capital [J]. Journal of financial and quantitative analysis, 2017, 52 (1): 175-214.

[142] JAIN B A, KINI O. Does the presence of venture capitalists improve the survival profile of IPO firms? [J]. Journal of business finance & accounting, 2000, 27 (9-10): 1139-1183.

[143] RITTER J R, WELCH I. A review of IPO activity, pricing, and allocations [J]. The journal of finance, 2002, 57 (4): 1795-1828.

[144] JENSEN M C, MECKLING W H. Theory of the firm: Managerial behavior, agency costs and ownership structure [J]. Journal of financial economics, 1976, 3 (4): 305-360.

[145] JIRAPORN P, MILLER G A, YOON S S, et al. Is earnings management opportunistic or beneficial? An agency theory perspective [J]. International review of financial analysis, 2008, 17 (3): 622-634

[146] JONES J J. Earnings management during import relief investigations [J]. Journal of accounting research, 1991, 29 (2): 193-228.

[147] KANAGARETNAM K, LEE J, LIM C Y, et al. Trusting the stock market: Further evidence from IPOs around the world [J]. Journal of banking & finance, 2022, 142: 106557.

[148] KIM O, VERRECCHIA RE. Market liquidity and volume around earnings announcements [J]. Journal of accounting and economics, 1994, 17

(1-2): 41-67.

[149] KIMBRO M B. Managing underpricing? The case of pre-IPO discretionary accruals in China [J]. Journal of international financial management & accounting, 2005, 16 (3): 229-262.

[150] KOOLI M, SURET J M. The aftermarket performance of initial public offerings in Canada [J]. Journal of multinational financial management, 2004, 14 (1): 47-66.

[151] KOTHARI S P, SHU S, WYSOCKI P D. Do managers withhold badnews? [J]. Journal of accounting research, 2009, 47 (1): 241-276.

[152] KRAVET T, MUSLU V. Textual risk disclosures and investors' risk perceptions [J]. Review of accounting studies, 2013, 18: 1088-1122.

[153] KURLAT P, VELDKAMP L. Should we regulate financial information? [J]. Journal of economic theory, 2015, 158: 697-720.

[154] LAJILI K, ZÉGHAL D. A content analysis of risk management disclosures in Canadian annual reports [J]. Canadian journal of administrative sciences/Revue Canadienne des sciences de l'administration, 2005, 22 (2): 125-142.

[155] LAKHAL N, DEDAJ B. R&D disclosures and earnings management: The moderating effects of IFRS and the global financial crisis [J]. Journal of financial reporting and accounting, 2019, 18 (1): 111-130.

[156] LENNOX C S, FRANCIS J R, WANG Z. Selection models in accounting research [J]. The accounting review, 2012, 87 (2): 589-616.

[157] LEONE A J, ROCK S, WILLENBORG M. Disclosure of intended use of proceeds and underpricing in initial public offerings [J]. Journal of accounting research, 2007, 45 (1): 111-153.

[158] LEVY H, LAZAROVICH-PORAT E. Signaling theory and risk perception: An experimental study [J]. Journal of economics and business, 1995, 47 (1): 39-56.

[159] LI H, NO W G, BORITZ J E. Are external auditors concerned about cyber incidents? Evidence from audit fees [J]. Auditing: a journal of practice & theory, 2020, 39 (1): 151-171.

[160] LIBERTI J M, PETERSEN MA. Information: hard and soft [J].

Review of corporate finance studies, 2019, 8 (1): 1-41.

[161] LINSLEY P M, SHRIVES P J. Examining risk reporting in UK public companies [J]. The journal of risk finance, 2005, 6 (4): 292-305.

[162] LIU X, CHEN Q, DENG C, et al. Lcqmc: A large-scale chinese question matching corpus [C] //Proceedings of the 27th International Conference on Computational Linguistics. 2018: 1952-1962.

[163] LJUNGQVIST A, WILHELM JR W J. IPO pricing in the dot-com bubble [J]. The journal of finance, 2003, 58 (2): 723-752.

[164] LOUGHRAN T, MCDONALD B. IPO first-day returns, offer price revisions, volatility, and form S-1 language [J]. Journal of financial economics, 2013, 109 (2): 307-326.

[165] LOUGHRAN T, RITTER J R, Why has IPO underpricing changed over time? [J]. Financial management, 2004, 33 (3): 5-37.

[166] LOUGHRAN T, RITTER J R. Why don´t issuers get upset about leaving money on the table in IPOs? [J]. Review of financial studies, 2002, 15 (2): 413-443.

[167] LOUGHRAN, TIM, RITTER J R. The new issues puzzle [J]. Journal of finance, 1995, 50 (1): 23-51.

[168] LOWRY M, SCHWERT G W. Is the IPO pricing process efficient? [J]. Journal of financial economics, 2004, 71 (1): 3-26.

[169] PUTRI L G A A, I. D. G. The effect of disclosure of financial report and managerial ability on earnings management with audit quality as a moderating variable [J]. Research journal of finance and accounting, 2019, 10 (2) : 32-39.

[170] MAKSIMOVIC V, PICHLERP. Technological innovation and initial public offerings [J]. The review of financial studies, 2001, 14 (2): 459-494.

[171] MALMQUIST D H. Efficient contracting and the choice of accounting method in the oil and gas industry [J]. Journal of accounting and economics, 1990, 12 (1-3): 173-205.

[172] MBITHI E, WANG´OMBE D, MOLOI T. Multi-theoretical perspectives for corporate risk disclosure: a literature review [J]. International journal of critical accounting, 2020, 11 (2): 125-143.

[173] MCGUINNESS P B. Risk factor and use of proceeds declarations and their effects on IPO subscription, price 'fixings', liquidity and after-marketretturns [J]. The European journal of finance, 2019, 25 (12): 1122-1146.

[174] MERKL-DAVIES D M, BRENNAN N M. Discretionary disclosure strategies in corporate narratives: incremental information or impressionmanagement? [J]. Journal of accounting literature, 2007, 27: 116-196.

[175] MERKLEY K J. More than numbers: R&D-related disclosure and firm performance [D]. University of Michigan. 2011.

[176] MIHALCEA R, TARAU P. Textrank: bringing order into text [C] //Proceedings of the 2004 Conference on Empirical Methods in Natural Language Processing, 2004, 404-411.

[177] MILLER E M. Risk, uncertainty, and divergence of opinion [J]. The journal of finance, 1977, 32 (4): 1151-1168.

[178] MOUSA F, BIERLY P E, WALES W J. Different Strokes: IPO risk factors, investor valuation, and firm survival [J]. Journal of management & organization, 2014, 20 (3): 348-364.

[179] NELSON K K, PRITCHARD A C. Carrot or stick? The shift from voluntary to mandatory disclosure of risk factors [J]. Journal of empirical legal studies, 2016, 13 (2): 266-297.

[180] NELSON K K, PRITCHARD A C. Litigation risk and voluntary disclosure: The use of meaningful cautionary language [C] //2nd annual conference on empirical legal studies paper. 2007: 1-55.

[181] NTIM C G, LINDOP S, THOMAS D A. Corporate governance and risk reporting in South Africa: A study of corporate risk disclosures in the pre- and post-2007/2008 global financial crisis periods [J]. International review of financial analysis, 2013, 30: 363-383.

[182] OLIVEIRA J, RODRIGUES L L, CRAIGR. Risk reporting: a literature review [J]. 2013: 1-58.

[183] OTT C. The risks of mergers and acquisitions—analyzing the incentives for risk reporting in item 1A of 10-K filings [J]. Journal of business research, 2020, 106: 158-181.

[184] PAUL H. Schultz, Zaman Mir A.. Aftermarket support and under-

pricing of initial public offerings [J]. Journal of financial economics, 1994, 35 (2), 199-219.

[185] PENELA D, SERRASQUEIRO R M. Identification of risk factors in the hospitality industry: Evidence from risk factor disclosure [J]. Tourism management perspectives, 2019, 32: 100578: 1-10.

[186] PFEFFER J, SALANCIK G R. The external control of organizations Harper and Row [J]. New York, 1978.

[187] PUTNINŠ T. J. What do price discovery metrics really measure? [J]. Journal of empirical finance, 2013, 23, 68-83.

[188] RAJAN R, SERVAES H. Analyst following of initial public offerings [J]. The journal of finance, 1997, 52 (2): 507-529.

[189] RAMAK, A. K., FAGER BURMAN, F. Is Long-Term IPO Performance determined by Underpricing?: Analysis of the international IPO markets between 2009-2019 (Dissertation) [D]. Umeå School of Business and Economics, 2022, 1-79.

[190] BRAHMANA R K, MENG Y T, HUI W Y. Corporate environmental disclosure and earning management [J]. Int. J. of green economics, 2018, 12 (3/4) : 308-321.

[191] REES L, GILL S, GORE R. An investigation of asset write-downs and concurrent abnormal accruals [J]. Journal of accounting research, 1996, 34: 157-169.

[192] RENNEKAMP K. Processing fluency and investors' reactions to disclosure readability [J]. Journalof accounting research, 2012, 50 (5): 1319-1354.

[193] REZAEE Z, TUO L. Are the quantity and quality of sustainability disclosures associated with the innate and discretionary earnings quality? [J]. Journal of business ethics, 2019, 155: 763-786.

[194] RILOFF, E. Automatically Constructing a Dictionary for Information -Extraction Tasks [J]. In Proceedings of the Eleventh National Conference on Artificial Intelligence, 1993, 811-816.

[195] RITTER J R. The long-run performance of initial public offerings [J]. The journal of finance, 1991, 46 (1): 3-27.

[196] ROBBINS R B, ROTHENBERG P L. Writing risk factor disclosure in exchange act reports [J]. The review of securities & commodities regulation, 2006, 39 (9): 87.

[197] ETENGU R O, OLWENY T O, OLUOCH J O. Corporate and strategic information disclosure and earnings management: evidence from listed firms at the uganda securities exchange [J]. Journal of finance and economics, 2019, 7 (3): 100-105.

[198] ROCK K, Why new issues are underpriced [J]. Journal of financial economics, 1986, 15 (1): 187-212.

[199] ROOSENBOOM P, VAN DER GOOT T, MERTENS G. Earnings management and initial public offerings: Evidence from the Netherlands [J]. The international journal of accounting, 2003, 38 (3): 243-266.

[200] RUUD J S. Underwriter price support and the IPO underpricing puzzle [J]. Journal of financial economics, 1993, 34 (2): 135-151.

[201] RYDQVIST K. IPO underpricing as tax-efficient compensation [J]. Journal of banking & finance, 1997, 21 (3): 295-313.

[202] SARENS G, DONZA G. The perception of financial analysts on risk, risk management, and internal control disclosure: Evidence from Belgium and Italy [J]. International journal of disclosure and governance, 2017, 14: 118-138.

[203] SCHRAND C M, ELLIOTT J A. Risk and financial reporting: A summary of the discussion at the 1997 AAA/FASB conference [J]. Accounting Horizons, 1998, 12 (3): 271-282.

[204] SHILLER R J, FISCHER S, FRIEDMAN BM. Stock prices and social dynamics [J]. Brookings papers on economic activity, 1984, (2): 457-510.

[205] SOTIRIADOU P, BROUWERS J, LE T A. Choosing a qualitative data analysis tool: A comparison of NVivo and Leximancer [J]. Annals of leisure research, 2014, 17 (2): 218-234.

[206] STEPHEN V. Brown, Xiaoli (Shaolee) Tian, Jennifer Wu Tucker. The Spillover Effect of SEC Comment Letters on Qualitative Corporate Disclosure: Evidence from the Risk Factor Disclosure [J]. Contemporary Accounting Re-

search, 2018, 35 (02): 622-656.

[207] SUN Y, WANG S, FENG S, et al. ERNIE 3.0: Large - scale Knowledge Enhanced Pre-training for Language Understanding and Generation [J]. arXiv: 2107. 02137, 2021: 1-22.

[208] SUN Y, WANG S, LI Y, et al. ERNIE: Enhanced Representation through Knowledge Integration [J]. arXiv: 1904. 09223, 2019: 1-8.

[209] TEOH S H, WELCH I, WONG T J. Earnings management and the long-run market performance of initial public offerings [J]. The journal of finance, 1998, 53 (6): 1935-1974.

[210] TEOH S, WONG T J, RAO G. Earnings management and the subsequent performance of initial public offerings [R]. Working paper, UCLA, 1995.

[211] THALER R H, TVERSKY A, KAHNEMAN D, et al. The effect of myopia and loss aversion on risk taking: An experimental test. [J]. Quarterly journal of economics, 1997, 112 (2): 647-661.

[212] TIAN L. Regulatory underpricing: Determinants of Chinese extreme IPO returns [J]. Journal of empirical finance, 2011, 18 (1): 78-90.

[213] TINIC S M. Anatomy of initial public offerings of common stock [J]. The journal of finance, 1988, 43 (4): 789-822.

[214] TSAI F T, LU H M, HUNG M W. The impact of news articles and corporate disclosure on credit risk valuation [J]. Journal of banking & finance, 2016, 68: 100-116.

[215] VERRECCHIA R E. Essays on disclosure [J]. Journal of accounting and economics, 2001, 32 (1-3): 97-180.

[216] VERRECCHIA RE. Discretionary Disclosure [J]. Journal of accounting and economics, 1983, 5: 179-194.

[217] WASIUZZAMAN S, YONG F L K, SUNDARASEN S D D, et al. Impact of disclosure of risk factors on the initial returns of initial public offerings (IPOs) [J]. Accounting research journal, 2018, 31 (1): 46-62.

[218] WATTS R. L. AND ZIMMERMAN J. L. Positive Accounting Theory: A Ten Year Perspective [J]. The Accounting Review, 1990, 65 (1): 131-156.

[219] WEI L, LI G, ZHU X, et al. Discovering bank risk factors from fi-

nancial statements based on a new semi-supervised text mining algorithm [J]. Accounting & finance, 2019, 59 (3): 1519-1552.

[220] WELCH I. Sequential sales, learning, and cascades [J]. The journal of finance, 1992, 47 (2): 695-732.

[221] WELCHIVO, Seasoned offerings, imitation costs and the underpricing of initial public offerings [J]. Journal of Finance, 1989, 44 (2): 421-449.

[222] XUE W, FENG C, KANGTAO Y. Mandatory corporate social responsibility (CSR) reporting and financial reporting quality: Evidence from a quasi-natural experiment [J]. Journal of business ethics, 2018, 152 (1): 253-274.

[223] YAN B, ZIVOT E. A structural analysis of price discovery measures [J]. Journal of financial markets, 2010, 13 (1), 1-19.

[224] YANG R, YU Y, LIU M, et al. Corporate risk disclosure and audit fee: A text mining approach [J]. European accounting review, 2018, 27 (3): 583-594.

[225] YEN J C, LI S H, CHEN K T. Product market competition and firms' narrative disclosures: Evidence from risk factor disclosures [J]. Asia-Pacific journal of accounting & economics, 2016, 23 (1): 43-74.

[226] ZANG A Y. Evidence on the trade-off between real activities manipulation and accrual-based earnings management [J]. The accounting review, 2012, 87 (2): 675-703.

[227] ZEGHAL D, EL AOUN M. The effect of the 2007/2008 financial crisis on enterprise risk management disclosure of top US banks [J]. Journal of modern accounting and auditing, 2016, 12 (1): 28-51.

后　记

在笔尖的徘徊与键盘的敲击声中，本书即将画上圆满的句号。此时此刻，心中的情感和思绪如泉涌，无法用简单的文字来概括和表达。转瞬间，人生时光已经一半在故乡，一半在成都。人生的前半段是懵懂无知的生理成长，后半段则是念兹在兹的自我修炼。这本专著的写作过程不仅仅是一段学术探索的旅程，更是一次心灵与历史的深情对话。这本专著的撰写历时两年多，这两年多我偶尔感到困惑，但又时常感到前所未有的充实与心安。困惑是因为我们正经历百年未有之大变局，世界历史正在经历空前的经济和技术变革，不确定性增加；心安是因为我们正处于伟大的时代，党和国家事业取得了历史性成就，发生了历史性变革，令人振奋和鼓舞。或许这就是人生，人生本就是矛盾的统一体，这体现在我们对未来的期待和现实的落差中，我们总是对未来充满期待，希望自己的生活能够越来越好，然而，现实生活中却充满了不确定性和变数，我们无法预知未来会发生什么，变与不变永远在刷新认知。世界本是瞬息万变、难以捉摸的，努力是穿越周期的唯一途径，越是迷茫困惑，越要抱朴守一，坚持努力的习惯，选择做最值得的自己，在沧海桑田中守护内心安宁殊为珍贵，努力使自己变得更加坚强和成熟。

我出生和成长于湖南的农村，小的时候没有远大的理想和抱负，看到的只有湛蓝如洗的天空、连绵起伏的山丘和郁郁葱葱的树木禾苗，听到的只有萦绕耳畔清脆悦耳、时常又让人感到莫名烦躁的蛙鸣蝉噪，最开心的事情就是放学后做完作业跟村子里小伙伴们一起打闹嬉戏。那时候父母只是告诉我要好好读书考上大学，但却没告诉我为什么要读书。我印象最深的是外公在我十岁生日的时候在封给我的生日红包上写的一句话"十年寒窗无人问，一举成名天下知"，这大概是我从家庭里接受到的最有文化的教育了。感谢外公、父母对我的宽容，他们希望我好好读书，尽力给了我宽松的环境，不会刻意地要求、说教或是打骂，让我自由成长。有一次我考试发挥不好，没有拿到全校前十名，自己觉得很羞愧，于是没有参加全校的表彰大会，父亲知道后没有多说一句，陪着我躲在宿舍，从宿舍窗户偷偷地看获奖的同学上台领奖。那时候我就在心里暗暗下定决心，我不能不努力，我不能让自己再次陷入这种失落的状态。父母坚持开明的教育方式并尽力送我去镇上最好的初中和县上最好的高中读书，这使得我从小学到中学的学业得以顺利完成。

十八岁，我来成都上大学，穿着黄色的短袖，背着一个小包，拖着一个行李箱，这是我第一次出远门，甚至分不清成都的东西南北，只记得学校的大巴车从火车北站接上我们开了一个小时才到学校。直到我来成都十年之后，母亲才第一次到成都来看看我学习和工作的学校。大学四年没有辉煌的履历，没有优秀的成绩，唯一的"亮点"就是没挂过科，有一科数理统计刚好得了60分。"朱华振芬芳，高蔡相追寻"，跟随着大部分人的脚步，我走上了考研路，但是却不知为什么要考研，自然落榜了。感谢时代，感谢学校给予的机会，当时正值招收专业学位研究生，考外校的过了国家线可以调剂回校，于是我又申请调剂，继而浑浑噩噩地成为了硕士研究生。

真正让我觉醒的是研一下学期，当时我在导师的鼓励下准备考博。虽然前方不是绝路，但回头即使不是深崖，却也相差无几，因为我在本科和研一阶段在学业上几乎没有亮点，我只能拼尽全力向前冲。记得当时在图书馆复习的时候每次都要花几个小时让自己静下心来，但是我没有退路，只有坚持坚持再坚持。经过半年的努力，我终于考了第一名。于是乎，我明白了一个道理，坚持不懈地努力是实现个人目标和取得些许成绩的必由之路。无论我们的梦想有多么宏大，或是目标多么微小，也只有通过持续不断的努力，才能逐渐接近并最终达成它们。在这个过程中，我们必须保持坚定的意志和毅力，面对挑战和困难时不轻言放弃，在逆境中不断尝试和坚持，最终通过不懈的努力，我们会逐步克服障碍，提高技能，增强信心取得成绩。直到有一天，我们发现自己已经站在了那个曾经看似遥不可及的目标面前，这时，我们再回望过去的道路，心中满怀对那些艰难岁月中的坚持与奋斗的感激，以及用行动去证明自己的决心，因为只有这样，我们才能真正实现自己的目标。之后我的学术和职业生涯都相对顺利，也正是因为意识到了这一点，那就是始终坚持不懈、永不言弃！

回看前两年的年终总结，2022年我写的主题是"如何应对不确定性"，

2023年我写的主题是"坚持努力的习惯，选择做最值得的自己"，均是我不断坚持和思考的一些真实想法。对我来说，努力最大的意义在于谋求更多的选择权，储蓄更多的安全感，让内心不失控，生活不失序。很多人感叹，当今世界变化太快，稍不留神，就会被时代抛弃。其实并不然，抛弃你的不是时代，抛弃你的永远只有你自己。你所羡慕的一切，背后藏着不为人知的心酸与努力。那一切，并非突如其来，全都是早有准备。回想从读博到现在，翻一翻过去历年的工作总结，咀嚼回味加班的苦涩，几乎晚上、周末无休，寒暑假仅仅休息几天，工作上打了很多场硬仗，科研上经历过许多挫折。记得有几次晚上开车回去的路上突然觉得头晕想吐，只好把车停在杨柳河路边稍作休息。说不辛苦是假的，但我可能天生就缺乏安全感，也许努力的意义就是让自己的内心拥有更多的充实感，收获的喜悦也让暂时的辛苦烟消云散。

撒切尔夫人说："注意你的思想，因为它将变成言辞；注意你的言辞，因为它将变成行动；注意你的行动，因为它将变成习惯；注意你的习惯，因为它将变成性格；注意你的性格，因为它将决定你的命运。"这实质上是对个人努力和自我塑造能力的强调，倡导一种坚持不懈形成内在驱动的人生观，即我们的命运在很大程度上是由我们自己塑造的。首先，思想是一切行动的起点，积极正面的思想能够激发潜能，引导人们朝着目标前进。言辞不仅仅是表达思想的工具，还具有影响他人和自己情感状态的能力，积极鼓舞的言辞可以激励人们采取行动，来塑造积极的环境。更重要的是单一的行动可能看似微不足道，但连续的行动、持续的努力会形成模式，并最终变成习惯。习惯是日复一日行为的累积，它们逐渐渗透到我们的潜意识中，成为我们性格的一部分。坚韧不拔、乐观向上的性格更有可能带来成功和幸福。每个人都有能力通过改变自己的思想、言辞、行动和习惯来影响自己的命运，从而取得些许成绩。

选择时尽心，行动时尽力；坚持时无怨，结束时无悔。世界很小，请带着梦想一起奔跑；世界很大，请带着坚持努力成长。回想自己不到十八岁的时候来到成都，举目无亲，心中唯一的信念就是我要"日益努力，而后风生水起；众生皆苦，你也不能认输"。看起来像一句心灵鸡汤，然而过去的种种都验证了选择时尽心，行动时尽力，那么有志者就会事竟成。我一直坚信，"在你内心深处，还有无穷的潜力，有一天当你回首看时，你就会知道这绝对是真的"，过去的收获更是验证了这一句，很多看似不可能的事都实现了。同时也有些许遗憾，但那又如何呢，继续努力就是！

生活的模样，取决于你凝视它的目光。一味咀嚼其中的痛苦，只会让人变得苦涩难言；而一味体验其中的快乐，只会让人生变得骄傲自负。工作上，感觉日复一日，思想和精力也开始走下坡路；家庭中，被繁琐的柴米油盐和一地鸡毛消耗着精力，为了孩子的未来愁得不行。每一天，打卡上班，回家睡觉，日子过得枯燥、乏味且无聊，这或许是很多人对生活提不起劲头的原因。汪曾祺说："人总要待在一种什么东西里，沉溺其中，苟有所得，才能证实自己的存在，切实地活出自己的价值。"世界的模样，取决于你凝视它的目光，自己的价值取决于你的追求与心态。迷茫时，记得让自己静一静，理清思绪，才能拨云见日，对生活重拾热情。

前面啰啰唆唆地写了我求学和工作的一些感悟，也许他人不能感同身受，但对我来说确实是意义重大，借本书的出版，进行较为系统的总结和反思。本书的出版对我来说意义非凡，其主要内容是我第一个自然科学基金项目的阶段性成果，是我的第一本专著，同时也是我这些年从事研究的思考和阶段性总结。本书的主要内容，历经自然科学基金申报的多次修改，历经论文投稿的多轮修改，历经系统总结阶段的多次修改、完善，最终得以成稿。在完稿之际，突然感到尽管自己在研究上获得了更多的心得和体会，在思想上有了些许的感悟，但在学术领域，追求卓越是一个永无止境的过程。既然致力于不断推动知识的边界，探索未知的领域，并深化对世界的理解，就必须付出巨大的努力和持续的奉献。在追求学术卓越的过程中，可能会遇到许多挑战和失败，这更需要坚韧不拔的精神和从失败中学习的能力。"路漫漫其修远兮，吾将上下而求索。"

在书稿即将完成之际，我要衷心感恩我的导师，先生为人处事治学管理样样精通，引领我进入学术殿堂，为我拓展了人生的空间。先生严谨治学的态度、追求卓越的精神和为人仗义的品格潜移默化地影响我，成为我终生学习的榜样，永远激励着我前进。我要感恩学术研究和工作中的各位领导和师长，是你们不嫌弃我的愚笨，给了我一次次莫大的机会，毫无保留地指点我、鼓励我，才让我这一个农家子弟有了如今的小许成绩。我将心怀感恩，勇毅前行，不辜负你们的期许，来报答你们的恩德。我要感恩学院和部门的领导同事，你们就就业业认真负责的态度激励着、鼓舞着我不断努力和前行，你们对我工作生活上的照顾让我能够安心工作，你们对我的包容和厚待让我能心无旁骛地完成书稿。我将心怀感恩，与你们一起努力，不断精进。我要感恩一直给予我帮助和支持的同学和朋友，是你们让我在举目无亲的成都，有了自己的生活和圈子。我要感恩团队的兄弟姐妹和学生，你们对我胜似亲人的关爱和支持，让我感动，谢谢你们！我要感恩我的家人，我和爱人的双方父母、爱人、女儿和妹妹一家，你们的鼓励和支持永远是我重拾信心、继续前行的动力源泉，是我心灵最温馨的港湾，是我在世界风雨飘摇时能够找到的避风之处，让我在波涛汹涌的人生海洋中拥有一个稳定而安全的栖息地。家的温暖总是让人感到宁静与安心，在这个温暖的港湾里，我获得了力量，孕育了希望，塑造了自我。无论未来的旅途多么遥远艰难，只要想到家，心中就会涌起一股暖流，因为我知道，不论何时，家总是在那里，等待着我归来！

本书为国家自然科学基金项目"IPO公司风险信息披露与资本市场资源配置效率——基于机器学习和文本分析的研究"（项目批准号：72302189）的阶段性成果。感谢国家自然科学基金的资助！本书的顺利出版，得到了西南财经大学出版社的大力支持，出版社领导的关心和编辑老师的工作为本书增色不少，在此表示衷心的感谢！当然由于笔者才疏学浅，书中难免有不当之处，诚盼读者批评指正、不吝赐教，我们将不胜感激！

何熙琼

2024 年 4 月 21 日